王的耳语者

关于领导力、生活和改变的沉思录

THE CEO WHISPERER:
Meditations on Leadership, Life, and Change

[荷] 曼弗雷德·凯茨·德·弗里斯 著
Manfred F. R. Kets de Vries
金延芬 译

東方出版社
The Oriental Press

图字：01-2023-6079 号

First published in English under the title
The CEO Whisperer; Meditations on Leadership, Life, and Change
by Manfred F.R.Kets de Vries:1

图书在版编目（CIP）数据

王的耳语者：关于领导力、生活和改变的沉思录／（荷）曼弗雷德·凯茨·德·弗里斯 著；金延芬 译. —北京：东方出版社，2024. 3
（曼弗雷德管理文库）
书名原文：The CEO Whisperer：Meditations on Leadership，Life，and Change
ISBN 978-7-5207-3832-3

Ⅰ. ①王… Ⅱ. ①曼… ②金… Ⅲ. ①领导学 Ⅳ. ①C933

中国国家版本馆 CIP 数据核字（2024）第 002216 号

王的耳语者：关于领导力、生活和改变的沉思录
（WANG DE ERYUZHE：GUANYU LINGDAOLI、SHENGHUO HE GAIBIAN DE CHENSILU）

作　　者：［荷］曼弗雷德·凯茨·德·弗里斯
译　　者：金延芬
责任编辑：吕媛媛
责任审校：孟昭勤
出　　版：东方出版社
发　　行：人民东方出版传媒有限公司
地　　址：北京市东城区朝阳门内大街 166 号
邮　　编：100010
印　　刷：北京联兴盛业印刷股份有限公司
版　　次：2024 年 3 月第 1 版
印　　次：2024 年 3 月第 1 次印刷
开　　本：880 毫米×1230 毫米　1/32
印　　张：11. 75
字　　数：234 千字
书　　号：ISBN 978-7-5207-3832-3
定　　价：78. 00 元
发行电话：（010）85924663　85924644　85924641

前　言

4 个终极问题（Four givens），与心理治疗领域尤为相关：我们自己和所爱之人的不可避免的死亡；按照我们的愿望生活的自由；我们内心深处终极的孤独感；以及，生命本身并无任何明显的意义。

——欧·亚隆

有时，一想到我的介于组织和深度心理学边界的工作，我感觉自己就像 Jerry Springer 节目的一个特邀嘉宾。这节目专门面向功能失调和一无所有的美国人，名声并不太好。在另外一些时刻，我感觉我像“亲爱的 Abbie”（提供短暂激情的人）。在我的现实生活中，我是一个商学院的教授，多年来一直在教授组织行为学，研究在组织中人们如何正常发挥功能。但在进入组织行为领域前，我学的是经济，那以后我成了一个精神分析师——因此坊间一直流传的我的职业笑话是，我在拼命完成不可能的任务——（不自量力地）试图将约翰·梅纳德·凯恩斯（John Maynard Keynes）的“令人沮丧的科学”和西格蒙德·弗洛伊德（Sigmund Freud）的“不可能的职业”结合起来。

我决定成为一个精神分析师，是因为在组织行为领域，太多的管理学者对于“人”这个因素，只是很简单地选择视而不见。于他们中的绝大多数而言，相比埋首于研究工作场所中人的行为——这通常既混乱又令人困惑，组织结构的研究要有吸引力得多。

我打定主意，认为临床训练会给到我一个很有用的“镜头”，去反转这个令人遗憾的趋势，同时也能让我获得关于人类复杂性的更棒的一个理解。事实证明我是对的。关于人们为何这样做（而非那样做），临床训练及实践令我有了更完整的理解。我也明白了，在人们的公众生活和私下生活之间，其实并没有所谓的“中国长城”（意即，界限并不明显）。工作会影响生活，反之亦然。

我的工作有时会需要给陌生人提建议。过去，这事儿并不常见。但社交媒体兴起后，若人们想找到我，要容易得多。如今，我常收到的是一连串的急切“哭喊”——他们想要得到帮助。尽管其中的很多请求不失有趣，但我的生活并没有因此而变得更轻松。就像亨利·大卫·梭罗（Henry David Thoceau）一样，我发现自己在想：“有相当多的人‘静悄悄’地生活在绝望中。”

我们遇到的大多数人看似都很正常，但表象之后，常常是一个个迥然不同的现实。“悄无声息”的绝望并不少见。比如，下面这封是我最近常收到的典型邮件。我很好奇，你是如何看待它的？如本书其他案例研究一样，我已经做了细节遮蔽和匿名处理。

尊敬的教授：

我希望你能收到这封邮件，但允许我先进行自我介绍。我是一家中型 IT 公司的高管，在这儿已经工作了多年。一直到最近，我都在“欺骗”我自己：我做得还不错。但当我审视当下的状况，我意识到我的生活已经濒临崩溃。无论工作还是生活，我做得并不好。

我个人的担忧影响着我的工作，我的工作也反过来影响着我的生活。我的老板最近告诉我，我的工作业绩并不合格，这令我担心她会开掉我。如果这事儿真的发生了，对我将是一个灾难。我的薪水是我唯一的收入来源。我的个人生活当中，还有很多其他困扰令人不安。

我写信给你，是因为拜读过你的很多文章。你那些关于受害者综合征和贪欲的文章，我尤其有共鸣。我也读了你关于精神失调行为的文章。从你的文字中，我找到了一些自我安慰，它们令我更理解了我自己当前的窘境。你把人的内在动力串成线、滚成球，让它们更可理解，为此我深深感激。谢谢你。我意识到，我就是你所描述的某种受害者。你的文章帮我更好地理解了，为什么有些事就是会发生在我头上。

一直到最近，我都认为我的生活是完整的。但当我继父去世时，一切都变了。从那时开始，我的生活一直在分崩离析。但是我有种感觉，是否在那之前，一切就已经开始变化了？确切地说，我妻子和我弟弟“在一起”时，被我抓个正着。我原谅了妻子。但现在我开始问自己，为什么我没有早一点看到这一切的发生？这件事情有多久了？我是瞎了吧。而且，我 19 岁的女儿告诉我，我弟弟对她也有动手动脚。一切都糟透了。我和我妻子的关系再也回不到从前了。此后，我们之间也没有太多的互动。

但这还不算完。令我更难以接受的是，我发现，我被排除在我继父的遗嘱之外。弟弟耍了个花招，他将继承所有（我们的妈妈几年前死于中风）。他骗我们的继父领养了他，以便冠继父的姓。这一切能得逞，是因为我们原来的家庭律师去世了，他的继任者对于我弟弟是个怎样的人一无所知。

当我和我弟弟当面对质时，他反过来攻击我，说了很多可怕的话，比如我们的妈妈恨我（这是最糟糕的），还有其他各种指责的话。他还叫了警察来进行干预。他谎称我袭击了他，但其实是他先攻击我的。他还告诉警察，我试图在停车场来回碾压他，这根本就是他编造的。

关键是，我再也不能回家了。我弟弟让我走远点儿，说那里不再欢迎我。他说父母房里的所有东西都归他，如果我想要任何东西，最好找个律师。但是我还有很多个人物品在里面。我妈妈帮我收藏了很多东西，比如小时候的照片、所有的家庭合影、学校的纪念品，等等。被这样对待，真是太可怕了。

还有更糟糕的。我弟弟的女友最近来找我，说他拿了她的钱，她问我是否可以帮她拿回来。眼下这种情况，我能做什么？她还告诉我，在我弟弟的公寓里，她跟我妻子还干过一架。她说的这一切，令我更难受了。

我无法不问自己，我的大家庭里到底发生了什么？我清楚地知道，我们小时候的生活一直很艰难。我妈妈怀我时很年轻，所以当我还是个婴儿时，她就找人领养了我。弟弟出生几年后，我爷爷坚持把我要了回来。我一直很努力地想要把事情做好。作为最大的孩子，我试着变得更坚强，弟弟陷入麻烦时，我也总是在他身边保护他。不过，显然我做得还不够好。

他很早就开始酗酒嗑药，在他 10 多岁时，真正的麻烦来了。他会撒谎，为他自己干的坏事来指责我，还偷钱继续嗑药。那段时间真像活在地狱里。大概 19 岁时，他因在酒吧里拿棒球棒打人而进了监狱。但他很擅长为自己辩护，因而最后只判了缓刑。我自己多少觉得他有精神分裂的迹象。

回想以往，我意识到，我妈妈跟弟弟之间的那种关系，我不可能有。否则，为何他会对我喊“妈妈恨我”？我从来不认为这是事实，但反过来，他为何要说这么可怕的话？他所说的，以及我将无法继承任何遗产等混乱状况，令我不禁想知道我妈妈和继父是否真的爱过我。总之，我的大家庭里一团糟。但是你那些关于家庭动力的文章令我意识到，我并不孤单。发生在我身上的，不是个例。读这些故事，就像眼前忽然亮起了一盏灯。

我相信你能理解，我的个人状况已经影响我的工作了。如我提及，我担心会被解雇。我和老板的关系一向不和。她善于操纵、自我中心，不是平易近人的那种人，虽然我也承认她可以很有魅力。我觉得她是很明显的自恋狂。她声称她很关心我，但我怀疑这不是真的。她的话有时听着相当空洞，她还总是抢我的功劳。这一切都令我非常愤怒，但我发现很难跟她对质。

尽管发生了很多，我还是为我弟弟感到难过。我感觉他很孤独。尽管模样儿不错，但他从未能建立长久稳定的关系。他结婚离婚好几次了，和孩子们的关系也不好。我不认为他有任何真正的朋友。但是，尽管为他难过，他对待我的方式，依旧令我感到难以忍受。

你建议我怎么做？我能起诉我弟弟，拿回我可以继承的那部分财产吗？你认为值得去争取一下吗？和我妻子的关系，我该怎么办？我应该另外找一份工作吗？我感觉自己很迷糊，只能踉跄前行。我活得好辛苦。尽管眼前这一切一团糟，我还是想要成为我女儿最好的父亲，我希望能给她留下美好的回忆。

很多类似邮件，都在谈“想要走出生活泥沼”的故事。我读的时候，脑海里总是禁不住浮现出更多未及言说的想法。

人人需要沟通

有时，沉默，反而是最大声的“呼喊”。常见的是，当人们沟通时，很多事情其实并未被认真提及。这么一想，这种沉默式呼喊，反而有种“爱丽丝漫游记”的味道。前文邮件的作者给人的感觉是，在那种生活中“飘荡”得太久，结果是他对周围发生的一切早已习以为常。当然，作为一种自我防御和保护，那样做也许他也会少些痛苦。

但现在，他无法再装作看不见了。也许，读那些文章本身给他的惯常模式带来了一些不平衡。那些文字为他展现了一些不同的理解角度和层次，令他逐渐明白，在他的大家庭里和他的个人生活里都发生了些什么。但是，这样的自我“诊断”，已经足够了吗？

我不是说一个灯泡，或“啊哈！”时刻，就一定没有启发式效果。明白心理动力是怎么回事，也许会有令人放松的治疗效果。毕竟，诊断是迈向更好地掌控自己生活的第一步。我们当中的大多数，总是永不停歇地想要在变幻莫测的宇宙中去寻找一种所谓的秩序，试图赋予那些模糊的事情以意义。

但是，就算这封邮件的作者有一些自我认识，他能够完全依靠自己的力量来解开他那麻烦重重的生活之结吗？他真的能看清楚到底发生了什么吗？他真的认识到他在面临什么吗？他是否意识到他的处境“相当有毒”呢？他是否懂得他与之打交道的人的内在动机呢？

换句话说，他的自我“诊断”足够吗？在人身上贴上“抑郁的、偏执狂的、自寻烦恼的、躁郁的、自恋的、精神病的”标签，是否就万事大吉了呢？

我通常不会急于对人进行归类。我总是很担心做出背离事实的刻板“诊断”，尽管我承认，在这种事情上，我从来不是圣人。我干过很多这类事情。事实是，我对人们了解得越多，越会觉得难以评价他们，比如他们是怎样的人，他们的内在正在被什么驱动着。所有这些，令简单归类变得毫无意义。坦白讲，我对驱动着人们内心剧场中的那些“台词”更感兴趣，因为这些台词更能告诉我们到底发生了什么。

同时，我很清楚，你永远无法完全看懂另外一个人。这么想着，我很好奇，这封邮件的作者给他周围的人贴上标签这事儿（比如，他的“自恋”的老板，他的“精神病”倾向的弟弟等），是否能真正帮到他。也许这么做，多少给了他一种错觉——对他所处混乱局面的某种程度的把控感。也许这会令他感觉好点儿。

这封邮件的内容极富戏剧性，但我的印象是，还有很多“剧情”被有意识或无意识地忽略了，根本未见提及，这也因此带出了“这人错过了什么，或未看见什么”的问题。这个故事未曾涉及的部分是什么？同时，鉴于我对他的实际情况其实并未知道太多，我到底能给到他什么真正意义上的帮助？当我试图提供帮助时，我能够很好地去处理“不知道的那部分”吗？

意识到我在这当中是如何无力，明白我所知有限的前提下，我是不是该忽略这封邮件？我总是告诉我自己和他人，容忍巨大的不确定性的能力是成为一名有效的高管教练或心理治疗师的前提条件。这就是诗人约翰·济慈所定义的“负向能力”，即“能够安然面对不确定性、神秘感和疑惑的能力，即便知道相应事实和理由，也不会因此产生愤怒倾向”①。

我的客户可能会有错觉：我是在有体系地、很确定地带着他朝向一个已知的目标。但我必须得承认，现实并非如此。这旅

---

① Li Ou（2009）. *Keats and Negative Capability*，London：Continuum Literary Studies，p. ix.

程更多是一个浮现的过程，于其中，我常常是即兴“表演”，随时感知着那个“应该去”的方向。我必须忍受“不知道”，去接受孤立、焦虑和挫败感，它们都是我工作中无可避免的一部分。

这封邮件也令我好奇，远程提供“心理容器”的服务，我到底能做到多有效？使用邮件和面对面交流，当然会很不一样。若我选择不那么积极地去面对他的窘境，问题甚至就变成了，我是否还需要试一下？我有能力去处理他麻烦重重的思维、感受和行为吗？我应该把他的问题变成我的问题吗？毕竟，他是闯入我生活的不速之客啊。

在更专业的情境中——而不是这种远程沟通——我总是试图“内化”客户的各种感觉。我会尝试以更有序的方法去重构他们的经历。在我的各种角色里，无论是教练、心理治疗师，还是顾问①，我都会试着“感同身受”客户的焦虑、悲伤和痛

① 通常来说，在选择使用教练、心理治疗师或顾问等角色术语时，我从不追求所谓的“纯粹”。尽管浩如烟海的文献试图区分它们，我自己的实践经验告诉我，在这些助人职业中，从业者总是很容易在这些不同的角色中进行切换。于我工作的方式而言，与其说我是“二元论者”，我更是一个“非二元论者”——我更愿意以格式塔方式，将人当作一个整体去看。我喜欢把不同的特质“打包”去看，并且假设这些不同点不如相似点那么重要。

另一方面，“二元论者”更愿意“摆弄”精确的定义，划分明确界限，并创建新的分类方式。当然，我在这么区分时，读者没准儿在想，“我内心里的二元论者”恰在这样做着划分——“非二元论者和二元论者”。此刻正是我内心里的“非二元论者”在令你困惑，说着“我们都是这二者的混合体”这样的话。为了简单些，我通常说我自己是一个心理治疗师或高管教练。偶尔，我也会用“精神分析师”来形容我自己。

苦。我会尝试让自己更具有同理心。

我总是试着创造出一个安全空间，以便支持我的客户去形成更健康的方式，从而能勇于面对他们自己的人生挑战。我一直在自我提醒，作为高管教练或心理治疗师，我应该尽量靠边站，这样客户就可以真正学会自我照顾。我希望他们能早日做到这一点。

所有这些思绪，都是我在尝试回应这封不请自来的邮件时，来回穿梭在我脑海里的。

虽然这是个“不速之客”，但它不是我轻易就能做出“放到一边”判断的那种邮件。我不能忽略它。虽然很烦扰，但它就是那种能让我陷入其中的人生剧本。我无法控制地一直想着那个写邮件的家伙。想了又想，最后我决定应该给写邮件的人一个回复。因此，我简单回复了，并说我感谢他的来邮。

我告诉他，自己有力量去把握自己的生活，对他而言非常重要。他需要问一下他自己，他是希望成为他的生活境遇的出产品，还是他自己选择的结果。如果他决定选择后者，他或许愿意采取几个行动步骤。

我解释说，阅读我的文章也许能帮助他理解他的窘境，但仅靠阅读并不足够。他需要做更多的工作以重新整合他混乱的、明显已经很可怕和令人困惑的生活境况。

想到他的困难程度，我很怀疑他是否能自己来做到这些整合工作。他或许可以考虑去寻求心理治疗师或教练的帮助，以帮他“解开”所发生的这一切。

我建议他首先在和他的妻子的关系方面做一些改善。他可能需要先弄清楚，他们是否还有足够多的共同语言来支持他们继续待在一起，互不干涉的“平行生活”并不是一个好的解决方案。此外，这对他的女儿也会产生负面影响。我对他女儿的情况所知甚少。鉴于他工作中的被动局面，我认为教练也许能帮他澄清他和他老板之间的关系。

无论他打算怎么做，联系一个可以支持他去深层探询的顾问都会是个好主意，能够帮助他深度挖掘出他是否还有其他选择。我还告诉他，更深层次理解他的各种麻烦会有助于他开启更多的洞察和进一步的行动。并且，也许他会发现，找一个律师能帮助他在和他弟弟的财产关系中掌握更多主动权。

在我脑海里挥之不去的疑问是，这个人是否有能力，并且准备好了去解开他的一团糟的过去。他会退缩吗？他会宁肯继续装“看不见”吗？他有勇气去处理一些极其令人不愉快的现实吗？他得首先弄明白“自己到底愿意面对多少真相”的问题。

他会继续以往那些运行得并不顺利的行为模式吗？无论如何，要向前看，就意味着他必须放下一些特定的幻想。他能接受这样的观点吗？

有时，受伤的人若想继续向前，就必须放弃诸如“要是过去如何就会怎样”的幻想。在很多场景中，他们的挑战其实在于对那些幻想彻底放手，因为他们需要集中精力去研究如何创造更好的未来。但是，若想迈向未来，就意味着他们必须首先原谅自己曾深陷于“一团糟”的境况。因此，在答复邮件的最后，我建议他运用“氧气面罩优先”原则。

我们都知道，当飞机忽然出现故障时，我们得首先给自己戴上氧气面罩，才能帮助他人。同样地，我们必须先爱自己，然后才能爱他人。尽管我的回答不见得能更好地帮助他应对眼前的困境，但起码能让他清楚自己的处境。也许这就是他应该开始的地方。只有更好地照顾自己，他才能照顾他人，包括他的女儿。

这封邮件的处理，到这里就告一段落了，但是他的故事一直萦绕在我心里。我在想，如何才能更好地帮到他。我很好奇他的故事会如何进展和结束：他会采取必要的行动来改善自己的处境吗？他能找到适当的方法去对抗愧疚、自我评判和自我毁灭的内心恶魔吗？他能克服绝望感吗？要知道，这种绝望感通常是我们为了具备更强的自我意识所必须付出的代价。

游走着，惊叹着

这类求助使我的生活充满挑战。这种生活戏剧一直令我充满警惕。我不停地收到各种建议请求，不只通过这类邮件，还有很多是通过各种社交软件，如 WhatsApp、FaceTime 通话、WebEx、Zoom 以及 Skype 等。我会尝试通过这些软件远程帮助人们解决他们的难题，但我的顾问角色则需要我要么出现在人们的办公室里，要么他们来办公室找我。每一次，人们都期待着我能帮助他们解开他们的复杂境况。

还有，作为教授，我得在会议上发言。关于我的工作如何展开，我会做很多主题演讲，而这类演讲最后多半会带来深度对话，我会被要求去回应那些特别的难题。一方面，这些活动需要我经常旅行；另一方面，这些旅行又会带我去到非常不一样的地方——无论在现实中，还是在幻梦中。当然，这些旅行也会给我带来很多奇遇，从而也为我提供了令人兴奋的新的学习机会。

有时我觉得我就像卡通人物 Magoo 先生。因为极端近视，他一直踉跄着行走在这个世界里，而且他发现自己永远处在一团糟的境地里。跟 Magoo 先生一样，我的确也在到处“游走”，同时也在好奇会有什么事情发生在我头上。Magoo 先生总能设法“解开”他自己，不令自己受伤。可对我来说，“不受伤”只是我的幻想，情感波动总会造成各种看不见的损失。

作为一个“游走者”，我总会被这些同为“游走者”的人所激发，他们令本书熠熠生辉。卡斯帕·大卫·弗里德里希［Caspar David Friedrich（1774—1840 年），德国早期浪漫主义风景画家］的富含象征意义的画作《迷雾中的游走者》（*Wander Above the Sea of Fog*）是浪漫主义画派最伟大的作品之一。画面中，一个穿着靴子和出行装的男子，拄着拐杖，独自稳稳站在悬崖边上。他的面前一片乌云滚滚，而他的视线似乎正在穿越迷雾。整个景象，弥漫着一种说不出的惨淡。他给人的感觉像是在自我反思，或是在内省着什么。

每次看这幅画时，能从画面前景中看到人物的背后这个事实，总让我感到心中涌动着强烈的情感。这种表现手法在德语中称作“Rückenfigur”(从背后看的肖像)。这种方法令观察者得以与其中的人物产生自我认同，同时能够感知画家所尝试的观察视角。用弗里德里希的话来讲，“画家不止应该画他眼前能看到的，更应该画他透过自己所看到的”①。

看着这幅画，我眼前浮现的是一个正游走在迷雾中的人。他的精神世界眼下虽还比较模糊，但他并没有感觉很不舒服或不能适应，他也已经准备好了去探索，并进行自我澄清。我觉得，这于我的工作是一个非常好的隐喻。作为一个“行走者”，我一直尝试在一片未知的心灵图景中进行探索，总在思考接下来会是什么。

我试着帮助人们穿越他们自己生活的迷雾，找到独属于他自己的路。在这些类似作为向导的旅途中，我时不时戴上“临床的帽子”，以便更好地理解他们的迷雾中涌现的各种微小事件。同时，我也尝试对那些工作中的有社会和人际属性的谜题赋予意义。

在这些探索中，我希望我能更具同理心，更能帮到他人。同时，我不希望完全陷入到客户的痛苦当中去，因为那会减弱我作为高管教练或心理治疗师所能带来的效果。我也必须自觉抵制成为一个“无所不能”的顾问的诱惑。我不断提醒自己，我并非无所不知。当它们和客户的世界和生活相遇的时候，我不应该认为我得用我的世界观和生命观去帮客户填补他的空白。

---

① Golding Notebooks (2019). *Wander Above the Sea of Fog by Caspar David Friedrich Journal*, Independently Published.

我也不该告诉他们应如何去做。

相反，应该是客户自己去“探风头”。他们应能自己找到答案。我的作用是提出合适的问题。我能帮的，仅仅在于创造出那个转折性的点。我常常扪心自问，我真正知道的是什么？事实上，随着年岁渐长，我越发觉得自己所知甚少。而且，我不再“足够年轻”，以至于认为“我什么都知道”。

在我的工作中，去欣赏他人的独一无二是尤为重要的。一切关于个人和社会属性问题的探索，都应被视作在其中的所有人一起共创的过程。过程当中，涌现出的那个独特的、不同寻常的目标通常是惊喜——那是一个通过我来找出我事先无法知道的“真相”的过程。

我的最终目标是给到我的客户们更多“选择的自由”——帮助他们“扩展”他们的头脑，因为，用奥利弗·温德尔·霍姆斯（Oliver Wendell Holmes）的话说，“一个被新的经验‘扩展’过的头脑，就再也不会回到它原来的维度去了”。我所做的工作的目标永远不应该被视作是一种幻梦般的“治愈”。我的目标从来都是支持人们改变和成长。不管发生什么，它永远是“会不断取得进展”的这一类工作。

这是一本有关领导力和生活的沉思的书，写给高管和与他们打交道的人。在作为心理治疗师或高管教练支持人们变得高效这一领域，我一直在持续观察并反思，是什么使得一个领导者更卓越。在组织和政治生活领域里，我也在持续分享那些会导致脱轨的各种形态——无论宏观还是微观，事大抑或事小。

我谈到了领导力的种种陷阱，包括孤独、无意义、狂妄以及贪婪，并且讨论了领导者可以如何管理失望，处理遗憾，敏锐觉察固执的头脑或有毒的公司文化带来的各种危险。我当然也会谈到高管们面临的自我发展方面的挑战，包括人类的生命周期。“日渐衰老”是其中很重要的一个要素。我始终在思考、一直在观察有哪些更好的人才培育和文化管理方式，并且聚焦于如何才能创造出理想的工作场所。

我的其他研究主题包括：类邪教组织在助人职业中创造虚假预言的危险；领导者和社会的临界点——领导者如何做，才能利用历史性的时刻来影响社会趋势，无论好坏；社会焦点从“我们”到“我”的转变所带来的后果；生活在网络时代的隐含意义，等等。

这也是一本充满了很多个人反思的书，我试图在其中探讨如何过尽可能富足的生活。新冠疫情大流行及它带来的很多倒退的和偏执妄想倾向的因素，令自我探索的主题变得更加紧迫。从我个人生活中发生的相当多的事件中，我试图解释为什么我做了“我之所做”，以及是什么使我感觉更好。

古希腊哲学家们在这个话题上已经挣扎了很久，他们尝试发现对人类最有利的到底是什么，去过一种有意义的生活的最佳路径是什么。对亚里士多德（Aristotle）来说，在他的《尼各马可伦理学》(*Nicomachean Ethics*)① 里，这个“最好”，需要通

---

① https//oll. libertyfund. org/titles/aristotle-the-nicomachean-ethics.

过意义和目标被更好地理解。

亚里士多德引入了“eudaimonia（幸福）”这个词，并且提倡，生命的目标应是过有道德的生活，以达到最极致的快乐。为了达到这个目标，我们需要不断完善我们作为人的潜能，与他人——包括家人、朋友、同胞以及陌生人——友善互动，互利互惠。但同时也存在“hedonia（享乐主义）”这个概念，即对幸福的主观追求，比如寻求开心，逃避痛苦，追求美食、性以及社交互动所能带来的快乐。这些因素对我们的生存当然也很重要。无论是享乐主义还是幸福，在过上富足的生活方面都是不可或缺的因素。这本书的核心，就聚焦于这方面的主题。

在行文中，在助人行业里，站在“如何做才能支持他人做出改变”这个角度，我会试着为读者提供一些视角和洞察。我的反思来自不同视角。我不仅要思考我是如何体悟到对方的种种，也需要关注他们的个人视角。我的工作常常暗含着“修筑桥梁”的隐喻。它意味着绝不放弃的“让步”；它也意味着，当事情不像我们所想的那样时，最好保持思维开放。

当穿梭于复杂的人际关系领域时，我意识到，我们与自己的内在关系无形中定义了我们的人际以及群体间的关系。在不同的方式里，我们每个人的生活中所发生的一切，其实是我们自己内在体验的一个外在映照。

目　录

1　**顶部溃烂**　// 001

祖父很清楚地告诉我，溃烂会从顶部开始——就像那个谚语所说，“鱼是从头开始腐烂的”。如果注意力没有放在最重要的头部，就会麻烦不断。祖父还说，知道顶部容易出问题是一回事，对它进行干预则是另外一回事。

看到不等于观察到　// 003

组织顶部在发生什么？　// 004

2　**领导力实验室**　// 009

我希望能找到一些方法，来催生更多具有反思精神的领导者——无论他们面临什么挑战，都能保持他们更为人性的一面。我想要帮助这些领导者自我发展，让他们能认识到自我觉察和批判性思维的力量，有能力进行自我评估及面对自己的优缺点，也愿意自我反思其过往经验，从而推动新的认知和理解。

品格培养　// 010

在我处理复杂情境的方法中，我借鉴了进化论、发展心理学、神经科学、家庭系统理论、认知心理学、动机访谈、冲突干预、存在主义心理学、欣赏性探询和积极心理学的各种方法。这为理解我称之为“临床范式”的令人费解的情形，提供了心理动力及系统性的方向。这种看待事物的特别视角，已被证明是一种非常有效的变革方法。

你永远也无法知道你所做的选择是否一定是正确的。但你也意识到，眼下你的现实中，已经没有其他替代方案了。你可能会开始沉思你原本有可能有的另外一种生活会是怎样的，特别是关于你的另一半的选择。你越觉得自己“未曾按自己的想法活过”，你的死亡焦虑就越严重。对一些人来说，死亡的想法意味着他们的所有行动都越来越被体验为毫无意义。

艺术家们希望他们的作品在死后得以延续。创作本身赋予艺术家的生命以意义，他们的作品也可能会使子孙后代受益。科学家亦有足够动力一直探索并积累相关知识，他们希望后人能继续推进他们的研究。这是富含创造性的不朽的一种表现。作为对抗死亡焦虑的一种方式，创造力本身也是我们寻找意义的一个有机组成部分。

生命是短暂的，但故事创造了一种永恒的美妙错觉。故事让我们能够理解我们所经历的一切，因为丰富的叙事吸引了我们的好奇心、情感和想象力。通过讲故事，我们和他人分享我们的激情、悲伤、困苦和快乐，这将我们与他人紧密联结起来。通常来说，分享个人故事能使我们更有效地应对生命的挑战。

他们意识到，他们并不能靠自己轻松改掉一些行为模式，他们需要其他人帮他们“重写”故事的部分内容。寻求他人的帮助是一种非常有效的方法，可以帮助探索他们为何要做正在做的事情，同时找到替代方法去面对他们眼下的困境。在这个“重写”过程中，他们还会发现，来自群体的关注和压力，也许是一个非常有力的变革工具。

我开发了一个工具——内心剧场清单（ITITM），来帮助确定一些主要动机主题。在这个评估工具中，我列出了代表我们生命中最主要的驱动力的22个生命锚。其中更为普遍的是意义、成就、认可、权利、金钱、报复、学习/探索和生活方式的质量。

认识你自己 // 107

11 **改变的过山车之旅** // 109

如果你是我的客户，我会告诉你，创造新未来的关键是你必须面对发生在你身上的事情，接受某些事情就是无法改变的，然后继续前进。与其担心你无法控制的东西，不如把你的精力转移到你能控制的东西上。此外，不要被恐惧驱使，要被希望驱使。

增量变化还是量子式变化？ // 112

重生后 // 113

只有你能改变你的生活 // 117

你想去哪里？ // 119

结束还是开始？ // 119

12 **耳语者的舞蹈** // 121

我生命的主要角色是，当我的客户们决定做出改变的时候去做他们的向导。很多时候，当需要我帮助的人深陷泥潭，而我恰在现场，我会觉得我很幸运，因为这是他们生命的转折点，他们已经准备好了要做出改变，而我有机会助他们一臂之力。

工作联盟 // 123

反移情 // 124

过渡空间 // 126

我们体验到“啊哈！”的瞬间，大脑便抛弃了它的惯常动作，绕过了我们更理性的思维过程，转而径直进入了大脑其他部分去寻找答案。因而，当我们突然悟到了谜底，或找到了问题的解决方案，我们几乎可以感觉到灯泡在脑海中的“咔嗒一声”——就这么成了。

镜像错觉的原理是：即使根本不存在，“仅仅因为我们想看到”，而“诱使”我们的大脑去看到一些东西并非难事。当我们看到以往从未遇到过的图片或物体时，大脑会试图像做拼图一样，通过将形状和符号进行组合来进行理解。

15 **司令官的孤独** // 163

“高处不胜寒”的说法也许有些陈词滥调，但对许多高管来说，这种感觉不能更真实了。担当领导角色可能会相当孤独。

可悲的是，在试图应对孤独时，他们可能会诉诸敲敲打打式的修补式解决方案，例如一段外遇、转向酒精和毒品。

作为敌对、嫉妒情绪的靶子 // 166

住在回音室里 // 167

偏执思维 // 168

该怎么办？ // 169

16 **伊卡洛斯综合征** // 175

这似乎是易患伊卡洛斯综合征的人的典型终局。由于过度自信、自大、吹嘘及傲慢，许多人无可避免地坠落了。每个C+高管都应记住，成功的蜜糖很容易变得有毒。对于那些处于头雁位置的人来说，过度自恋从来是一种职业危害，有意识地对自己的心理健康做一些主动干预是非常必要的。

蜡和翅膀 // 177

预防措施 // 180

17 **你有多贪婪？** // 185

贪婪是进取社会的主要驱动，也是经济发展的动力燃料。一些人认为，旨在钳制甚至消除贪婪行为的政治制度终将以不幸的失败而告终。如果贪婪元素未被编织进社会运行的机制，社会将很快陷入贫困和混乱。然而我认为，就像生活中的大部分事情一样，这始终都是一个平衡问题。

原生过错 // 185

漏水桶 // 188

进化的和社会性的考虑 // 189

浮士德条约 // 191

还有希望吗？ // 192

18 **不要因为有遗憾而后悔** // 199

我想传递的信息是，与其千方百计避免后悔，不如主动提前处理相关感受。伊迪丝·琵雅芙的著名单曲暗示什么都无须后悔，忘记过去即可。千真万确，你不该让过去的遗憾为你的余生定下主基调。不仅仅是将它驱逐，建设性地利用你的遗憾，才是真正明智的做法。

回顾的力量 // 203

19 **管理失望** // 207

事实上，建设性地处理失望，可能是一个自我疗愈的过程，有助于个人成长，同时内生出更大的韧性。在克服了生活中无可躲避的一些失望后，这些人活出了他们的真正价值。

管理期望 // 209
个人的成长轨迹 // 211
足够好 // 212
应对风格 // 213
克服失望感 // 214

20 **一流玩家，还是二流玩家？** // 219

将组织生活视为零和游戏，认为组织是一个要么赢、要么输的地方，阻碍了组织前进的步伐，并必然预示着组织的衰落。当这种思维占上风时，没有人会赢，所有人都输了。

B 胜过了 A // 219
个人议程还是公司议程？ // 220
致命的过错——嫉妒 // 220
一流、二流还是三流？ // 221
不同的场景 // 224
招聘的心理动力学 // 228

21 **你的思维有多狭窄？** // 233

当我们不得不与固执的人打交道时，我们不应被表象

所愚弄。这些人看起来也许不可战胜，但真正强大的人和固执的人之间有很大的区别。我一次又一次地看到，虽然固执的人可能会让人感觉很有力量感，但它只是一个幌子。通常，固执可能只是软弱的伪装。

确信的偏见 // 236

权力游戏 // 236

当固执成为教条和意识形态 // 237

作为生存策略的对抗 // 238

与固执的人打交道 // 240

22 **无论它是什么，我都反对** // 245

采取顽固的对抗立场的，多是那些弱势的、被剥夺权力的人。而这些人，往往认为社会经济和政治力量于他们不利。然而，令这个选择颇具吸引力的原因是，基于“反对什么”而非“必须去争取什么”来组织这种活动要容易得多。

反对的心理动力 // 249

23 **生活在“小我”的世界** // 257

我认为，在最棒的世界里，一个社会应同时体现“社区型格”和“社会型格”两种品质。挑战在于如何在二者之间达到平衡，以确保个人和社会需求可以被不同程度地满足。

人们被邪教领袖做出的权力和救赎的承诺所吸引。许多邪教领袖散发着魅力。他们迷人、优雅、魅力四射，颇具说服力，有着吸引追随者的神奇能力。然而，在表面所有魅力的背后，许多邪教领袖都有自恋、反社会甚至心理变态的人格障碍特质。

强大的企业文化和完全膨胀的类似邪教的组织实践之间，只有一步之遥。虽然我相信强大的组织文化对组织的

1

顶部溃烂

不怕生长缓慢，就怕原地打转。

——中国谚语

如果你认为自己太过渺小而无法发挥作用，那是因为你从未和蚊子在一张床上待过。

——贝蒂·瑞兹

我对高管生活的兴趣，很早以前就开始了。对CEO的兴趣，尤其令我着迷。你也许会问，为何？我为何要研究CEO群体？我为何不聚焦其他人群？是我尤其被权力吸引吗？是因为与有权有势的人打交道，我能得到替代性的满足吗？我可以毫不迟疑地告诉你，权力不是吸引我的因素。无论在我的私人生活里还是职业生活里，权力从未重要过。我确信我对领导位置上的人的好奇另有原因。

当然，探究清楚我们为何“做我们所做”，从来都是一个挑战。我们很容易把《诗歌和真理》（*Dichtung and Wahrheit*）——这是作家兼国会议员约翰·沃尔夫冈·冯·歌德（Johann

Wolfgang von Goethe）给他的回忆录起的名字——混为一谈。随着时间的嘀嗒流逝，我们很有可能把叙事真相和历史真相予以混淆。记忆从来不十分可信，自我陈述又可能特别具有误导性。因为过分自我防御是我们时刻都可能有的风险，因此当我们向内、向下深潜，试图去理解我们自己的动机时，我们并不一定愿意跳出有意识的觉察去看到更多。每当我戴上精神分析的帽子去倾听客户心声时，我很清楚，通过时间透镜去看特定的事件，事情也许会变得令人非常困惑。

记得很小的时候，我曾和祖父一起聚精会神地读报纸。我们看到了包括政治人物在内的名人照片。祖父很清楚地告诉我，溃烂会从顶部开始——就像那个谚语所说，“鱼是从头开始腐烂的”。如果注意力没有放在最重要的头部，就会麻烦不断。即便那时我还很小，祖父也认为让我明白这一点是非常重要的。祖父还说，知道顶部容易出问题是一回事，对它进行干预则是另外一回事。阻止腐烂很不容易，尤其人们都很惧怕改变。

人们也许希望他人先开始改变，但是让他们自己首先改变却几乎是“不可能的任务”。即便他们有意做出改变，他们也未必有相应的技能。以我的后见之明，我认为祖父若有机会，他会更愿意做律师或政治家。可能他会觉得，在一个到处都是错误的世界里，这两个角色会令他有机会把事情朝正确的方向稍微扳一扳。

看到不等于观察到

这件事情发生在第二次世界大战结束后不久，当时我还只是个孩子，所以尽管听到了他的话，对我来说也没什么太大的意义。当我后来开始喜欢侦探小说时，“你看到了，但你没观察到”，夏洛克·福尔摩斯的这句著名论断令我振聋发聩。①

诊断组织顶部发生的不寻常动力以及它们如何严重影响了他人的生命，构成了我工作中的重要组成部分。

通常而言，我们并不是好的观察者。我们需要知道的那些信息常常被我们视而不见。歌德说：“最难的是看清楚眼前所发生的。”他的话令我想起路易斯·阿加西教授的故事。他是哈佛大学比较动物学博物馆的创始人。阿加西以观察技巧著称，而且很愿意把这个技巧传授给他人。有一次，他给一个学生布置了一项作业，让他观察一条储存在酒里的鱼。过了十分钟，这个学生认为他已经看到了需要看的全部，于是想去告诉阿加西，但发现教授人不见了。

他没办法，只好继续盯着鱼研究。当阿加西最终出现时，学生立刻汇报了他的观察，得到的答复却是：“还不够认真和仔细，因为你错过了一个动物身上最显著的特征。再去看看，接

① Arthur Conan Doyle, *A Scandal in Bohemia*: *The Adventures of Sherlock Holmes*. Amazon Media.

着看！”学生说：“他这么做令我极其痛苦。整整三天，他把那条鱼放在我面前，禁止我看其他东西，或寻求其他任何帮助。‘看，接着看，仔细观察’，他不停地重复这些话。”

尽管感到挫败，但持续看了很久后，这个学生终于学会如何观察了。他后来说：“这次观察的收获比其后多年调查积累所学还要大。”①

组织顶部在发生什么？

我当然也以父亲为荣。在我的内心世界里，他和祖父对我的影响类似。他是一家中型公司的CEO，对于人们是如何回应他的想法的，我一度很着迷。一旦他想到了一个点子，他会非常擅长“下达命令”。对我这个小孩子来说，他的商业才能常常带着魔力，更别提他那些繁忙的差旅了。那些我梦里才能去到的遥远城市，他却来去自如，这令我艳羡不已。

从他寄来的五颜六色的明信片里，我哥哥和我总能知道他在哪儿。明信片里总是写着：来自爸爸的问候。我的父母离婚了。我们不和他住在一起，这些问候更是传递出了不一样的魔力。因此在我的幻梦中，父亲比我的生活更重要。这一点，以及他是一条大船的“船长”这个事实，无疑更加深了我对于

---

① http://people.morrisville.edu/~snyderw/courses/Natr252/agassiz.html.

“组织顶部在发生什么”的兴趣。

我祖父和我父亲之间的鲜明对照，一度令小时候的我很困惑。他们俩，一个是总被来自上面的决定所左右及牺牲的手工艺人，另一个则是真正有话语权和决断权的人，我如何才能调和他们各自对商业世界的可能是全然不同的认知和观点？从工作而不是从个人的角度看，为什么他们一个能成功，而另一个却在底层？

如今，我已经处在自己生命的晚期阶段。我想知道，我这一生的工作中有多少是基于这样一种幻想，即若我可以改变处在组织顶部的人的行为——让他们变得更好——这多少会对他们的组织产生“涓滴效应”（最起码，对底层的人来说是如此）。

谁知道呢？也许这也可以帮助他们把组织变成一个更棒的工作场所。来自我生命早期的这个渴望，在我的一生中，以不同方式暗暗影响了我的无数选择和活动。

在我对管理文献的各种贡献中，我指出了领导者的个性、他们的决策方式以及他们的行动是如何影响组织和社会之间的关系的①。我有机会近距离了解过很多公共和私人组织的领导者，他们都曾对他们周围的环境造成过无可挽回的损害。

因为出生在二战期间，因而我对于大面积失调的领导行为尤其关注。从母亲那儿，我知道很多家庭成员被纳粹杀死了。

---

① Manfred F. R. Kets de Vries and Danny Miller (1984). *The Neurotic Organization*. San Francisco: Jossey-Bass; Manfred F. R. Kets de Vries and Danny Miller (1988). *Unstable at the Top*. New York: Signet.

大部分人都认同，政治领导者，如希特勒，屠杀了成千上万的人。

“个体的死亡是一个悲剧；百万级别的死亡，只是一个统计数字”，对于斯大林的这个观察和表述，有谁会不认同这是他的大脑变得病态的一个信号呢？

然而，如果我们可以解读国际政治现状的背后，有如此多的人似乎忘记了过去曾经发生过什么，同样的桥段会再度上演的事实，这确实令人非常不安。在我的经验中，只有真切缅怀过去，才有可能真正重新开始。

一个小孩子被特意保护着，不让他知道在战后早期的这些年里都发生了些什么，这本身就是不寻常的。我记得很清楚，当德国高级战犯被审判时，我是如何被纽伦堡审判的广播报道所吸引。对当时的我来说，他们的反人类罪过于恐怖而无法理解。随着年纪渐长，我意识到这段历史是如此令人毛骨悚然。

这些暴虐领导者可能并非个例，这个认知尤其令我不安。他们并没有亲自犯下这些暴行。他们有很多自愿的追随者。一个残酷和令人悲伤的事实是，我们的内在猛兽无须过多鼓励就会自己冲出藩篱，开始毁灭任何挡道的人。[1] 在我后来的人生中，我在组织世界里看到了非常类似的动态，尽管规模不可同日而语。

---

① Manfred F. R. Kets de Vries (2005). *Lessons on Leadership by Terror: Finding Shaka Zulu in the Attic*. Cheltenham: Edward Elgar.

关于这些领导者可能带来灾难的觉察迫使我自问：是什么激发着这些人的行为？他们为何要做他们所做的这些事？他们的价值观怎么了？关键是，我们能做些什么来阻止他们或解决问题吗？

这些并不只是历史问题。

他们天生擅长使他人相信并依从，他们利用了民众的不知情，在幻象和谎言中编织着所谓的"现实"。他们要弄着民众希望出现魔力的朴素愿望，却给周围带来毁灭性的灾难。

正如哲学家伯特兰·罗素（Bertrand Russell）所指出的："这个世界的所有问题在于，傻子和疯子总是很自信；而智者，则充满疑虑。"

2

领导力实验室

做你自己；其他角色，已经有人演了。

——奥斯卡·维尔德

真正的实验室是心灵。在那儿，在幻觉的背后，我们发现了真相的法则。

——嘉咖迪什·博仕爵士

这些令人困扰的童年记忆，是我渴望与高管一起工作，以及勾起我对领导力教育领域的兴趣的主要催化剂。怎样才能防止领导者的迷失？如何才能使他们做到深思熟虑？这些问题激励我在 INSEAD（欧洲工商管理学院），这所世界一流的商学院，创建了一个某种程度上非同寻常的领导力研讨会。在那次研讨会成功召开的基础上，我在 INSEAD 发起了 EMC 项目——有关组织高管变革管理的硕士学位项目。基于此，我也被邀请为世界各地的高管团队设计领导力团队教练项目。

品格培养

我希望能找到一些方法，来催生更多具有反思精神的领导者——无论他们面临什么挑战，都能保持他们更为人性的一面。我想要帮助这些领导者自我发展，让他们能认识到自我觉察和批判性思维的力量，有能力进行自我评估及面对自己的优缺点，也愿意自我反思其过往经验，从而推动新的认知和理解。

我也在寻找这样一些领导者，他们愿意站在别人的角度思考，善于解码事情的本来意义，也有能力倾听和观察。最重要的是，我想“出产”这样一些领导者，他们极有兴趣为跟随他们的人创造良好的工作环境。有人曾开玩笑说，我在寻找的领导者，似乎是以下四种人的合体：苏格拉底的智慧，亚历山大大帝的驱动力，马基雅维利的政治手腕和约伯的耐心。显然，这有些天方夜谭，脱离实际。我更愿意脚踏实地。我是实用主义者。我认为，上述“合体领导者”的培养挑战是非常不切实际的。我认为，我要做的事情是可以实现的。

在领导力的发展中，花时间在“品格塑造”上是十分关键的。我们关于人的很多认知，取决于我们所称之为的“品格”，即一个人各方面品质的综合。正是这个综合特质，使某人是某个人，而非他人，也使他们显著区分开来。①

---

① Manfred F. R. Kets de Vries & Sidney Perzow (1991). *Handbook of Character Studies: Psychoanalytic Explorations*. Madison, Conn. International Universities Press.

“非二元论者”倾向于交替使用“个性”和“性格”两个名词。但是“二元论者”的角度更细微，他们声称，性格指人的外表和可见的行为，说这个词来自于拉丁语“Persona”（面具）。他们同时坚持认为，性格很容易解读。比如，我们会评判说某人有趣、内向、负责、精力充沛、乐观、自信、过于严肃、懒惰、负面或害羞。

另一方面，个性则指一个人的隐蔽特质，这些特质只在意外或极端状况中才会出现。简单来说，即一个人的内在。个性没法被轻易评判，因为它由一个人的道德品质和特质构成，比如诚实或不诚实，可靠的或不稳当的，平易近人的或不亲和的，慷慨的或刻薄的。

在日常使用中，相较于性格，个性更多指向“评价”。比如，某人被判断为有“好”的或“不好”的个性。但是，就像我之前提及的，我是一个非二元论者，我发现性格和个性之间的区别其实并不真切。只是为了权宜之计，无论用哪个词，对我来说都一样。

在我看来，个性是抹不掉的、深深刻在我们骨子里的东西。个性是一个人拥有的最宝贵的东西，它决定了我们的“真北”在哪里，也设定了我们每个人所能达到的边界或者不可逾越的界限。Charassein，这个来自希腊谚语的词的意思是“刻上一道犁沟或皱纹”。

个性支持我们以某种特定的方式生活，并定义我们如何始终如一地对待我们自己和他人。当然，个性也是被人所处的周围的环境塑造的。它的形成依赖特定的社会和家庭背景，比如现有的经济结构、政治生活、社区和家庭关系。

根据我在研讨会和我牵头的项目中的观察，领导力发展对于个性的塑造能起一定作用。显然，在人类历史的（眼下）这个关键节点，鉴于随处可见的、肆虐我们星球的许多毁灭性的力量，那些精通“魔法思维”的领导者并不能解决我们现有的问题。

我们需要完全不同的领导力——他们能够抵制倒退的趋势；看问题的角度也能扎根于现实。我们需要的是“有质感”的领导者。我使用了一个简单的首字母缩略词，以更清晰地列举这些品质。我认为这些品质，应该符合被称为“7C”的领导力模型，即具有复杂性（Complexity）、自信（Confidence）、同情（Compassion）、关爱（Care）、勇气（Courage）、批判性思维（Critical thinking）以及沟通技巧（Communication）的领导者。

首先，鉴于当下世界的现状，我建议我们应该寻找能处理“复杂性”的领导者；当处理问题时，他们勇于采取长远并且系统的视角。这样的领导者能够传递真正的希望，基于现实，富有远见。他们绝对自信。他们内心的安全感会支持更好的决策。不安定的、不成熟的领导者是不可取的。此外，富有同情心使得领导者能够带着谦逊、尊重、欣赏及同理心去真正接近他们所领导的人。我说的当然也包括那些拥有反思能力的领导者，他们往往都有高情商。

其次，这样的领导者需要发自内心地关注他们所做的事情，这样一来，在很多时候，激情和灵感就能够比肩而行。他们得有勇气去面对他们的错误；他们得诚实正直、有道德感和坚韧，以便必要时能做出艰难决策；他们需要具备批判性思维；他们应当深刻理解自己在做什么，也知道如何真正接近人们的内在，以更好利用他们的聪明才智。

最后，他们得掌握良好的沟通技巧——有清晰简洁、前后一致地重申自己观点的能力，尤其是在危机时刻。

我原本可以选择和那些经过挑选的个人、小团体、高管团队合作，或开启大型组织变革项目，从而把我的教育方法论变为现实。相反，其实我尽可能做了所有。我试图拉开一张巨大的网，从而连接到更多的高管。问题是如何做。很快我就意识到了，为 C+高管①创建一个小型、浓缩的工作坊或许是个可行的开始方式，因为他们有权力和影响力去向下推动变革。

正如很多人已经发现的，改变自己很难，那是一场充满内在抵制的旅程。谁都不愿意轻易走出舒适区，这才符合人性的底层逻辑。当你面对挑战，脑海中首先浮现的问题，总是它会如何影响到你个人。

有鉴于此，我决定为领导力项目做一个模块化设计，渐次递进的结构也许有助于培养更深思熟虑、更具反思性的领导者。同时，我也能有机会去测试怎样的设计最有效。我的意图是，

① C+高管，指某职能块的最高负责人。(译者注)

参加领导力项目的人通过共创一起学习和练习，能更多地了解自己。然后，在模块之间，无论在工作场所还是在家庭中，他们都将有机会去实践他们此前所学到的。

我对这种结构有可能出现的风险并未有错觉。我知道，在参与者回到家和办公室后，很多人会恢复他们的旧习惯。众所周知，个体既定的思维路径和习惯很难被打破。我们年轻时，都具有非常强的可塑性和延展性，但随着年纪渐长，改变要困难得多。虽然会有内在阻力，但一个模块之后会有另一个模块。经验告诉我，后续行动至关重要。

很多人新年会立一个 flag，但大多数的“新年决心”最终都归于令人灰心丧气的失败——太多好的想法，太少相应的行动——但后续行动确实能降低失败的可能性。随着时间的推移（并且，在我和其他参与者的推动下），我希望看到他们中的大多数人朝着建设性的改变迈出了哪怕是“婴儿学步般”的小步。正如“你就是‘你反复所做的事情’（的结果）”，对我来说，“决定性的考验”是参与者在项目结束后，到底采取了哪些行动去切实改变。

当我第一次设计这个项目时，我几乎没想到会是现在这样的规模，但那种体验还是让人大开眼界。渐渐地，这个项目演变成了一个高效的学习实验室。在这里，高管们被鼓励参与独特的“生命”案例研究方法，他们不仅能够处理浮在表面的问题，还可以解决更深层次的根本问题。

"生命"案例研究

虽然我已经写了100多个案例研究，但在与高管的合作中，我很快意识到，课堂上的"生命"案例研究和更多的动用大脑去写作的案例之间有很大的区别。书面案例不过是组织真实情况的一个"苍白虚弱"的反映。我是哈佛商学院的毕业生，因此很好地传承了案例研究方法。但我一直认为，声称自己能够在短时间内就能将组织中所发生的事情的本质还原到纸上，这可需要相当高度的自恋。更不用说，在随后的课堂讨论中，就"该如何采取系列行动"很笃定地得出确定的结论了。

我坚信，要敏锐洞察到"人们为什么做他们所做的事情"的本质，你需要成为某种人类学家，并需要花很长时间去观察组织中各种参与者之间的互动。

书面案例研究是很有用的教学工具，但在开发个人和组织转型的不同方式方面，我很幸运，因为教室里可以即时开展现场案例研究。他们积极参与组织和个人生活中发生的各类事件，极大地拓展了每个人的视角，也展现出了无比丰富的人际、群体和组织间的动态。鉴于他们中许多人的自恋倾向，相比于更多的基于大脑认知的、抽象的谈论，他们更喜欢谈论自己，这并不奇怪。

"生命"案例研究方法创造了非常不同的学习体验，具有卓越的即时性：你可以观察到"案例研究"如何帮助参与者减轻了令他们深感不安的问题的困扰；他们如何挣扎着说出自己的故事；他们又是如何试图弄清楚该说什么和不该说什么。与传统的教学案例学习方法相比，这个深度体验的过程能带来非常强有力的影响。

案例研究方法（无论是书面案例还是“生命”案例）的吸引力之一是，体验式学习对理解问题和做出改变的影响要比基于讲座的教学大得多。人们喜欢看到能产生共鸣的一手素材，并感到参与到了其中。

让这个项目的参与者分享他们的生命故事，使我意识到类似仅仅“讲故事”的简单活动能做到多么有效。我清楚地看到这些故事是如何影响听众的。倾听这些故事本身，就会带来生命层面的影响和改变。这么做，甚至有可能会帮助听众弱化他们的“角色盔甲”。每次听故事时，听众都会意识到人人都有自己的“问题”，他们并不是在困惑中孤单前行。没有一种人类行为是完全一个人的游戏，总有其他人有过同样的想法。了解了他人的个人历史，有助于他们意识到自己此刻为什么要这么做。只不过在他们当下的生命阶段，以往的行为不再有效罢了。

此外，他们也意识到，无论文化背景和历史是怎样的，我们都是人类这个物种的一部分，有着相似的行为模式。像INSEAD这样的学校，并没有国家和民族的身份，这使得它成为独一无二的学习型实验室。在INSEAD的社区文化中，故事的分享成为参与者紧密联结并共同形成深度学习社区的一个好方法。他们从这些故事中学到的东西，成为他们互相帮助、朝着改变迈出一小步的好方法。毕竟，我们每个人的内心深处都有一种利他主义的动机。

什么不见了?

有趣的是，许多参加这些发展项目的高管都感觉到他们的生活中有些事情已经开始不对劲儿了。通常，这可能是报名这个项目的催化剂。虽然表面上他们看上去似乎很满意，好像拥有那些真正重要的东西，比如健康、家人、朋友和一份好工作，但他们有一种说不出的感觉，似乎正在经历一种“存在主义的真空”，好像他们的生活中缺少了一些东西。在静下心来思考的时刻，他们想知道他们的生活是否可以改变，但他们又不知道要如何改变。他们的内心深处，有一种对另外一些叫不上名字的东西的深切而热烈的渴望。

我开始意识到，这种疏远感和绝望感多半来自他们认识到了一个事实，即在有时似乎非常淡然冷寂的宇宙中，自己本质上其实是孤独的。来找我的很多人在生活中都缺乏意义和目标。虽然这种空虚感可能已经延续了一段时间，但他们现在已经到了人生的某个阶段，因而体验到了更大的紧迫感。他们不想再顺其自然了。他们想要更好地掌控自己的人生。与此同时，他们并不清楚如何改变自己当下的处境。他们报名参加这个发展项目的原因，多半是为了弄明白他们究竟缺少了什么。

能量晴雨表

当这些参与者想知道他们未来的生活该如何继续，并感觉有点“精神瘫痪”时，我明确地表明我的态度：他们不必在自己的生命舞台上只做被动的观众。他们当然有选择。他们可以尝试过一种更契合自己的生活，这会令他们感觉到自己“真正活着”。他们可以聚焦于能激发他们活力的那些活动。他们可以努力争取，以便在他们的内在和外在之间创造出更大的一致性。

但更重要的是，要能意识到哪些是更值得他们真正投入精力的事情。而另外一些，则应该被放在一边，甚至干脆抛掉，因为那些事情无形中“榨干”了他们的能量。他们应尝试按照我所称的“能量晴雨表”去生活。这个能量晴雨表要靠自我创造。他们最好开始写日记，列明他们发现自己处于充满活力以及筋疲力尽的各种情况。这样一份随时可见的记录能帮助他们弄清楚：到底哪些活动会令他们感到自己真正活着。

如果能与真实的自我保持一致地生活，我们可能会更有活力，感觉也会好很多。然而，这意味着允许自己深入内心世界，并愿意依靠自己的智慧和力量。

我们需要重新探访内心深处尚未开发的潜力。我们需要给自己空间来倾听自己的声音，并识别出那些对我们来说真正重要的事情。我经常能观察到，人们倾向于倾听外部世界的噪声，却（好像只为）迷失在人群中。我们需要更忠于自己。引用孔子的话："征服自己的人，才是最强大的斗士。"①

团队建设：没有行动的愿景是一种幻觉

讲故事有助于创造一个高浓度的学习社区，这种认知给了我勇气，不仅可以尝试与来自不同组织的高管合作，还可以尝试与高管团队合作。过往的咨询经验告诉我，我合作过的许多团队都功能失调，并且常常相互误解。我经常发现自己不经意间就将高管团队的日常功能描述为"反常的举动"。因此，我认定了，除了帮助高管个人提高效率外，也有必要要尝试为高管团队做同样的事情。

当然，简化团队运营流程的一种方法是雇用长相和行为相似的人，并在一开始就将那些看起来"不是一路人"的人拒之门外。由想法相似的人组成的团队创造了一个更可预测的环境，也明显能使决策速度加快。通用游戏规则显然是，如果你想快速做出决定，你最好雇用几乎一样的人。然而，经验告诉我，当你希望做出更具创造性的决定或希望解锁似乎"被锁定的"两难局面时，若你能瞄准性别、文化、年龄、教育背景、行业经验等多样性因素，无疑你能做得更好。

当然，管理很不一样的多样化背景的人会带来很多挑战，因为误解的可能性也会急剧提高。差异也可能会引发偏执和怀

① 这里指孔子所说的"自胜者强"。(译者注)

疑，从而对任何组织都能带来破坏。这同时也解释了为什么许多组织宁愿采取简单的办法，雇用相似的人。正如我从许多尝试中学到的那样，如果你想通过招聘带来多样性，使用“生命”案例研究方法可以非常有效。①

无论多样性的程度如何，从上到下让每个人都参与进来，使组织有序开展工作并顺利执行所有决定，这从来都是一个组织挑战。

但我一次次看到，如果没有一个运作良好的团队，高管个人很可能只会以自己惯常的方式做事，这往往导致组织运转的不协调，甚至会带来相互冲突的决定和行动。如果高管的行为像夜航的船只一样，在黑灯瞎火中摸索前进，他的行为方式可能会变得不符合组织或自身的最佳利益，而战略的实施也可能会变得很糟糕。

我发现，群体教练结合“生命”案例研究法是一个绝妙的办法，可以让高管们从同唱一首赞美诗开始，结束单打独斗的局面，并加速组织工作的开展。群体干预创造了更好的组织协同，这有助于将工作落实并完成。

它们还使横向和虚拟沟通更加有效，这在面对复杂矩阵结构和虚拟团队时至关重要。新冠疫情大流行后，虚拟学习方式变得空前重要。此外，群体干预能够成为防止偏执思维和找替

① Manfred F. R. Kets de Vries (2014). “Vision without Action is a Hallucination: Group Coaching and Strategy Implementation”, *Organizational Dynamics*, 44 (1), pp. 1-8.

罪羊动作的缓冲区，这在很多组织中得到了验证。恐惧永远无助于人们展现出最好的一面。我一直告诉与我共事的人，明智的做法是仔细观察他们组织中的恐惧——安全的轴心。

感觉你是在安全的环境中工作，会提高生产力和创造力；而在恐惧的氛围下工作，将适得其反。令人欣慰的是，我发现这些干预措施无形中创造了一个真正的学习环境，通过它们(群体干预)，“知识管理”成为现实，而非仅仅是一个毫无意义的口号。毕竟，如果你的同事仍然是陌生人，为什么要和他们分享你知道的那些呢？使用“生命”案例研究方法，你很难继续保持你的“陌生人”身份。在讲故事的世界里，没有陌生人。

3

临床范式

尤其是，我们必须超越文字、图像和概念。

无论如何富有想象力的愿景或概念性的框架，都无法等同于伟大的现实。

——必迪·格雷芬斯

我发现许多概念模型都能有效指导我的干预工作。不过，当我与高管合作时，我总是尝试保持非模型化的“非意识形态”。我时常能感觉到意识形态是如何扼杀创造力的。经验告诉我，创造性工作最经常发生在不同领域边界的交叉处。因而，在帮助人们改变时，我会尝试做所有有效的事情。在我能清醒意识到自己身处何种情境时，我会选择采用所有可能有用的理论框架。

在我处理复杂情境的方法中，我借鉴了进化论、发展心理学、神经科学、家庭系统理论、认知心理学、动机访谈、冲突干预、存在主义心理学、欣赏性探询和积极心理学的各种方法。这为理解我称之为“临床范式”的令人费解的情形，提供了心理动力及系统性的方向。这种看待事物的特别视角，已被证明是一种非常有效的变革方法。[①]

采取一个临床范式的视角

那么，临床范式是关于什么的？

首先，它假定每个人类行为背后都有合适的理由。我认为，对于人们为什么做他们做的事，总会有合乎逻辑的解释，即使乍一看他们做的事似乎都非常不理性。所有行为，无论看起来多么奇怪，一开始都会有某种理由。这种解释不可避免地会涉及人的潜意识的需求和欲望，因而会显得难以捉摸。我们也就必须做一些侦探工作，来梳理那些令人困惑的行为背后的线索。

第二个前提是，大量的精神生活，比如感觉、恐惧和动机，它们处于我们有意识的觉察之外，却仍在很大程度上影响着我们有意识的现实，甚至影响着我们的身体健康。然而，我们并不总知道自己在做什么，更不要说能觉察到我们为什么要这样做了。虽然被隐藏在理性思维之外，但人类的无意识总是影响（有时甚至决定）着我们意识中的现实。

不管你喜不喜欢，即使是我们当中最理性的人也会有盲点，

---

① Manfred F. R. Kets de Vries (2011). *The Hedgehog Effect: The Secrets of Building High Performance Teams*, West Sussex, UK: John Wiley & Sons; Manfred F. R. Kets de Vries (2018). *Down the Rabbit Hole of Leadership: Leadership Pathology in Everyday Life*. London: Palgrave Macmillan.

即使是最高尚的人也会有阴暗的一面。这另一面，他们可能不知道，也可能根本不想知道。因此，为了维护我们的心理平衡，我们诉诸各种防御机制，从分裂、投射或否认等非常原始的防御机制，到更复杂的防御机制，比如将所有情绪反应都以所谓的“理智化”借口去掩盖。①

第三个前提是，我们受到我们作为人类的基本需求的影响。这些需求决定了我们的个性，创造了我们精神生活中紧紧交织的三角形，即认知、情感和行为三角形。为能有效影响人的行为做出改变，他们的认知和情感必须被同时考虑。其中，情绪尤为关键。情商在领导力方程式中起着至关重要的作用。我们调节和表达情绪的方式，定义了“我们是谁”。

情绪体验分别赋予我们积极或消极的内涵，在我们做出的选择及我们与世界打交道的方式中制造着偏好。情感也是我们如何体验世界以及我们与他人关系的心理感受得到内化的基础，这些记忆指导着我们一生的关系。当然，我们感知和表达情绪的方式可能会受到生活经历的影响，随着时间的流逝而改变。

第四个前提是，人类发展是个双重的过程，既是个体内部的过程，也是人际的过程。我们都是自己过去经历的产物。这些经验，包括在我们人生早期的抚养者所带给我们的发展体验，在我们后来的整个生命中，持续影响着我们。

---

① George Vaillant (1992). *Ego Mechanisms of Defense: A Guide for Clinicians and Researchers*. Washington, DC: American Psychiatric Press.

过去是我们现在意识的一部分，也是我们观察和体验当下的透镜。无论喜欢与否，过去都会影响我们的现在和未来。

过去这些年来，我发现在领导力发展中使用临床范式是一种非常有效的方法，可以用来探索领导者情感、思维和行为深层隐性的逻辑。而且我发现，这通常与我的客户去寻求意义、归属感、能力、控制或其他重要的存在问题有关。总是纳入临床范式的视角，帮助我了解觉察或意识之外的人类行为模式，它们无一例外都是人类状况的重要组成部分。

“地毯下的蛇”的综合征

我总是试图向我的客户说明，除非处理掉他们议题中的真正问题，否则这些问题很可能会卷土重来。什么都不会改变，事情也会回到以前的样子。我用“地毯下的蛇”来做隐喻。想象一下，你走进房子，地毯下面有一个凸起。你试着把地毯拉直，以弄平那个凸起。你做到了，但过了一会儿，凸起又出现了。因为地毯下面始终有一条蛇。

在你把蛇清理出去之前，你没办法把地毯拉直。重要的是要记住，当你处理问题时，你所看到的不一定是真相。在找到真正的解决方案之前，需要先处理被掩盖的问题。不要试图躲避现实，不要把焦点放在只是把地毯下的凸起弄平。抑制症状不是良方。

“地毯下的蛇”的综合征解释了为什么人际关系会变得如此

令人痛苦。它使我们理解了为什么组织生活往往如此难以理解。它解释了为什么工作关系，尤其是高管团队中的人际功能经常如此失调。这些难题的大部分答案在于我们的人性：其一，是我们相互信任的能力的缺失；其二，是我们这种能力的缺失，即我们未能从我们自己的过去看到“通过群体的集体努力，而非仅仅依靠个人，更容易获得丰盛的心理和物质利益”。

“地毯下的蛇”的综合征也解释了为什么许多组织活动未能付诸实现。戴上经济学家的帽子，答案可能在于人们固执地相信人类应该是理性的动物。但我们更应该清楚，每个人都可以有一个独属于自己的理由，而所有这些理由看过去都有自己的逻辑。这就是为什么使用临床范式会如此有帮助。

太多传统的组织设计顾问未能考虑到微妙的、意识之外的行为模式，而这些模式是人类普遍状况的重要组成部分。与此同时，在组织中工作的人的个性的特别之处以及他们的情感生活，会继续使他们从特定的任务场景中“游离”出去。许多高管没有意识到人际关系、团队合作和组织文化的复杂性。结果是，他们总是对无意识的场景过度反应，或根本没有反应。

组织领导人需要接受一个事实，即许多微妙的心理力量深藏于人类理性的表面之下，并可能破坏他们和其他人的正常“互动功能”。不过，尽管这些行为模式可能是非理性的，如果我们知道如何“解开线头”，它们总会有说得过去的理由。在组织中工作时，个人常常会面临许多实际风险，这是由他们对在工作场所中所行使的影响力和权力的恐惧、焦虑和不确定性引起的。

如果不重视也不处理这些担忧，由这些风险带来的焦虑程度就会变得过高，也就无法通过简单的领导行为或引导加以疏导遏制。相反，个人将“启用”社会防御来保护自己。① 这些社会防御通过特定仪式、某些过程或基本的隐藏假设而得以表达，来取代、减轻甚至“中和”不断涌现的焦虑，但也妨碍了工作的真正完成。结果是，这些个体不知不觉中更多聚焦于功能失调的过程，也止步于抑制性的组织动力结构。如此一来，不仅维持了组织功能失调的现状，还强化了其恶性循环。

无论在什么情形当中，组织领导人在试图激励员工时都需要意识到，事情远远不只表面这么简单。组织是应该谨慎处理敏感人际关系问题的“论坛”（但往往被不严谨地轻率对待了）。因此，在工作场所，面对绩效压力，如果希望人们不带或少带防御意识地去与他人互动，需要特别的领导力和支持型环境，以便他们愿意而且能够将普遍存在的焦虑转化为富有产出的工作。

遗憾的是，很多高管并不明白心理动力学和系统理论的概念。相反，结构性的理性观点在组织中占据着主导地位。很多高管没有意识到影响人类行为的无意识的心理动力。很多高管视他们的组织为理性的、规则治理的系统，因而固化了一种错

---

① Alistair Bain (1998). “Social Defenses Against Organizational Learning”, *Human Relations*, 51 (3), pp. 413–429.

觉，即经济人不过是一架会自行持续优化的兼具快乐和痛苦的机器，而忽视了组织中的个体作为人所与生俱来的种种特质。

我们需要习惯这样的想法，即没有理性管理的“圣杯”。组织的理性结构观并未交付它所“承诺的东西”。

它只是创造了太多的经济混乱，以及许多悲伤。因此，组织设计顾问最好熟悉临床范式的语言——尽管我承认这样做也许会令人不舒服。对于来自传统的管理或经济学背景的人来说，这可能会令人困扰和多有不安。但创建并维护一个高效的工作环境，既需要聚焦于组织生活的结构方面，也需要专注于人文的一面。至少可以说，这是一个艰巨的、会令人退缩的挑战。

我们必须对这种认知保持清醒，即我们脑海中发生的大多数事情都是无意识的，与“我们是谁”这个潜意识里神秘的部分进行沟通将是一个真正的挑战。卡尔·荣格（Carl Jung）曾很简单地将其表达为：“除非你让无意识清醒，否则它会一直暗暗‘指导’你的生活。而你则将其称之为‘命运’。”

4

存在主义的深潜

人不过是他自己的“作品”。这是存在主义的第一个原则。

——让-保罗·萨特

沟通中最大的一个问题是，沟通“已经发生”的错觉。

——乔治·萧伯纳

我的领导力工作坊的一位参与者（我称他为彼得）正在经历某种形式的生存焦虑。他自我怀疑他存在的意义。太多的变化同时发生，一起导致了他的情绪低落。第一个变化，是他父亲的去世。他与父亲还有很多悬而未决的事情。彼得意识到，他父亲的去世使“结束这些事情”变得困难，也使哀悼本身变得复杂了。

他还刚辞去首席执行官一职，开始担任董事会主席。他意识到，董事长的角色与掌管公司的日常运营截然不同。突然间有了更多自由，他真的不知道该怎么打发这些时间。所有这些交织一处，导致的一个令人不快的结果是，他忽然意识到他和妻子之间已经有很大的隔膜了。他们似乎生活在平行宇宙中。

拥有更多的闲暇时间本是奢侈，但对一些人来说，空闲时间可能会成为“魔鬼出没的游乐场”。他们不得不开始反思一些事情，而这些事以前也许从未出现在他们有意识的觉察里。

鉴于眼前的处境，彼得将很难超越他之前的恒定繁忙状态，因为他无法再诉诸“狂躁性防御”。①

这描述了一种行为模式，即我们试图通过一系列活动来分散我们意识中不舒服的想法或感觉的注意力，或试图通过诉诸相反的想法或感觉来避免它们。被锁在自己的脑海里，无法轻松逃脱，可能会非常不舒服。对我的许多客户而言，当不能再依赖这种狂躁性防御时，许多内心的恶魔就会浮出水面。

噩梦

就彼得而言，他的生存焦虑看上去是由两件痛苦的生活事件引发的。但在做了关于他某个最要好的朋友（一个非常成功的商人）的噩梦后，他的痛苦状态被彻底点燃了。当被问及“这位朋友对他意味着什么”时，彼得说，他一直视对方为榜样，一个他愿意仿效的人。在他的噩梦中，朋友的一大拨粉丝

① Melanie Klein（1935）. “A Contribution to the Psychogenesis of Manic-depressive States”. *International Journal of Psycho-Analysis*, 16, pp. 145-174.

站在朋友家门前的草坪上等着他出现，但他自始至终都未露面，故意远离人群视线。最终，朋友是从房子后门溜出来的，以免被人看到。逃出来后，他走到彼得面前，看起来很不舒服。

当彼得问他发生了什么事时，朋友说，他想知道他为成功所付出的这一切努力是否值得。朋友说，自己因需要保持“成功的样子”而筋疲力尽。是的，他知道自己有几栋壮观的房子和几台奢华的汽车；他甚至有一艘游艇。但房子是空的，里面没人。汽车只是闲置在车库里。他也很少使用游艇。他为什么要紧紧抓住它们？拥有它们有什么特别的意义？他问彼得是否可以借点钱给他，还请求使用彼得的手机。彼得想帮他，但却找不到自己的钱包和手机。这让他感到非常恐慌，然后就醒了。

起初，彼得对噩梦不以为然，反而强调，所有的梦都只是神经系统中的随机噪声。但当我告诉他，在梦中，我们经常能看到在日常生活中不想看到的东西时，他的想法变了。梦可以成为一个人内心中主要关切的信号灯。噩梦尤其应被视为非常强烈的警告信号。就像有人在和你说话，可你压根儿不想听到他在说什么。一个没有被解释过的梦，就像一封从没被打开的信。

我解释说，不管喜不喜欢，他是自己的梦的导演、制片人和编剧。他自己创建了所有的影像。他是这些影像的拥有者，最适合识别他自己的现实中与梦相关的那些“联想”。这些“联想”有助于他弄清楚到底发生了什么。通常，是前一天的“故事片段”触发了梦。梦可能具有多种含义，并且可能令人困惑，因为它们常常以高度象征性的语言“上演”。特别对儿童来说，梦就像是他们在为自己的安全感做排练，帮助他们面对将来可能面临的困难。

梦又往往会很快从我们身边溜走。因为，当它们变得过于生动时，我们会非常困惑，无法分清现实和幻想。但这也是在进行创造性的工作时，梦能起到巨大帮助作用的原因。许多重要的创作都是由梦点燃的。噩梦当然也是梦，只不过从梦应作为良好睡眠守护者的角度看，噩梦显然失职了。噩梦没能对相关的焦虑进行中和转化，反而加剧了这种焦虑。

我鼓励彼得回想一下与他的噩梦有关的联想。第一个是“虚空”。彼得非常钦佩的朋友告诉他，自己为取得成功所做的一切努力都变得毫无意义了。他的朋友一生都在很努力地想要获得人们的赞美，但所有这些都是为了什么？这不是彼得问自己的问题吗？他的朋友不就是另一个版本的自己吗？噩梦让彼得开始疑惑为什么他一直试图模仿朋友。这让他开始怀疑他在生活中到底获得了什么成就。

在彼得的梦中，对他来说珍贵的那些东西（金钱和手机）似乎都不见了。后者象征着他所有重要的联系人。所有这些是他的生命中唯一该被重视的东西吗？彼得也想知道为什么他梦中的房子是空的。为什么那儿没人？真的有人关心他吗？他妻子在哪里？草坪上那些粉丝跟他有什么关系？他们只是陌生人。

存在焦虑与为适应变化所面临的困难有关。比如，当我们发现自己正处于不得不走出舒适区的情况时，当我们面临重大的生活转变，我们可能会失去熟悉的生活情境和结构所带来的保障和安全感。如果这一切确实发生了，我们就很有可能开始质疑生命的整个意义。

如果我们必须接受我们终将一死的事实，为何还要继续做我们正在做的事呢？为什么要费心付出所有这些努力呢？如果死亡是最终的归宿，所有这些动作似乎都毫无意义。正如预期的那样，年岁渐长，这些想法也会变得更为凸显。①

死亡焦虑

我知道彼得自己逐渐衰老的过程和他身边有人去世的消息都引发了他的死亡焦虑，也加剧了他与死亡相关的生存痛苦。像我们许多人处于相同情况时一样，他越来越清楚地意识到，无论走到哪里，死亡其实都如影随形。从神经学的角度来看，我们必须感谢我们的大脑皮层额叶（人类大脑发育的最后一部分），它让我们对自己的未来有足够清醒的意识。

大脑的这一部分，使我们能够对我们的未来进行“概念化”的认知。我们因而明白了关于死亡的真相，即它是不可避免的。鉴于我们的生物学结构，死亡焦虑是一种普遍存在的、独属于人类体验的现象。它通常潜伏在我们表层的意识之下，令我们

① Irvin Yalom (2011). *Staring at The Sun: Being at Peace with Your Own Mortality*. New York: Piatkus.

很难适应“自身是有限的”这个现实。

死亡焦虑使彼得对一切都感到焦虑，尽管他说不清楚他为何会有这种感觉。[①] 当我们坐在一起反思他的精神状态时，我向他指出，自我意识是一个人能给自己的一份非常珍贵的礼物，但它同时也可能是有毒的。自我意识越清晰，越有可能成为滋长自我焦虑的“肥沃土壤”。

自我意识是“人之为人”的根本原因，但它也让我们认识到，像花儿一样，我们会成长、开花，也会无可避免地凋谢和死亡。我接着补充道，当然，这种焦虑也可以成为通往更多的自我觉知、洞察和智慧的“康庄大道”。

脱节感

光死亡焦虑似乎还不够，彼得也经历了强烈的脱节感。他对噩梦中丢失的手机有了联想，开始质疑与自己相关的所有人和事。就眼下而言，尽管他有家人和朋友，他的职业生涯也很成功，但他仍觉得非常孤独，感到自己彻底迷失了。这些对于死亡和归属感的关切，意味着他已经开始转而聚焦于如何处理生命的大课题，即如何在他的生命中创造新的意义。

他的未来应该关注什么？在他的更大的生命图景中，他应

---

① Manfred F. R. Kets de Vries (2014). “Death and the Executive: Encounters with the “Stealth” Motivator”, *Organizational Dynamics*, 43 (4), pp. 247-256.

该在哪里？他是否已真的充分发挥了他的潜力？这些问题加剧了他的痛苦。他想知道整个生命中，他是否做出了正确的选择。对我们大多数人来说，我们做出的最重要的选择是伴侣和职业。当然，我们也会质疑，如果我们做出了不同的选择，我们的生活将是一番什么模样。

虽然彼得的不快乐远非理想状态，但我认为他目前的挣扎是一种非常自然且符合人性的方式，去探索和发现对他来说真正重要的东西。

我向彼得指出，虽然我们享有自由选择的奢侈，但必须做出选择的事实可能会给我们带来非常大的压力。随选择自由而来的是，与充分利用生命中这个不可多得的选择机会相关的责任。总有一个棘手的问题，那就是做出什么选择。不得不在几个选项之间做出选择可能会令人感觉无所适从，以至于“瘫痪”。我建议彼得反思那些能给他带来最大意义感的选择。

有些人很难面对生命中的某种内疚和遗憾，而这种内疚和遗憾，是因为他们相信（或知道）自己完全可以活得更丰盈。当他们认为自己可能做出了完全错误的选择时，这些感觉会让他们非常困扰。对死亡的恐惧是一回事，但对过着毫无意义的生活的恐惧呢？

寻找意义

彼得的案例说明了意义的重要性。当你年岁渐长，意识到你原有的生活方式几乎没有意义、焦点或结构时，你更有可能频频想要回头去审视你过去的生活。然而，如果你将注意力放在狠狠剖析你的过去上，生存绝望的可能性也无可避免地增加了。你可能会纠结于你那些业已无可挽回的损失、曾经犯下的错误和你认为大错特错的选择。

遗憾的是，你永远也无法知道你所做的选择是否一定是正确的。但你也意识到，眼下你的现实中，已经没有其他替代方案了。你可能会开始沉思你原本有可能有的另外一种生活会是怎样的，特别是关于你的另一半的选择。你越觉得自己“未曾按自己的想法活过”，你的死亡焦虑就越严重。对一些人来说，死亡的想法意味着他们的所有行动都越来越被体验为毫无意义。

存在绝望是早期电影 *Ikiru*（《生之欲》）的主题，由我最喜欢的导演之一、已故的黑泽明所创作。他的电影常常通过探索死亡，戏剧化了生命本身的确定意义。从病变的胃部 X 光片开始，*Ikiru* 讲述了东京政府官员渡边的故事。他患有晚期癌症，生命中余下的日子，看上去似乎难免要与他的“存在虚空”去面对面。他很快就会离开这个世界，但他感到自己好像从未真正活过。

痛苦得无以自拔的渡边试图从夜总会里找到从虚空中逃脱的可能，但那些消遣并没给他带来太多的乐趣。最终，渡边被一位生活态度相当积极的活泼年轻女子触动，他意识到，现在开始做一些有意义的事情，也还不算太晚。他记得有一群人曾寻求帮助，希望清理和改造他们社区的沼泽荒地，并把它变成儿童游乐场。但这个公益小组被政府部门像踢皮球一样踢来踢去，没有得到任何回复。

渡边决定承担起他们的未竟事业，开始以行动支持他们有关游乐场的游说。他非常清楚城市的政府部门是如何运作的，令人高兴的是，最终他利用这方面的相关信息，使儿童游乐场成为现实。不过，这部电影让人感觉可悲的是，渡边在面临死亡之境时才开始反思生活。如果他早点意识到他在地球上的生命会有多么短暂，他一定会奋力去过更好的生活。

正如彼得和渡边的故事所显示的那样，存在焦虑令人非常痛苦，但它也可以激励我们在生命中找到新的意义。在彼得的案例中，我试图帮他重新定义他的处境，指出他对过着毫无意义生活的担忧也可能表明他从此能够真正尊重自己的生命。也许他应该停止向前看或向后看，做出更大努力来活在当下。忘记目标，只享受此刻的旅途。

过度的自我怪责，可能会令他陷入高度神经质的思维旋涡中。这种思维看上去是面向未来，实则可能会引起对“毫无意义”的极大焦虑。也许他应该少关注那些有形的物质，如房屋、汽车和游艇等，同时改变视角，使他能够更完整地、更热情地活在当下。

不同的视角，可能有助于克服他的焦虑。他应该放弃眼下这个明显不合适的生活应对策略，因为这些策略无法使他过上真实的生活。太多的人貌似已“睁大眼睛”去度过一生，但其实他们从未看到过“更大的画面”——从不考虑能给他们带来更多意义的活动。

彼得对他的存在焦虑最有效的回应，也许是建立有意义的关系并参与到对“有意义”的追寻中。人类是能创造意义的物种。无论遇到什么情况，我们都会努力创造意义。当我们做不到时，我们容易产生生存恐惧和焦虑。彼得的挑战，是找到那些能随时随地为他提供意义的活动种类。①

我建议彼得定期提醒自己他应该感激的那些事情。他的感激之情，与家人、朋友或其他人相关吗？也许他可以在他欣赏和感激的事物中寻找到一些模式，并开始保有一张载有他各种活动的“资产负债平衡表”，以使他自己一直感受到活力。花更多时间参与这类事情对他的心理健康有好处。我们都需要学会识别能激励我们、为我们带来持续快乐的活动，从而创造一种流动感，一种知道我们自己处于最佳状态的感觉。

随着时间的推移，彼得开始接受生存焦虑是人类生存状况中不可分割的一部分，但这并不意味着他必须承受没完没了的压力、担心和恐惧。在处理生活中的重大问题时，我们每个人面临的挑战，或许就是找到自己创造意义的方式。我们有责任去找到一种适合我们自己的生活方式。当我们过着一种能持续为我们提供意义感的生活时，我们的生存焦虑可能会减轻。我告诉彼得，并不是未来让人感觉可怕；相反，是想要掌控的无

---

① Mihaly Csikszentmihalyi (2004). *Flow: The Psychology of Optimal Experience*. New York: HarperCollins.

力感，才令我们恐惧。

我跟彼得说，有这么多选择，他应该感到很幸运。他发现这个观察令他心里很是安定。总有些事是我们无法控制的，但彼得的许多担忧都是自找的。幸运的是，我们的自我决定权和自由意志给了我们自由，使我们对可控的那些事做出尽可能正确的选择。彼得应该停止认为自己是周遭环境的受害者，努力成为自己命运的主人。

5

自我实现的方程式

你生命中最重要的两天，是你出生的那一天，和你发现原因的那一天。

——马克·吐温

在任何特定时刻，我们都有两种选择：成长，或重回舒适区。

——亚伯拉罕·马斯洛

死亡焦虑被称为是对“未曾存在或未曾活过”的恐惧。虽然我们已经意识到“人终将一死”的事实，甚至想象着我们已经做好了各种准备，但当死亡真正威胁到我们，或者当我们的至爱离去时，我们还是会感到无比震惊。虽然在理性层面上，我们知道死亡是生命循环的一部分；但在非理性层面上，我们的感受和看法会非常不同。

将要消失在虚空中的念头——不得不面对我们身体的解体和消亡——在心理上，并不容易被接受。肉体就要消亡，自我也将不复存在，光是这么想想，已经让人无法接受。从象征意义上讲，死亡可以被视作“极致的羞辱”，一种对人的自恋的终极伤害。无论有意或无意，我们都会倾向于将肉体的无可避免的消逝解读为“对自我感知的毁灭性打击”。

我们的潜意识里其实并不倾向于太在意时间的流逝，也不会心甘情愿地去面对“我们生命中到底还余下多少时间”这种过于沉重的话题。我们常常表现得好像我们确知每个人终有一死，但是自己除外。

这解释了为什么我们会固执地想要寻求各种解决方案，来应对“人终将一死”这个似乎令人无法接受的想法妥善处理死亡焦虑感。一种较为可行的方法是，在各种不朽系统中，为自己找到安慰和确定感。

超越死亡

自然世界，以及我们希望于其中找到一席之地的需求，可被视为一个重要的不朽系统。我们告诉自己，所有生命都来自地球本身；所有消逝的，也都会回归于它。在地球上，所有生物体（活着的有机物）都与其无机环境相互作用，构成了能自我调节的复杂系统的一部分。它们一起，使我们星球上的所有生命得以以某种方式永存。所有生物体和无机物质都是一个名为盖亚（Gaia）的单一生命行星的一部分。

盖亚是一个动态系统，塑造了我们的生物圈，也使得地球成为一个适合生命生存的环境。因此，我们对自然和“永存不朽”的感知是密切相关的。进入山脉、山谷和森林，以及河流和海洋，对我们许多人来说，是一种非常原始和基本的人类冲动，也是和“生与死”交流的一种形式。

许多人认为他们与自然有着特殊的联系，并将死亡视为一种过渡，而不是终结。他们甚至可能会体验到“unica mystica”，这是一种“海洋感觉”，或“像海水般涌动的感觉”。它来自于人们能感知到的无限广阔的疆域，并且远远超出于身体自身通常所能感知的。这使得他们能感觉到与宇宙消融在一起。难怪对许多人来说，全球变暖代表着一种极可怕的末世论可能性。同时，因为某种程度象征着彻底毁灭，它也引致了极大规模人群的否认。当然，在我们应该如何与大自然母亲和谐相处方面，新冠疫情大流行只会令我们更加忧心忡忡。

除了 unica mystica，还有其他应对死亡焦虑的有效方法。例如，对宗教、政治或文化的不朽体系的认同，一直是确保我们的连续性（或“永垂不朽”）的一种很有吸引力的方式。这些信仰体系彰显着人类面对死亡终极问题的最巧妙的解决方案。在减轻我们对于死亡和自我毁灭的极度恐惧方面，宗教一直是我们最足智多谋的盟友。

世界上所有主要的宗教都承诺“会有来世”，在人们需要时提供安慰，并在社会中发挥着综合作用。此外，以“天堂”为最终目的地，宗教为遵从道德的生活及坚守高尚的价值观提供了一套“奖罚分明”的有效方案。

通过器官捐赠、精子库和克隆技术，现代科学为我们或我们的一部分提供了在生物学上超越死亡的新方式。但从进化的角度来看，我们的孩子才永远是令我们不朽的主要项目（途径）。哲学家约翰·怀特黑德（John Whitehead）说："孩子是我们发送到未来的一个活生生的信息，尽管也许我们看不到这个未来。"

我们把自己的已有成就和渴望传递到我们的孩子身上，希望他们能延续我们的信念和价值观。孩子们令我们将死亡视为一种过渡，通过他人的记忆，我们得以以某种形式永生。毕竟，在最终忘记死去的亲人之前，对我们来说他们一直活着，这难道不是真的吗？

我们相信我们的孩子不仅会传承我们的基因，还会延续我们的记忆。我们相信，记忆的代代相传将带来延续性。因此，当我们的生命终结，通过我们的孩子、孙子以及整个家庭，也通过我们着重强调的过往、记忆、历史和我们的人生哲学，我们那象征性的不朽将继续存在。

无论是通过艺术、文学、科学发现，或仅仅是对有需要的人表达善意，当我们极富创造力时，我们也同时创造了一种象征性的不朽。通过这种方式，我们不仅安放了我们的死亡焦虑，还以我们的行动和成就，成功"逃离"了死亡。因为这些成就很可能会被很多代人记住，甚至长达几个世纪。创造某种形式的遗产，成为超越死亡的主要驱动力。

艺术家们希望他们的作品在死后得以延续。创作本身赋予艺术家的生命以意义，他们的作品也可能会使子孙后代受益。

科学家亦有足够动力一直探索并积累相关知识，他们希望后人能继续推进他们的研究。这是富含创造性的不朽的另一种表现。作为对抗死亡焦虑的一种方式，创造力本身也是我们寻找意义的一个有机组成部分。

同样，演员和运动员也可以通过非凡的表演或打破长期纪录来创造他们的历史，这是来人世间留下“到此一游”的独特机会。所有这些极具象征意义的不朽活动，都是超越死亡并通过他人记忆延续生命的方式。在职业的世界，我经常看到高管们如何试图通过创建有形的遗产，比如一个组织、一个建筑或设立某种奖项，来对抗死亡的临近。

创建一门生意，使家庭成员可以继续忙忙碌碌，是确保某种不朽的很显而易见的方式。这种有意或无意的不朽愿望，是许多家族企业王朝的核心。这种不朽愿望暗示着一种幻觉，即只要人们的名字还常被提及，他们就并未真正离去。另一种方法是造一座以他们名字命名的大型建筑或体育场，这在某种意义上代表了他们的生命常青。

许多公司的领导者正是被这种看似能够永存的方式极大地激励着。于某处景观留下“到此一游”的印记和行使权力之间，你甚至可以找到一种心理上的相似之处。不过，除了给人一种虚假的永久感外，令人印象深刻的建筑也可能成为企业病理的一种迹象，即该组织有可能正在走向衰落。

基本要素

对我来说，“自我实现”一词听起来相当异想天开，但它不是我们应该随意忽略的一个概念。以我所知，自我实现与我们的创造力、智力或社会潜力的充分实现有关。我们大多数人都在一直尽力做到最好。尝试自我实现，可以帮助我们为自己和他人创造美好的回忆。我也相信，自我实现的能力可以成为生存焦虑的有效解药，包括对死亡的恐惧。

根据亚伯拉罕·马斯洛（Abraham Maslow，他普及了“自我实现”概念）的说法：“一个人可以成为什么样的人，他一定终将成为。这种需求我们称之为‘自我实现’。”[①] 我则会添加其他关键成分，包括自我发现、自我反思、自我完成、自我探索、意义、归属感、控制和能力。我注意到，那些聚焦于自我实现的人，很少依赖他人的意见。他们对自己更有把握。根据我的观察，如果你有这些自我实现的品质，你更有可能自我感觉良好。

维持平衡

既然死亡无可逃避，作为应对策略，我们总喜欢干一些大

---

① Abraham H. Maslow (1943). “A Theory of Human Motivation”. *Psychological Review*, vol. 50, no. 4, pp. 370-396, http://psychclassics.yorku.ca/Maslow/motivation.htm.

事，让我们自己显得比实际重要。但事实是，除非我们持续投身于一些宏大的事情，我们中的大多数都较容易受困于一些挑战而被打击。但正是我们对死亡的恐惧激励我们留下某些遗产，无论它们多么渺小。留下些什么和创造意义的主要方式，不一定是建造一座宏伟的纪念碑，也可以是改变他人的生活，人有很多方法可以超越自我。

这个主张在我们生活的各个方面似乎都适用，包括职业的世界。比如，在组织环境中，若能将你的个人目标与组织目标相联系，你当然会更加投入，也感觉更真实。若你能让他人相信你的愿景，并且建立这种连接，你会感觉更好。人为钱而工作，但为独属于他的事业而死。相反，如果你理解不了，或无法给自己画一幅人生意义的大图，你就会缺乏动力，也无法享受工作带来的乐趣。

这涉及归属感。类似于我们对食物和住所的需求，归属感也是一种基本生存需求。人类进化的集体遗产，意味着我们所有人都有一个内在愿望：归属于某个群体，或成为某件事的一部分。我们是一个社会化的物种，喜欢属于一个群体，无论那是家人、朋友、同事、宗教还是其他什么。

从进化心理学的角度来看，我们对归属感的需求帮我们保护和定义自己。对于旧石器时代的人来说，成为社区的一部分，就是保护自己免受无处不在的危险。当我们感受到一种连接感时，当我们感到受到他人的重视、需要和接纳时，这种成为更大社区的一部分的感觉，将有助于我们改善我们的内在动力、健康和幸福感。

哈佛大学著名的成人纵向发展研究（有史以来最长的此类研究）很好地说明了这一事实。研究人员发现，人们的饱满丰盈的生活，跟他们与家人、朋友和社区的关系存在很强的相关性。① 我们在关系中的幸福感，对我们的健康有极其强大的影响。

照顾我们自己的人际关系，是一个人自我关照的一种重要形式。换句话说，在许多场景里，我们需要对方，只是为了让自己感觉良好。我们并不需要对方做任何事或帮我们解决什么问题，我们只需要感受到自己是被惦记的、被照顾的、被支持的。

把控感，是出于一种希望把握自己的生活和工作的需求。做什么、何时做、和谁一起做，只有感觉对所有这些有把握，我们才会觉得被真正激励到，才愿意完全投入。自我效能感，意味着我们在不同境况下都可取得成功的能力，② 即我们认为自己在多大程度上控制了支配我们生活的各种力量，我们在多大程度上相信我们的行动将影响各种情形的结果，以及我们有多相信自己是有选择的。

---

① https://news.harvard.edu/gazette/story/2017/04/ over-nearly-80-years-harvard-study-has-been-showing-how-to-live-a-healthy-and-happy-life/.

② Bandura, A. (1994). "Self-efficacy. In V. S. Ramachaudran (Ed.)", *Encyclopedia of Human Behavior* (Vol. 4, pp. 71-81). New York: Academic Press.

然而，寻求把控自己的生活——相信我们可以处理自己遇到的任何困难——是一个永无止境的挑战。不过，若处理得当，我们不仅会感到安全，还会觉得自己总有选择。遗憾的是，据我观察，许多人永远生活在对没有足够控制权的恐惧中。这种恐惧如影随形，挥之不去。他们想知道他们是否做出了正确的选择，尤其是对生活伴侣和工作的选择。

效能感是清楚“我能做到!”，是高效地做成事的能力。当我们总是感到力所能及时，我们就会觉得自己能应对可能遇到的任何任务和挑战。

效能感，还意味着巩固个人成长和发展、探索能力和处理关键反馈的能力。个人效能感有助于我们在面临挑战时坚持不懈，这使它成为积极自尊的一个重要因素。

在我寻求发展领导者的努力中，呵护并发展这些重要主题一直以来都是挑战。在第 2 章中，我提出了 7C 领导力模型——这些特质对使我们成为我们自己很重要。对那个方程式，我还想再补充几个点，即寻找意义、获得归属感、拥有把控权和效能感。

我告诉我的客户，梦想和现实的区别在于行动起来。干坐着不动，幻想有什么会自动出现，这无异于守株待兔，到头来只能是一无所获。重要的是要相信（虽然有时听起来似乎有些虚幻），每个人才是对自己的生活拥有终极发言权的人。

你的人生旅途并不总是一帆风顺。总有一些时刻，你会感到被狠狠打脸，或者感觉到一切都支离破碎了。在这些时刻，你应该告诉自己，破碎的地方一旦修复，往往会变得更强大。有时，发生在你身上的坏事，最终会给你带来更美妙的故事。

你可以称这些时刻为“真理时刻”。在这些时刻，你真正学习到了一些什么。你的挑战是将这些时刻视为学习的机会并利用它们。事实上，这样做是你对自己应负的责任。

让我从个人学术生涯的开端，给你举一个我自己的例子。当我在哈佛商学院担任客座教授时，我的愿望是在学校获得一个永久职位。当机会出现时，我立即提交了申请。当时，我在哈佛商学院（这是一所非常看重教学的学校）开设了评分最高的课程，这令我相当自豪，也给了我信心去申请。我的支持者亚伯拉罕·扎乐尼克（Abraham Zaleznik）是哈佛商学院的高级成员（也是精神分析师），他从组织行为系“分离”了出去，因为他认为组织行为系对人类行为的研究方法还有很多地方不尽如人意。

回顾过往，我意识到在学术政治方面我非常天真。组织行为系的教授们当然不会欢迎我这样一个扎乐尼克的弟子。简单说，我站错了队伍。他们拒绝了我，给出的主要原因是，该部门的一位“有远见”的高级成员认为我“永远写不出任何东西”——这句话一直伴随着我。当时，我经历了这种挫折，那是一种对人的自恋情结的相当严重的伤害。我认为这个决定非常不公平——它可能的确如此。但现在，这么多年过去了，我在想，假设我当时得到了那份工作，我的生活会是什么样子？我会有同样机会在工作中如此独立吗？我能自我实现吗？

如果我还在那儿，被那个教员如此批评和挑战，我还能写出这么多书和文章吗？鉴于我对欧洲及其宏大文化多样性的依恋，我真的会喜欢在美国生活吗？我还真的无法回答这些问题。但我清楚，这种挫折促使我做了很多事情。比如，它让我决定成为一名精神分析师。我认为这个决定令我在工作中更为有效，也鼓励了我分配足够多的时间去写作。

这也让我意识到，如何面对成功相对容易，但如何面对失败才能体现你真正的个性。这种戏剧性的挫折（正如我当时所经历的那样）让我在处理生活的变迁时更加达观。这可能也让我成为一名更好的心理治疗师和教练。它教会了我对人性采取更为现实的态度。

作为一名心理治疗师和教练，我学会了如何帮助人们找到他们在寻求的答案。但我也意识到我的局限性。我只能做这么多。打个比方，我可以为我的客户打开门，但他们必须自己选择是否穿过这些门。用佛陀的话来说：“除了自己，没人可以、也没人会拯救我们。我们的路必须由我们自己来走。”

一个勇于并且正在自我实现的人可能不是完美的，但他或她总是能够趋向完美。无论你身处你生活中的哪个阶段，无论你的个性如何，你都会一直小步精进。你是一个不断完善的你自己。

6

讲故事的威力

我们给自己讲故事，这样我们才能好好活着。

——约安·迪迪恩

我们是一个沉迷于故事的物种。即使身体已经沉睡了，大脑也会彻夜不眠，不停絮叨着给自己讲故事。

——乔纳森·戈特沙尔克

很久很久以前，在遥远深山的一个小村庄里，住着一个陶艺大师。他以精湛手艺闻名于世，这片土地上没有其他人能像他一样制作陶器，从没有人拥有如此的艺术天赋，这使他成为活着的传奇。他非凡的手艺吸引了来自四面八方的游客，他的工作室也在不断发展壮大。但工作室有不断推陈出新的需要，使得他压力山大。他的精力消耗殆尽，巨大工作量带来的从未间断的压力开始显现出来。

随着手指因关节炎而弯曲，这个陶艺大师连为黏土建模都难以完成了。他的健康状况逐步恶化，他的创意火苗也开始逐渐熄灭。最终，当他意识到自己很快就要告别这个世界时，他很想知道他还能再像以前一样坚持多久。当他不在时，会发生什么？他的孩子能继续他的工作吗？他们中有人能成为他的继任者吗？

陶艺大师有三个孩子，包括两个儿子和一个女儿。儿子们是他眼中的明珠，他觉得他们是聪明绝顶的小伙子。他的女儿在他的眼里却什么也不是。像她的丈夫一样，陶艺大师的妻子也更喜欢两个儿子。只要是他们的事儿，她就做不够，想把生活中所有的好东西都给他们。相比之下，她很少关注自己的女儿。她只给女儿穿破衣烂衫，让她干所有难干的活儿，却只让她吃餐桌上的剩菜。

时日无多时，陶艺大师叫来了他的三个孩子，跟他们说："走到广阔的天地里去，找到其他艺术家，并向他们学习。利用那些知识和从我这里学到的，来完善你们的工艺。你们当中给我带来最具创意作品的，将成为我的继承人。"带着父亲的祝福，孩子们出发前往地球的另外一边，希望能找到另一位工艺大师来帮他们创造最好的陶器。

这是童话开启的经典方式。它打开了我们对未来的期望：孩子们将如何展开他们的探索？这将会是什么样的探索？他们将面临的挑战是什么？他们在旅途中必须克服什么样的障碍？我们都非常了解童话，我们知道这是一个灰姑娘式的场景：两个招人喜欢的儿子和一个不受待见的女儿。在许多童话故事中，最不受青睐的，往往最后会"剧情反转"。然后，每个人从此都过上了幸福的生活。

让我们看看接下来会发生什么。

陶艺大师的三个孩子很快就来到了一个十字路口，路牌上写着两个方向：一个是“就在这儿”，另一个是“永远都到不了”。不用说，两个儿子认为“就在这儿”是更好、更容易的选择。他们告诉妹妹不要跟着他们，让她走另一条路。他们希望她迷路，甚至被野兽吃掉。于是，他们分头走了。没过多久，两个男孩遇到了一个残疾老妇，她向他们乞讨食物。两个男孩嘲笑她：“为什么要给乞丐吃好东西？”没想到老妇人瞬间变成了巨魔，把他们关进了地牢里。

与此同时，女孩儿沿着“永远都到不了”的指示方向走。在灌木丛中挣扎许久后，她也遇到了一个残废老妇人。她想跟女孩儿要点东西吃。女孩儿说她只有几块面包皮，但很乐意分享她所拥有的这一点东西。当她解开背上的袋子时，她却看到了馅饼、美味的烤肉和一瓶上等的葡萄酒，而不是已经干掉的面包屑。老妇人解释说，因了她的心地善良，她现在拥有的是一个魔力麻袋，能帮她制作最具想象力的陶器。老妇人还告诉她她的兄弟们都发生了什么事。当听到他们悲惨的命运时，女孩儿哭了，并恳求老妇人原谅他们的粗鲁，还他们自由。老妇人警告她，这不是什么好主意，但还是同意了。

然而，她的两个兄弟自由后，看到他们的妹妹从麻袋里拿出了漂亮的陶器，他们嫉妒得脸色发青。接下来发生的事情，则是另一个故事。

陶艺大师的故事听起来是不是很熟悉？这的确是关于两个

转型的故事：人类故事和商业故事——一个关于成长、衰落和恢复活力的故事。故事中还有许多其他主题，其中一个是我们所有人都终将面对的，即年龄增长、能力下降的事实。这也是一个兄弟姐妹间互相竞争、嫉妒和羡慕的故事。此外，这还是一个关于亲子关系的故事。抚养孩子们长大时，陶艺大师和他的妻子做的是否到位？他们是否正确评估了他们孩子的能力？为什么他们对待儿子和女儿会如此不同？

可以肯定的是，女儿将成为她父亲的继任者，尽管她看起来很天真。这将如何影响我们故事中的其他人？毕竟，兄弟姐妹间的竞争、亲子冲突可能是极其有害的。乍一看，这似乎是一个非常简单的童话故事，实际上它是极其复杂的人际关系迷宫的开始。当你读到这个故事时，我相信你脑海中已浮现出很多联想，而其中许多主题都能引起你的共鸣。

讲故事这事儿有着非常悠久的历史，最早的证据可以一直追溯到在法国比利牛斯山脉发现的拉斯科洞穴的那些画。历史学家认为，洞穴中 600 幅画的年代大约为公元前 17000—公元前 15000 年，其中大多数是动物画，灵感来自“狩猎魔法”——这是史前人的一种仪式，为的是预测可以成功的狩猎。这些艺术品可能是最早的讲故事的形式。最古老的神话、传说、原型、传统和符号，可能就起源于我们旧石器时代的祖先围绕着篝火讲述的故事。

通过讲故事，智人能向后代传授学习和知识。故事是理解我们所生活的世界并找到自己独特意义的方式。故事将我们与更大的自我和普遍的真理联系起来。故事是理解、看待世界的不同方式的切入点。此外，通过讲故事，我们的个人记忆不会丢失，而这是我们每个人都拥有的独特记忆宝库。

生命是短暂的，但故事创造了一种永恒的美妙错觉。故事让我们能够理解我们所经历的一切，因为丰富的叙事吸引了我们的好奇心、情感和想象力。通过讲故事，我们和他人分享我们的激情、悲伤、困苦和快乐，这将我们与他人紧密联结起来。通常来说，分享个人故事能使我们更有效地应对生命的挑战。

当我们讲故事或讲述我们的经历时，我们会意识到我们并不孤单。因为其他人也曾有过相似的体验，他人可能已经战胜过生命中所面临的类似挑战。通过故事的讲述，我们明白事情是如何进展的，我们如何做出决定并证明了这些决定是正确的，我们如何说服他人，以及我们在这个世界上的自我定位。

此外，当我们被要求讲述我们的生命故事时，我们更有可能呈现出自己真实的一面。故事有助于强化我们的“角色认同”，即自认为是什么人、与所做的事是否内外协调一致，等等。正如我所观察到的，在听了大量故事后，当我们的个人叙事吸引了观众的注意力并能使他们产生更大好奇时，对我们自己来说，我们的故事也变得更容易理解了。

镜像神经元

讲故事与我们人类大脑的进化有关。可以说，我们天生喜欢讲故事，因为它有一个神经学的维度：当一个故事被讲述或读给我们听时，它会激活我们大脑的特定部分，同时更多激发我们的想象力。因此，每当听到一个故事，我们的神经链都更活跃了。这个说法很有道理。就好像我们大脑的主机被打开，接着神经元的镜像过程也被启动了。

在一项关于猴子之间彼此模仿的研究中，人类首次观察到了镜像行为。作为对存在“镜像行为”的一种解释，研究中假设有“镜像神经元”的存在，它被认为点燃了大脑中负责我们情绪反应的部分。这种镜像神经元系统参与了各种过程，例如理解他人的演讲、理解他人行为背后的意义以及理解他人的思想。

根据这一理论，我们的神经生物学构成解释了人类为什么能与他人迅速建立起联系，以及人们如何通过观察他人行为来感同身受。我们会不由自主地将他人的动作和心理状态进行内化。这被认为是我们的史前祖先栖身在群居生活中时演化而来。此种镜像过程会让他们对随时可能构成威胁的捕食者更加警惕。①

---

① L. Carr, M. Iacoboni, M. C. Dubeau, J. C. Mazziotta and G. L. Lenzi (2003). “Neural Mechanisms of empathy in Humans: a Relay from Neural Systems for Imitation to Limbic Areas”, *Proceedings National Academy of Science USA*, 100 (9), pp. 497-502; M. Iacoboni (2009). *Mirroring People: The Science of Empathy and How We Connect with Others* (1st ed.). New York, NY: Picador; Christian Keysers (2011), *The Empathic Brain*. Social Brain Press.

有趣的是，想象过程和真实体验，似乎是以类似的方式展开的。仅仅通过听故事，大脑想象的过程就启动了，开始为创造力和自我发现做贡献。由于这些镜像神经元的存在，故事会深刻影响我们的大脑。只是听故事，就会改变我们的大脑化学反应，影响我们的信仰、态度和行为。

个人化的故事，若能从情感上吸引人，将对我们的大脑产生更大的影响。故事是如何比事实更容易盘旋在记忆中，我们不都经历过吗？事实上，唯一能替代一个好故事的，似乎是另一个好故事。这解释了为什么极具吸引力的情节会具有无比强大的影响力。

镜像神经元系统有助于解释清楚我们是如何理解故事讲述者的。我们大脑中发生的复杂过程帮助揭开了这片神秘面纱，即我们是通过倾听陌生人的故事来与他们建立关系的——他们来自哪里、做什么以及双方可能有什么共同点。富含戏剧性的故事，尤其具有激发同理心及促进双方合作的非凡能力。这就像对我们的神经网络做了一个神经元的微创手术。

对于像我们这样的社交动物来说，这种进化的天赋无比强大。与我们打交道的对方是愤怒的还是平和的，是危险的还是安全的，是朋友还是敌人，这一天赋使我们能迅速做出正确评估。

镜像过程对我们想象力的影响，意味着我们不仅是故事中的观众，作为听众，我们也是积极的参与者。在整理故事的各种主题（如开启本章的童话故事）的同时，当我们的大脑试图理解相关经验时，我们也在寻找那些可以吸取的教训。当最喜欢的角色生气时，我们会生气。当他们难过时，我们会难过。同理，当他们开心的时候，我们也会无来由地开心。

无论用哪种形式讲故事，我们的大脑网络都会被激活，我们也更容易与故事讲述者的意图、动机、信念、情绪和行动产生共鸣。此外，通过讲述我们的个人故事，其他人就有可能“穿上我们的鞋子”。这本身就是一种积极的人际动力，能促进同理心并激励我们帮助他人。

催产素

在生物化学层面，当我们听故事时，大脑会合成一种叫作“催产素”的神经化学物质，这令移情反应成为可能。① 催产素有时被称为“爱情药物”，因它加强了情感依恋，并使我们对周围的社会联结更加敏感。它的存在与社交能力有关，它的缺失则会带来孤立感。因此，当大脑合成催产素时，人们将更加值得信赖，他们更慷慨、更慈善且更富有同情心。事实上，大脑在任何特定时间释放的催产素的多少，似乎能够预示人们愿意帮助他人的程度。

正如所料，当人们听到非常有感染力的故事时，会释放出更高水平的催产素。我们可以假设，讲故事的人和听故事的人

---

① https://www.frontiersin.org/articles/10.3389/fnins.2018.00512/full.

的脑细胞会相互发生镜像反应，从而刺激催产素的释放。这种镜像神经元和催产素的交互，解释了为什么我们被吸引着将他人故事与我们自己的经历联系起来。

大脑中称为“岛叶”的部分在这个交互中起着重要作用。岛叶担负疼痛感知、社交投入、同理心、情感和许多其他重要功能。神经学家说，我们可以通过改变大脑的化学机制来改变我们的行为。换句话说，大脑的神经生物学在任何改变或变革中都起着重要作用。

情感共鸣

当我开始在项目中为客户设计讲故事的环节时，我意识到故事讲述者和听众之间的共鸣可以如何有趣，故事可以如何产生治疗效果，叙事过程又可以如何对我们的心理健康产生积极影响。我清楚意识到“生命”案例研究方法在多大程度上促进了心理成长，同时也帮助克服了心理问题。据我观察，讲故事的方法同时鼓励讲述者和听众去真正处理他们各自的问题，并追求对他们有意义的事情。他们被激励着去找到改变生命状态的方法。

小组“生命”案例研究的方法为直抒胸臆提供了方便的情境。我见识过故事讲述是如何让高管们放下包袱并让压抑的感觉、恐惧和隐蔽的冲突浮出水面，从而帮助他们更清晰自己从前为什么要那样做那些事。此外，在倾听其他高管的生命故事和挑战时，我也看到其他参与者开始意识到，彼此的生命旅途中都有类似的挑战，他们从来都不孤单。对某些具体问题的相互认同，有助于将团队团结在一起。它为团队成员开诚布公地讨论如何应对复杂的生命话题提供了可能。

理解以往互动模式的“原因”，可以帮助他们识别功能失调的行为，增加有效改变的机会。这种反思使得高管们愿意尝试以不同的方式做事。这样做，就有可能为美丽未来创造新的图景。小组的设置，以多种方式提供了可代替学习的机会。参与者开始意识到，要有效地进行学习，不仅可以通过直接参与对话，还可以通过观察和倾听他人的故事。

小组群体辅导的过程，使参与者联结成可以彼此互信互助的社区。我反复观察得出，这种社会归属感已经成为个人改变或组织变革的强大催化剂。小组的设置，也是集体学习的机会。解释、对抗、澄清，甚至关于如何将事情做得更好的直接建议，都有助于减少焦虑。同时，也能建立起对那些麻烦问题的把控感。高管们可以拿出自己的丰富经验，分享有关生命中重大议题的相关信息，也可以推荐不同的方法。

最后，我看到了利他主义动机是如何成为个人改变和组织变革的积极力量的。故事的呈现本身，就能很容易邀请到那些发现“自己在同一条船”上的他人的帮助。在任何情况下，他们都有可能为个体去应对他自己的挑战，提供个性化的指导和鼓励。

我们知道，从进化的角度来看，我们天生是倾向于彼此合作的。利他主义动机会一直存在，通过提供支持、确信和洞察来帮助他人的愿望，会产生治疗效果，也有助于提高高管的自尊和幸福感。在这方面，有些自相矛盾的是，利他主义又有着相当自私的一面。

7

“重写”故事

故事创造了社区，使我们能够透过他人的眼睛，读到他们的诉求。

—彼得·福布斯

当我引导和陪伴客户的个人旅程时，我的目的是为这个过程带入一些结构化的东西。当他们讲述个人故事时，我鼓励他们探索他们生活中的内心剧场。我想让他们谈谈他们的情绪、动机、信念、态度、他们做出决定的方式，以及他们是如何设定目标的。

我还希望他们反思生活中的人际关系层面，强调人都是社会动物。我们的不少问题，都来自于与他人的互动关系。接下来，我希望他们能关注自我发展。我期待他们能意识到，人从一出生就已经开启了一个从生到死的必然旅程，这个旅程无可避免地会有很多高峰和低谷。我期待他们反思个人发展旅程中的一些重大事件。

最后，我希望他们能思考一下存在的维度——意识到人在这个世界中存在的局限性。我鼓励他们扪心自问，是什么赋予了他们生命的意义。然后，要由他们每个人通过自己的行动来决定自己是谁，人生目标又是什么。我希望他们考虑到自由意志、选择和个人责任，从而反思生活的意义。他们真的有目的吗？如果有的话，这个目的是他们自己的，还是别人“强卖”给他们的？

与商学院通常采取的更传统的案例研究方向相比，“生命”案例研究故事讲述的方法之所以更有力，是因为就正在分享的活生生的身边案例，基于他们特别有共鸣的部分，参与者可以即时进行提问。正如我们每个人都体验过的那样，讲述故事的高管在分享的过程中通常已经产生了反思；同时，他也接收到了这些同为高管的听众的鼓励。之后，他将更有勇气朝着变革迈出成功的第一步。

他们学会了“重写”自己的新故事，一个关于人生更新的故事。他们开始意识到，创造一个关于自己的新故事是一种“只此一个”的选择，因为另一种选择，大概只能是绝望。除了“重写”人生篇章，他们别无选择。

此外，他们意识到，他们并不能靠自己轻松改掉一些行为模式，他们需要其他人帮他们“重写”故事的部分内容。寻求他人的帮助是一种非常有效的方法，可以帮助探索他们为何要做正在做的事情，同时找到替代方法去面对他们眼下的困境。在这个“重写”过程中，他们还会发现，来自群体的关注和压力，也许是一个非常有力的变革工具。

他人对这些叙事的“编辑”，能提供给讲述者一个很不一样的视角，令他有机会重新去看世界。随着我对这种叙事干预技术越来越精通，我也看到这种群体（团队）辅导方法在实现个人和社会的变革方面，具有强有力的积极力量。

事实证明，以临床范式中的概念（在第 3 章中有充分解释）来破译棘手问题，对于发现事情内部的微妙联系很有帮助，能深度探索人们为什么要做他们正在做的事情。故事讲述者和听众都会认识到，家庭剧本的不断重演要对明显不理性的行为模式负起责任。

当我帮助客户更好地理解了他个人叙事的主题时，我会指出他的潜意识对他的行为、创造力和个人发展的重要影响。我会告诉他们，若他们想更好地了解自己更深层次的动机和对变革的抵制，他们需要去关注自己功能失调的根源，而不仅仅是去处理表面发生的问题。

为了帮助他们走近这一步，我会和他们一起探索过去的人生经验如何造成了他们当下的行为，他们如何倾向于重复过去的行为模式。这些模式曾经对他们的生存尤为重要，但在眼下的生命阶段，却已变得高度失调。

我还想让他们知道，更多地意识到自己的情绪、冲突和盲点，将如何有助于他们过上更充实的生活。当我帮他们解构组成他们生活的现有模式时，我总是会提醒自己更多地关注他们所身处的整个系统，无论是工作系统还是家庭系统。

麻烦时刻

当然，群体干预并不见得适合所有人，有些人在一对一的情况下效果会更好。例如，在现实检验或身份认同方面有问题，或需诉诸原始防御机制的那些人，可能并不适合这种集体反思型的项目。因此，在为这样一个项目选择高管时，对我来说，一个关键问题是他们的心理准备程度。

他们准备好进入如此具有挑战性的旅程了吗？他们有足够的勇气这样做吗？为了了解他们的申请目的，我会问他们一些简单的问题。他们为什么要申请这个特定的项目？为什么他们认为这个项目会对他们有用？他们对这个项目有什么样的“幻想”？他们想从中得到什么？

我在工作中遇到的许多高管都希望借此调整他们的领导风格。鉴于不断变化的社会和行业环境，他们想知道自己一贯的领导力做法怎样才能继续有效。有没有更好的方法来“管理”他们必须与之打交道的那拨人？他们应该怎么做，才能真正打造出一支高绩效的团队？

他们当中的一些人，是所在组织的“王储”或“公主”，但在担任最高领导者相当一段时间后，他们能做到多好？他们能破解新的挑战吗？他们是否害怕自己处于组织顶部的事实？相当一部分人在寻找方法，不仅为重塑自己，也为改变他们的组织。他们如何才能创造一个更好的工作场所？一些非常资深的高管甚至承认，他们已厌倦了他们正在做的事情。

显然，感觉无聊本身，会给高管及其组织带来危险的后果。它可能导致危险的决策。

其他高管则正在其职业生涯的当前阶段中挣扎。他们的生活轨迹和职业轨迹似乎不再协调一致，他们想对此做点什么。他们可以采取什么不同的做法？他们接下来还能做什么？他们希望避免产生做出错误抉择之后的恐惧。

一些高管表示，他们的目标是更好的生活平衡。当我要求他们详细说明时，他们会说，他们想在设定优先级方面更加有效。显然，对一些事情“说不”不是他们最擅长的。许多人似乎不知道努力工作和聪明工作之间的区别。他们不知道如何鉴别重要活动——那些他们可以真正增加附加价值的活动。处理看似无穷无尽的信息流，让他们感到压力巨大。无论他们计划做什么，他们总在跑步前进。他们看似从未有足够的时间来完成他们必须完成的那些事。

鉴于他们正在承受的压力，他们最想要的平衡，无一例外是拥有一种生活。他们想让自己的体感（感受）好一些。他们希望感觉更真实，而并非总是需要戴着面具。此外，他们中的一些人觉得自己被困在日常事务中，借用 T. S. 艾略特的话说，就是“用咖啡勺计量着自己的生活”。许多人希望在生活中更加朝气蓬勃，期望重塑自己并学习如何“游戏人生”。

一些高管很坦率地说，他们正试图更好地面对自己的黑暗面，尽管他们发现，想要描述清楚这种黑暗是怎么回事并不容易。我猜他们指的是内心的“恶魔”。这些恶魔阻止了他们按照自己想要的方式前进。有些人坦白，怨恨、嫉妒和怀恨在心等破坏性力量影响了他们大部分行为。但他们也意识到，这些消极的情绪并没有令他们的生活更轻松。对这些人来说，宽恕在他们的人生篇章中根本没什么位置。他们的生活只有黑白二元，中间什么都没有。他们把人分类后放进“盒子”里，这使他们的行为充满对他人的评判。他们明显缺乏同理心。他们都急需提高自己的情商。

一个主要问题是，如何面对他们的子女、配偶和其他家庭成员。特别是，他们担心孩子们将来可能会再次经历他们在这个年龄遇到过的同样恼人的问题。有可能防止这种不幸的代际传播吗？对于相当大一部分参与者来说，空巢综合征的逼近隐约却又逼真，他们苦恼于如何为婚姻注入新的生机。

对许多高管来说，寻找意义是一个非常重要的问题。虽然其中大多数人早已不再处于简单求生存的阶段，但真正面对生命意义这个话题时，他们又发现，似乎一直以来生活中并没有什么特别重要的意义。他们中的一些人直到现在才开始意识到，有意义对他们来说很重要。他们期待无论自己做什么都能找到意义，这会让他们感觉更有活力，人生也更完整。

然而，他们中的一些人也明白，这种意义将是一个不断变化的目标。然而，他们必须做点什么。尤其是年纪渐长，时间已经不多了。虽然他们意识到再投入这场人生比赛可能已经晚了，但他们仍想有所作为。当然，正如我在第 4 章中描述的那样，死亡焦虑仍在头顶上盘旋。年轻所带来的不朽感早已消逝。随着老一代及一些同辈人的逝去，死亡主题变得更加现实。

我与高管的合作，通常是一段艰难的旅程。改变人们的行为是一项非常艰苦的工作，充满了失望。它需要直面人们的个性盔甲，即他们根深蒂固的行为模式。人性使然，我们中的很多人相当执着于自己一直以来的防御模式。

有时，尝试与客户一起进步，感觉就像踩在流沙中。我往往很难看到事情的核心，因为随着时间的推移，将这些高管推到我跟前来的原始问题会演化成非常不同的东西。很多时候，表面问题的背后是更多问题，这常令我感到困惑。但我在"人生黄昏阶段"的工作经历已经反复验证了：我们所有人，有意识或无意识地，都在寻求关于我们的起源、命运和"是什么带来意义"的答案。

通过反思去寻求一种重要而有意义的生活，你可能会意识到，生命的价值不在于名声、金钱或资源，而在于人和你能帮助改善他人生活的方式。现在，随着自己年岁渐长，我知道仅仅活着是不够的，我需要为一些事而活。对我来说，在客户的生命旅程中帮助他们，是一种非常有意义的努力。他们愿意信任我，这让我备受鼓舞。

最终，我的许多客户逐渐意识到，他们的幸福感并不来自于以收入来衡量的个人成功，而来自于他们对更大群体福祉的贡献。当你帮助他人时，你也在帮助自己，这是改善心理健康的卓有成效的处方。

利他主义动机非常强大。它激活了大脑中的奖励中心。正如神经生物学家所发现的，从事利他行动时，大脑的快乐中心会变得活跃。① 似乎矛盾的是，正如我之前提到的，当你帮助他人时，你也在帮助自己。就我个人而言，我发现我生命中最充实的时刻，是我发现自己帮到了他人，带来了改变。像其他人一样，这种利他的“亲社会”行为，这种“自私”，让我感觉良好。

我之所以这么做，是因为我不想生活在那种人们都只顾着自己的世界里。我指的不仅仅是与我亲近的人，还指任何需要帮助的人，因为我也得到了陌生人善意的帮助。我提醒自己，我们为自己所做的一切将与我们一起消亡，但我们为他人和世界所做的一切会永远存在。

---

① Megan M. Filkowski, R. Nick Cochran and Brian W. Haas (2016). “Altruistic Behavior: Mapping Responses in the Brain”, *Neuroscience and Neuroeconomics*, 5, pp. 65–75.

8

我们的内心剧场

快乐的人，呵护他们的内心世界；不快乐的人，责怪他们的外部世界。

——中国谚语

我们每个人都在内在小宇宙中蕴藏着许多“角色”，这些角色常常完全相互矛盾，为我们的自我意识带来冲突和痛苦。相对而言，我们并不熟悉这些隐蔽玩家及其角色。无论我们是否愿意，这些角色都在不断寻找着舞台，来上演他们的悲剧和喜剧。

———乔伊斯·麦克杜格尔

“约翰，你能告诉我是什么让你早上从床上起来吗？是什么让你感到活着？是什么驱动着你？”这些都是具有相当侵入性的问题，可想而知，随之而来的是长时间的沉默。显然，约翰发现这些问题很难回应。最终，经过一些提示，他给出了一些答案，但基本都是陈词滥调。然而，他的内在动机仍然是一个谜。他的回应相当令人费解，让我不禁想知道他是否明白自己在做什么。

他是那些对自己的一部分“角色”仍很陌生的人中的一个吗？他是否给够自己时间，来反思他在生活中面临的挑战？或者他只是选择扮鸵鸟，以为把不愉快推到一边，看不见就可以了？为了更好地了解约翰，当我遇到他的团队成员时，我问他们对他有什么看法。他们会如何描述他？他们认为他的底层动机是什么？他们犹豫不决的回应表明，与我一样，他们并不知情。他们似乎并不真正了解他。对他们来说，约翰似乎是一张白纸。显然，他是那种选择保持距离的人。

我想知道为什么。为什么他如此难以接近？为什么他对别人来说是个谜？与此同时，我也想知道是否有什么东西阻挡着他的团队成员来谈论他。向他汇报的人是害怕说出他们的想法吗？终于，我听到有一个人说，尽管约翰很内敛，但他并不介意“站在舞台的中央”，有时他会主动寻找聚光灯。

当我请她详细说明一下时，她只是含糊不清地回答我。但她关于约翰需要舞台的观察，一直留在我的脑海中。在与约翰的简短交谈中，我也注意到了他的“事不关己”感和“以自我为中心”的矛盾。总而言之，他不是一个容易让你感受到温暖的人。

通常来说，若我们希望自己和他人都做到最好，我们需要明白我们为什么做我们在做的事，是什么鼓舞我们做出具体的选择。关于人们遵循的“脚本”，我们可以说些什么？我一直喜欢“内心剧场”的说法，这是我的第一位精神分析咨询师乔伊斯·麦克杜格尔向我介绍的概念，她后来成了我的朋友。

她在她的一本书中写道："'整个世界都是一个舞台'，所有的男人和女人都'只是演员'，他们表达了莎士比亚的坚定信念，即我们无法轻易逃脱本质上属于我们的角色。我们每个人都被卷入了一部徐徐展开的生活戏剧中，而上演的情节，持续呈现着不可思议的重复。"[①] 根据她的说法，若我们想了解对方，我们必须首先理解对方的内心剧本。

在与乔伊斯的多次会面中，我记得她曾向我非常明确地指出，她相信"Le rôle du psychanalyste est d'aider chacun à découvrir sa vérité"（"精神分析师的角色是帮助每个人找到他或她的本来面目"）。[②] 我仍然记得我坐在她的办公室里，里面满是她的艺术家兼精神分析师的丈夫的画作。她说，她的丈夫是第二次世界大战巴丹死亡行军的幸存者和日本俘虏。她给我看了她丈夫广受赞誉的回忆录《给我们这一天》(*Give Us This Day*)。这本书描述了囚犯们所遭受的剧烈痛苦。[③]

这本有关人类苦痛状况的书，给我留下了深刻的印象。多年后的现在，我必须承认，我深深怀念我们在一起时的那些咨询时刻。在我和她进行第一次精神分析多年后，她成了我的主管。她不仅让我更好地了解了我的客户和我自己，还让我对精

---

① https://www.academyanalyticarts.org/mcdougall-prologue.

② https://www.cairn.info/revue-le-carnet-psy-2001-7-page-20.htm#.

③ Sidney Stewart (1999). *Give us this day*. New York: W. W. Norton.

神分析的历史以及对如何过好自己的一生，总体上有了更多洞见。

在乔伊斯的帮助下，我对人的内心剧场更为敏感，能识别他们的主要台词。她说得很清楚，要想弄明白这些剧本很难。智人是一种非常复杂的动物。像约翰这样的人，并不总是容易读懂的。由于很多像约翰一样的人很难回答我关于他们内在动力的问题，所以为了稍微向前推他们一下，我有时会问，他们想带给自己的孩子什么样的价值观。

我还会问他们钦佩什么样的人，原因是什么，是什么让他们觉得那些人如此特别。关于他们的价值观，我会问他们认为哪种行为是不可接受的，他们的工作场景中有没有什么是不能接受的；一旦发生，他们是否一定会辞职，原因是什么。

我发现对这些问题的回答对人们很有帮助，因为这会鼓励人们识别对他们来说真正重要的东西。此外，我有时会问他们，在他们的一生中，谁是他们的主要“编剧”；谁对他们的生活产生过重大影响，为什么他们这样认为。

毫不奇怪，当我问最后一个问题时，最常见的回答是，他们与这些人的亲密关系对他们产生过重大影响。“这些人”指的是父母、祖父母、兄弟姐妹、叔叔阿姨、老师、配偶或伴侣，甚至是他们的老板。

不过，有时他们所选择的榜样也并不那么个人化，有可能是历史上的或当代的名人。我有时还会问他们属于哪一种“刺猬”，以从他们的答案中衡量出他们愿意离他人多近。对这个问题的反应，让我了解了他们个性的发展历史。

依恋行为

你很可能会问刺猬是怎么形成它的行为模式的。想象一下：在一个非常寒冷的冬天，几只刺猬正在寻找其他同伴，想通过拥抱来取暖。但由于会相互刺痛，它们也就被迫做出选择：靠近，能保持温暖，却会被刺伤；远离，可以保持安全，但可能会被冻僵。疼痛使刺猬分开，直到寒冷迫使它们重新又抱在一起。

因此，它们不断来回移动，直到找到温暖和舒适的最恰当距离。当然，这个故事是对人类亲密关系面临挑战的隐喻。这是一种描述我们都在面临的困境的方式，因为对于亲密关系，我们既渴望又警惕。虽然起初人们打算建立亲密的互惠关系，但由于种种原因，这种情况也许根本不会发生。

1851 年，德国哲学家亚瑟·叔本华（Arthur Schopenhauer）首次概述了刺猬的困境，他得出结论，刺猬“发现的最好的方式是，让它们彼此保持一点距离”。[①] 换句话说，刺猬意识到，虽然它们想靠近，但避免彼此伤害的唯一方法是，避免靠得太近。与之相比，亲密程度却要视具体情况而定，这完全取决于

---

① Arthur Schopenhauer (1851). *Parerga und Paralipomena*, Volume II, Chapter XXXI, Section 396, London: Oxford University Press, 1974.

你对哪种依恋模式感到更舒服。

依恋模式是帮助定义我们内心世界的“剧本和剧本作者”的关键主题。人与人之间关系的本质，很大程度上取决于父母在我们成长过程中是如何回应我们的需求的。我们在自己的人生中首先熟悉的那种互动模式，将对我们的一生产生深远的影响。幸运的是，依恋理论有助于解释早期亲子关系是如何出现的，又是如何影响了一个人后来的发展。①

基于我们童年生活经历的依恋模式，是我们用以应对与维护各种人际关系的方法，无论是伴侣之间还是同事之间。虽然成人依恋模式与幼儿期依恋模式并不完全吻合，但是毫无疑问，在这种依恋关系的结果中，我们与儿时主要照料者的早期关系在其中起着至关重要的作用。通过更好地了解我们的依恋模式，我们将更加明白，我们生活中最早的依恋关系是如何对我们后来的成人关系产生根本性影响的。

人类有三种主要的依恋模式：安全、焦虑和回避。一般来说，安全依恋的人有一个健康的童年，因此更有能力处理亲密关系。然而，对于焦虑和回避依恋的人来说，亲密关系将更像是一场挣扎，主要原因是早期生活中曾出现的痛苦经历，如被

---

① John Bowlby (1969). *Attachment. Attachment and loss*: Vol. 1. Loss. New York: Basic Books; Mary D. S. Ainsworth (1991). “Attachments and Other Affectional Bonds Across the Life Cycle. In C. M. Parkes, J. Stevenson-Hinde, & P. Marris (Eds.)”, *Attachment across the life cycle* (pp. 33-51). London: Routledge.

忽视、养育不良或遭受虐待。这些依恋模式可以概括如下：

安全依恋：对我来说，接近其他人很容易。让人们依赖我或让我依赖他们，我感到没什么不舒服的。

焦虑依恋：我发现很难接受他人不愿意像我想的那样靠近我。遗憾的是，我想更靠近人们的需求，有时会吓跑他们。

回避依恋：我不太愿意接近别人。通常，相比我愿意接受的程度，其他人想离我更近。

大约有一半人是安全依恋模式。另两种模式有更多问题。但在你准备将关系问题归咎于你的父母之前，请记住，他们和你一样，只是普通的凡人，他们与自己的父母之间还另有问题。此外，请记住，人的幼儿期形成的依恋风格不一定与后来人生阶段出现的依恋模式完全相同。在婴儿期和成年之间会发生很多事情，因此一定形式的干预在成人依恋模式的产生中也起着重要作用。

依恋模式和生命锚

这种对各种依恋风格的简要概括表明，约翰的依恋模式很可能是回避型的。虽然这有助于解释他与他人的关系，但我们也能从了解他内心剧场的其他方面受益，比如他的价值观、信念和态度，我认为这些都是生命锚。了解我们自己的生命锚，将使我们更深刻地理解是什么驱动着我们，为什么我们做某些事并持续以某种模式与他人互动。这会让我们对自己不再那么陌生。

我们的价值观，是一套既抽象又普遍的想法和原则，它们构成了我们生命锚的核心。通常来说，价值观是我们赖以判断的基础，决定着我们对社会、政治或宗教问题的看法。它们是我们的信念、态度和行为的基础。例如，在我居住的法国，你不必走很远，就能看到所有政府大楼上都刻有“自由、平等、友爱”的字样。这些原则决定了法国人民生活中所谓的很重要的东西，塑造了他们的行为标准，并指导着他们的行动。它们可以被定义为他们试图在生命中一以贯之的道德选择。

相比之下，信念是我们通常认为真实的想法，无论它们是否有确凿事实和实证证据的支持。我们的信念源于我们所看到、听到、体验、阅读和思考的东西。信念创造了我们对世界的假设。它们比价值观更具体，因为它们是由我们在日常生活中所经历的成功和失败的体验塑造的。

态度是我们对某些特定问题的心态、感觉或倾向。态度决定了我们认为特定情况或事物是否是好的、值得的、有价值的。因此，当我们“喜欢”或“不喜欢”某人或某物时，我们是在表达一种态度。然而，我必须强调，态度就像价值观和信念一样，都是心理结构的一种。它们是从我们的言行中推断出来的。

这些生命锚为我们的内心剧场搭建了舞台，我们的依恋风格则提供了风景。这个内心剧场，是被那些我们在成长过程中从父母和其他重要人物那里学到的东西一点一点装扮起来的。就这个内心剧场对我们思想的影响本身而言，它并没有带来什么外在后果。然而，当内心剧场的剧本引致某种形式的行动时，尽管这些行动可能很微妙，但确实会产生不同的结果。

我们的生命锚可以是一个捷径，帮我们了解自己的一切，包括我们如何看待自己和感知他人。这些生命锚是我们所有人际关系和生活方式选择的底层逻辑。它们驱动我们的行为，并赋予我们的生命计划和设计意义。但是，识别我们的生命锚是一项挑战，因为它并不总是“单独行动”。我们很可能需要他人的帮助。

为此，我开发了一个工具——内心剧场清单（ITITM）①，来帮助确定一些主要动机主题。在这个评估工具中，我列出了代表我们生命中最主要的驱动力的 22 个生命锚。其中更为普遍的是意义、成就、认可、权力、金钱、报复、学习/探索和生活方式的质量。②

意义。意义是我们主要的生存关切，因此它成了必不可少的生命锚。我见到过的许多高管，只有当觉得自己有目标时，他们才感到自己是真正活着的。他们想与比自己更强大的东西建立联系。如果他们无法从正在做的事情中找到意义，他们就会觉得空虚，产生无聊感、分离感和疏远感。

成就。很看重这个生命锚的人总是试图达到或超越一个特定的卓越标准。他们设定具有挑战性的目标，选择承担经过深

---

① M. F. R. Kets de Vries (2009). *Inner Theatre Inventory: Instruction Manual*, INSEAD; https://www.kdvi.com/tools/18-inner-theater-inventory.

② 有关各种生命锚的完整列表，建议你自己测试内心剧场清单。

思熟虑的风险并享受成果的获得。最有可能的是，从发展的角度来看，他们是由同样强调成就的父母抚养长大的。于他们而言，努力工作是获得父母认可的方法。

认可。看重这个生命锚的人想要脱颖而出并受到赏识。从童年早期开始，他们的自我意识就是通过被积极认可和他们存在的被承认来塑造的。无论他们年轻时的人际关系的特点是激发不足还是过度激发，最终结果都是让他们渴望得到关注。例如，认可是约翰的生命锚。这解释了他的以自我为中心和自恋的倾向。这种倾向又因他回避型的依恋模式而变得复杂。

权力。对看重这个生命锚的人来说，权力对他们的自尊至关重要。然而，他们对权力的需求也有所不同，这取决于他们在成长过程中的权威和控制体验。有些人可能会有控制他人生活的强烈需求，以弥补他自己成长中的不足感。其他权力寻求者可能会有更具建设性的观点。但当人们痴迷于权力时，最终结局对自己和他人来说，往往都很痛苦。

金钱。在一个缺钱的家庭中长大可能会产生焦虑、无助和依赖的感觉。对一些人来说，获得金钱代表着摆脱痛苦、战胜无助、逃离灰色生活、通往独立和安全的道路，有助于提升他们的自尊。可以预见的是，当金钱变得无比重要时，这个特定的生命锚会起反作用——一门心思想发财非但不会带来满足感，反而会引致虚无感，甚至进入抑郁状态。

报复。中国有句古话：“寻求报复的人得挖两个坟墓：一个留给敌人，一个留给自己。”用惩罚对方的方式补偿自己所受伤害或侮辱的想法，是一种自然而然的人类倾向，也是一种对抗被错怪的防御形式。但对某些人来说，想要报复回去，成了他的主要生命锚。

恢复个人名誉，并从无助、被侵犯和不公正感中恢复过来的意图，常常助长了报复的幻想。对那些被报复想法蒙蔽双眼的人来说，面临的挑战是索性埋了斧头继续前进。宽恕和修复，是看待生活的更富有成效的一种方式。

学习/探索。对学习的热爱，可以是一种强烈的、贯穿终生的追求。很看重这个生命锚的人，只有在应对新挑战时才会感到真正的活力，因为他们痴迷于对“弄明白了”的热爱、对“解决问题”的冲动，以及不断探索和追寻的需求。已经尝试过的，对他们来说很快就会变得无聊，他们经常开启一个又一个看似疯狂的想法。此刻跳入我脑海中的，自然是创新者埃隆·马斯克（Egon Musk）和他的企业家家族。

生活方式的质量。当生活方式的质量成为生命锚时，高管们会优先考虑在工作、朋友和家庭之间找到令人满意的平衡。通常，这意味着他们对自己的工作时间、地点和方式有一定程度的自我把控。真相可能是，他们成长过程中的家庭生活经历，比如他们忙碌的父母未曾或很少参与过他们重大成长事件的事实，很可能会让他们下定决心，确保将来自己和孩子的生活不会重蹈覆辙。

是什么让你感到活着?

在自我探索的旅程中，在寻找最重要的生命锚时，更好地了解自己的冲动、欲望、观点和主观反应，一直是一个挑战。只有当更懂得自己内心剧场的隐秘剧本时，你才会开始以与你的价值观和信仰体系一致的方式来行事。当更理解自己的生命锚时，你会更明白别人是如何看待你的，也知道如何帮他人更好地了解是什么在驱动着你。

你将更了解你的内在和周围正在发生的事情，以及你的内心世界是如何影响着你的外部世界。你会更有意识地采取特定的行动和行为。此外，当你清楚认识到内外之间的认知失调时，你可能会被激发着去缩小差距。

当你关注自己和他人的生命锚时，你可能也会意识到与你打交道的人内心生活的丰富性。你需要纠正认为别人都像你一样思考的谬误。尽管存在相似之处，但每个人的故事都是独一无二的。如果你努力更深入地挖掘，你可能会发现你对别人的感知是完全错误的。即使你确实更了解他们，你可能也只是触及了他们真正内在的表面。

这一观察让我想起了爱尔兰诗人约翰·奥多诺休（John O'Donohue）的话："我们每个人都是我们随身携带的内心世界的守护者。现在，其他人可以从'其外部表达'中瞥见它。但除了你，没人知道你的内心世界到底是怎样的，在你打算真正告诉他们之前，没人能强迫你把它透露给任何人。”

内部—外部的联动轴

识别你的依恋模式和生命锚，将有助于你更好地理解自己的内在。虽然你可能急于改变你的外部世界，但首先更好地理解你的内心世界，将有助于你有一个看待事物的更好的角度。依恋模式和生命锚将帮助你破译内心的戏剧、你与其他人的关系、你如何与他人合作，以及如果你不多加注意，可能会出现什么问题。但是你同时也得记住，即使你更好地了解了内心剧场的复杂性，人的内心世界也会一直自我校准。当事情在你的内心发生变化后，它们也会导致你周围发生相应的变化。

从工作的角度来看，了解你和他人的内心剧场，将使你在人际关系和领导团队中更有效，并有助于你打造一种能激发每个人拿出最好表现的企业文化。毕竟，组织领导者的主要挑战是人才和文化管理，即了解是什么让人们“滴答作响”，同时也给他们机会做到最好。它将使你更有效地破译真正激励他人的东西。这种方法能将仓鼠组织（普通组织）与高绩效组织区分开来。

9

买者自慎之

谨防虚假知识；这比无知更危险。

——乔治·萧伯纳

我无法完全赞同所谓“专家”提出的任何一套信仰，我只能依靠自己，无论多么曲折。

——安东尼·斯托尔

正如我在书中反复强调的那样，了解内心剧场的旅程并不轻松，你无法独自完成。你需要一些指导，为此你需要一个可以真正提供帮助并引导你朝着正确方向前进的“导游”。遗憾的是，这也不容易。

古希腊斯多葛派哲学家爱比克泰德（Epictetus）说：“当一个向导看到迷路的人，会指引他回到正确的路——他不会嘲笑和讥讽那人，然后径直离开。你须向懵懂之人提示真正的路（真相），你会看到他的跟随。若未能向他展示那条路，你就更不应嘲笑他，而应首先感觉到自己的无能为力。”要谨慎选择你欲求助的那个人。买者自慎之——买家要当心。

虽然我经常为人们的重大生命变化提供指导，但我从未承诺能快速解决，并非我不愿意。如果可以，那可就太好了。我对自己的能力没有幻想，成为会变魔术的魔术师并不是我愿望和能力清单的一部分。经验告诉我，尽管书店的自助区①常常对“获得奇迹般的改变”夸下海口，但事实上，奇迹从未发生。

相反，我会告诉我的客户：如果你想了解自己更多，以便你在工作关系和家庭关系中更主动和有效，我可能会对你有帮助。但如果你想要的是魔法奇迹，很遗憾，我不是你想要的那个人。我没有魔杖。

然而可悲的是，我并不总能成功地“贩卖”我的观点。寻求帮助和安慰的人，总是容易受到所谓“理想化移情”的影响。② 为了解释为什么会这样，我们必须回到我们的童年经历。在摔倒和受伤后，跑到父母那里寻求安慰，对你来说是经常发生的事吗？成年后，你是否仍会转向另一个成年人主动寻求庇护？这种对安慰和保护的渴望会一直持续到我们成年。我们喜欢与我们认为平静和令人放松的人交往，因为他们能够照顾我们，尤其当我们无法进行自我安抚时。

作为一名心理助人者，尽管我一点也不希望如此，我的客户却总会倾向于高估我的能量。虽然这种期待可能会使我感觉很好，但我知道我永远也无法达到他们过高的需求。这种移情

---

① 意即那些所谓的畅销书。（译者注）

② Heinz Kohut (1971), *The Analysis of the Self*. New York: International Universities Press.

模式相当普遍，因此我总是对这种移情模式很警觉，并且我也警惕他人的理想化投射，这样它们就不会被投射到我身上来了。

虽然我没有魔杖，但我仍然可以帮助与我打交道的人做出改变。不过，我试图设定比较现实的期望值，正如我反复了解到的那样，大多数变化都是渐进式的。讽刺的是，我也从我在组织中的工作中发现了，“替换一个人比改变一个人容易得多”。

改变是一项艰苦的工作，可能会很痛苦。我告诉人们，如果他们准备好做出改变，他们必须意识到这将是一项关于内在的工作。在改变你的内在之前，你不大可能改变你周围发生的事情。若你不打算改变你内在的任何一点，那什么都不会改变。你必须首先想要改变。我只能扮演推动者的角色。

尽管如此，许多我遇到的人都会提及他们想改变生活的不同侧面。可是他们只愿意寻找捷径，我也因而无法满足他们。捷径会让人无路可走。人们并不喜欢听我说“我不是那个可以帮助你快速修复的人”，他们发现很难接受这个事实，即变化是痛苦的，需要超乎寻常的承诺、时间、精力和努力。

奇迹工人的崛起

不愿意做出努力，是许多人未能改变的原因。这也解释了为什么自助行业（The Self-help industry）如此强劲。部分原因是人们的自我欺骗：如果一个配方不起作用，在拐角处总会有另一个配方。我们可以多试试。可是，如果快速自助疗法确实有效，为什么这一类自助书籍会源源不断地上架？如果有魔法配方之类的东西，难道周围不应该有一个和救世主一样的人，仅凭魔法收益，就能过着很奢侈的生活？

希望战胜了过往经验

现在的普遍情形是，自助行业里，成功的业务往往是建立在一个个神话之上，即先知们许诺你可以通过采取各种神奇的“治愈”手段来变得无限富有和快乐。鉴于人们坚不可摧的强烈欲望，我猜人们会一直乐意“掏腰包”给这些自助行业的所谓“先知”。

“我可以不费吹灰之力，就能拥有我想要的一切。”人们很难抛开这一念头或幻想，即可以赚100万美元、疯狂坠入爱河、拥有无可比拟的性爱、看着很有明星范儿并能度过充满幸福的每一天。如此诱惑，谁能拒绝？

人们的想要更好的本性，决定了他们多数时候就是很难放弃人可以变得极其成功、快乐、富有、苗条、性感和被爱的幻想。执着于这些幻想，你就得付出代价，即你也同时远离了现实。沉迷于一厢情愿的想法当然会令人很开心，尤其是当这个神话恰到好处地满足了我们内心深处的期待时。

在自助行业，除了不计其数的自助类书籍，还有大量的教练和其他自封“魔术师”的工作者。他们似乎总是准备告诉你，你的愿望一定可以实现。当听到一些故事讲述其他人如何在寻求改变时出现了奇迹，表面上似乎还挺令人信服，人们就会排队报名购买相关的“奇迹包”服务。如果某件事听起来不错，并且很容易理解，我们的默认设置当然期望它是真的。这解释了为什么尽管现实残酷，荒谬信念依然层出不穷这一现象。

哪怕再可疑，人们也总希望随时能寻求到一些魔法信息，并认为它们能更好地支持他们之前已有的信念。对于这一点，人们从不怀疑。结果是，“感觉”持续胜出，事实永远靠边。①我们在面对个人情绪健康方面的天真幼稚，解释了为什么市场上治疗师、教练和心理咨询师总是不断涌现，尽管他们一直过度承诺。坦白讲，我对许多所谓自助大师和教练的虚伪、彻头彻尾的不诚实和他们服务及产品中的“牛屎”（废话、谎话）感到无比惊讶。

“通灵”马戏团

这些伪专业人士中的许多人，在骇人的自我驱动下，通常极具说服力。不得不承认，他们在运用理想化移情方面很有天赋。当他们接收到客户不切实际的理想化投射时，他们自然不会浪费力气去自曝真相。相反，他们鼓励客户的“理想化”投射，希望被视为奇迹工作者。

---

① Carol Tavris and Eliot Aronson (2015). *Mistakes Were Made* (*but Not by Me*): *Why We Justify Foolish Beliefs*, *Bad Decisions*, *and Hurtful Acts*. New York: Mariner Books.

他们还知道如何扰乱人们的心理平衡。我时常目睹那些自诩励志的自助大师和教练是如何在干预中使用摇滚音乐会和邪教技术来攻击受害者（而不是客户）的感知。他们以击鼓、跳舞、跳跃和大喊大叫制造出“通灵”迹象，来愚弄受害者明显幼稚的“理想化”目标。

但是，击掌、拥抱别人，或者鼓励他们走钢丝无助于解决他们的心理问题，而且绝不会有利于他们的心理健康。相反，这些人极有可能会想起伟大的表演者和剧团导演 P. T. 巴纳姆（P. T. Barnum）的话：“每分钟都有一个傻瓜来到这个世界。”

治疗师，治愈你自己

许多被这类心理健康大师和教练所吸引的人，大概天生缺乏批判性的思维和推理技能。他们很天真，极易被诱惑。接受这种“休克”治疗时，他们应该是真的相信自己正在经历某种个人变革，但十有八九，他们都会后悔曾被这种带着过度表演痕迹的浮夸动作所吸引。

据我观察，许多心理工作“魔术师”没有意识到人类这种物种的复杂程度。我经常看到，在没有提供一丝科学证据的情况下，他们声称知道客户出了什么问题，同时还给出了答案。他们中的大多数未曾接受过心理学、精神病学或心理治疗的正规教育，在试图成为“专家”时，他们也只能诉诸伪科学方法。

事实上，因从未接触过个人心理治疗，他们几乎不知道心理治疗是怎么回事。这在助人行业里，恰恰是真正有效的必要条件。他们不知道“另一边”的生活是什么样子的，根本不了解客户生活的本来面目。他们不知道，要与他人完全建立联系，他们必须首先与自己的内心建立连接，以自我为工具去理解他人，而不是利用他人来掩盖自己可能有的神经症。

诚然，他们的“马戏团”般的研讨会可能会改善客户的精神状态，或暂时能改善。但从长远来看，他们能令客户感觉好起来吗？没什么能阻止我们成为最好的自己、过上最好的生活、毫不费力就能拥抱“自己的真相”，这种暗示非常有吸引力，但也相当幼稚和天真。

自相矛盾的是，我还发现，这些“助人者”中有许多并未实践他们所宣称的东西。我见过许多自称健康教练或生活教练的人，他们与食物、运动和身体形象有着不健康的关系。

同时，可悲的是，许多这样的教练过着相当空虚的生活。许多“关系教练”自己就很孤独，也害怕亲密关系。许多高能顾问并不擅长训练自己的狗。我发现自己此刻脑海中浮现出了那句有名的“医生，先治愈自己”。许多“助人者”试图成为他人的生命锚，却未意识到他们自己实际上就麻烦不断。

或许，他们不应就如何生活提供各种建议，而应该先给自己找一个心理治疗师或教练。我知道这么说听起来很不友好，但这个行业的许多人并不了解自己，也不了解他人。通过提供简化的创可贴式解决方案给客户，他们非常擅长模糊现实和虚构之间的界限。但其实，客户的问题层次要深得多。

充满希望的奇迹可以给你暂时的“兴奋”，但是在你达到这个“高点”后会发生什么呢？那些自称可以“快速修复”的大师可曾费心进行跟进？快感消退后，他们的客户感觉如何？对于失败、孤独、被拒绝、感觉不妙，从来没有简单的灵丹妙药。

裹住你手脚的自我限制信念并不容易改变。你需要接受这个现实，即无论你希望改变什么，沿途都会有很多障碍。例如，令人不安的情绪负担、根深蒂固的习惯、保持现状的倾向、抵制改变的顽固的外部和环境的力量。正如西格蒙德·弗洛伊德所说：“从一个错误到另一个错误，人们才能发现整个真相。”

10

弗洛伊德学说的轨迹

第一个投掷侮辱而非石头的人，是文明的创始者。

——西格蒙德·弗洛伊德

尽管质疑心理工作魔术师的能力，但这并不意味着我认为助人行业无法有所作为。我的经验告诉我，如果你想对生命做些改变，最好避免一个人做。

训练有素的治疗师、教练或心理咨询师都能为你提供有益的指导，并极大推动你的改变之旅。然而我也意识到，很多人需要迈出一大步才能主动寻求帮助。因为对许多人来说，高管教练、心理治疗和精神分析干预还是待解开神秘面纱的非同寻常的方法。

很多人只有在被迫承认自己确实不好时，才会决定寻求帮助，而且原因各不相同。可能是睡不着，可能经常做噩梦，也可能是一种并无任何身体原因但却无法解释的躯体症状。无论是什么困扰着他们，似乎都是他们的脑袋出了问题。

他们可能有性方面的问题，他们可能被怪异的、不请自来的想法困住了。他们在工作中还可能出现自我毁灭的行为。对他们正常生活方式的任何类似干扰，都会让他们意识到出了大问题。

然而，即使意识到自己有问题，有些人仍觉得寻求帮助的想法令人不快。像电影大亨塞缪尔·戈德温（Samuel Goldwyn）一样，他们认为“任何去看精神病医生的人，大概都是脑袋出了问题”，这种无形的心理困扰对人的正常生活产生了极大的破坏性。最终，他们只好开始采取某种行动。

次要受益

我的职业角色包括精神分析师、心理治疗师、高管教练或咨询师。我知道，对许多人来说，向我这样的人寻求帮助是非常可怕的。人类天生害怕未知，它解释了人们作为潜在客户的极度犹豫——人们发自内心地抗拒把秘密泄露给一个陌生人，尽管他有可能是“完美的”。你想知道那个人是否有同理心，是否会评判你，或者只是简单认为你纯粹是疯了。

尽管你可能会否认，但若你拒绝寻求帮助，它可能意味着你还未准备好去面对你的问题。为什么要潜入自己的内心剧场？这个想法令人害怕。谁知道你会在那里发现什么“被你小心翼翼埋了很久”的东西？你能承受得了必须去直视这一发现吗？觉察到自己在被无意识的力量控制，这件事情本身就是一个不讨喜的意外。

你甚至会有这种念头，即你可能不清楚为什么要做你正在做的事情。这有可能是对人自恋心理的某种伤害。即使你有勇气去求助某人，你也可能问自己，一旦他发现“真实的”你，他是否会拒绝你？他会害怕吗？你到底是谁？你为什么要做你正在做的事情？所有这些深入挖掘，到底有什么用？让“熟睡的狗就那么躺着”，不是更好吗？

或者，从一个截然不同的角度来看，如果你碰巧就是喜欢自己的性格特质和倾向，那会怎么样？听起来可能很奇怪，但若你的不适就是能给你带来某种快乐呢？这就是心理学家称之为“次要受益”的一个概念。[①]

可以给次要受益这么个定义：随某个声称的或是真实的事情的主要利益而来的“次一级”利益。它指的是虽患有某些症状，或有基本的问题，却感受到了（其他）益处，尽管这种受益可能是自相矛盾的[②]。

让我们以我的客户丽莎为例。在我们的咨询过程中，我尽可能给了她很多鼓励和关心。她从我这里获得的带着同理心的关注，可能会（无意识中）“鼓励”她继续保持痛苦。与感觉更好、得以继续前进相比，维持充满麻烦的过往状态似乎倒给了她一个理由，这样她便可以继续向我寻求帮助（和安慰）。显然，她未曾有意识地觉察到这一点。

作为教练或心理治疗师，我们最好能意识到这种心理动力，

---

① David A. Fishbain (1994). “Secondary Gain Concept: Definition Problems and Its Abuse in Medical Practice”, *APS Journal*, 3 (4), pp. 264–273.

② 此处的“自相矛盾”，指对当事人来说未必是好的。(译者注)

否则我们的支持或咨询关系有可能会“没完没了”。应该强调，次要受益不是一个人能有意识觉察到的。一般来说，享受到次要受益的人不大会有意识地来操纵或故意假装，有次要受益本身并不意味着他们的痛苦或被伤害不是真实的。

撇开次要利益不谈，对许多人来说，敞开心扉、变得脆弱会令他们感觉相当无助。但是，如果你决定走到这一步——这对谁来说都很重要——请记住，你并不孤单。很多人在你之前就已经踏上了同样的旅程。这么说时，我再次清楚地意识到，在许多文化中，寻求专业帮助仍然是禁忌。

有一种倾向认为所有这些心理治疗或教练只是在说些无意义的话。寻求帮助的人，和帮助他们的人，往往会被打趣。然而，我们所有人在某个时刻都会需要帮助。我们都只是正常而普通的人类。求助于一个专业助人者，这本身没什么可害羞的（在西方，这个比率估计是10%~30%）①。

特别是精神分析师，它一直是备受嘲笑的对象。回想一下《分析》(*Analyze*) 这样的电影。电影中，沉默、留着胡子的精神分析学家被要求把暴徒给“治”好。在这部影片里，好莱坞对精神分析学家极尽取笑之能事。我想这样的场景也许正符合人们的某些期待，因为电影需要戏剧和冲突，来持续吸引观众的投入。这也可以解释为什么媒体总以极其夸张的方式来报道

---

① https://www.mentalhealth.org.uk/statistics/mental-health-statistics-people-seeking-help https://www.who.int/whr/2001/media_centre/press_release/en/.

有心理健康问题的人的某些行为。问题是，电影中看到的和实际发生的事情之间，无形中造成了巨大的可信度的差距。遗憾的是，有太多涉及心理健康问题的电影极大地加深了我们极其不友好的偏见。

在大众传播媒介上，精神分析师经常被描画成复古人物，留着浓密胡须，带着类似维也纳人的口音。他们总是拿出一副奇怪、冷漠的态度，除了“嗯”，好像什么都不会说。与此同时，他们的客户则在沙发上蠕动着，好像被忘掉了。不幸的是，这种特写对公众了解教练或治疗中的真实情况不但一点儿帮助都没有，还会起到极大的反作用。

但有一点我可以向你保证，这与我在第 9 章中描述的能“快速修复”的魔术师助人者的那些“烟火缭乱”的呈现完全不同。这里所说的助人者的工作是有真正魔力的，他们得到了人类发展研究领域的大力支持。

西格蒙德·弗洛伊德之谜

精神分析学说的创始人西格蒙德·弗洛伊德为心理健康干预领域奠定了方法论基础。尽管他在人类精神领域有非凡的原创思想，但是对许多人来说，由于他将性和攻击作为人类行为原始驱动力的想法太令人不安，至今他仍是一个有争议的人物。

对弗洛伊德思想的偏见，无形贬低了他对西方文明的显著影响。从未有其他人如此努力地鼓励我们花时间进行自我反思，以便我们更理解自己，也更幸福。也从未有人比弗洛伊德更坚持不懈地指出人们内心恶魔的存在，它们常常挡在路上，阻碍人们去过充实而富足的生活。

通过仔细倾听，弗洛伊德发现人的有意识思维仅仅只是冰山一角。他建议我们多去觉知冰山以下心理结构的复杂性，也不遗余力地指出，事物表面常常极具欺骗性。据他所说，理性通常只是表面现象。它就像一个锅盖，遮住了沸腾大锅里汩汩冒泡的“原始的性及攻击驱动”。这口锅里纠结不止、冲突不断，这才是人性的真相。

弗洛伊德解释道，我们的大多数心理活动都是在无意识层面进行的。他认为，这些无意识对我们有意识行为的影响无可比拟。① 此外，他还坚持认为，抑郁和焦虑等情绪和心理问题，往往植根于有意识和无意识之间的冲突。由于这些复杂的心理动力的存在，我们中的许多人恐怕对自己真的很陌生。② 弗洛伊德还断言，理性决策实际上可能只是一种幻觉，尽管我们总能找到做某些事的“理性”原因。当然，如果想真正弄清楚背后的原因，有必要先做一些非常严谨的探查工作。

---

① Sigmund Freud (1933). “New Introductory Lectures on Psycho-Analysis and Other Works”, Volume XXII, *The Standard Edition of the Complete Psychological Works of Sigmund Freud*, London: Hogarth Press and the Institute of Psychoanalysis.

② Timothy D. Wilson (2004). *Strangers to Ourselves: Discovering the Adaptive Unconscious*. Cambridge, MA: Harvard University Press.

如果这些见解还没把你弄晕，弗洛伊德还表达了其他很多我们通常不愿意直面的观点，例如婴儿的性行为、我们的“新性行为”（也即“反常”），以及爱恨力量对比的影响。这种爱与恨是我们的生与死的本能。他关于性心理阶段、心理防御结构、移情和梦的象征意义的理论令人不安。弗洛伊德率先提出人的人格会深受童年事件的影响。童年的经历，会对人成年后的行为产生难以估量的影响。当然，这个观点如今早已被广为接受。

弗洛伊德很早就开始研究个性和人格的发展，并建议领导者最好多自省自己的内在驱动力、自恋倾向和他们身上常见的神经症。他指出了可能导致他们误入歧途的众多内在趋力。他还指出了持续重复同样错误的奇怪冲动。这种“重复强迫”是一种心理现象，指某些人不停重复同一事件或类似情形。

遭受重复强迫症的人在熟悉的和可预测的事物中寻求安慰，即便这意味着“在寻找自我挫败”，或持续找寻的是有情感和身体虐待倾向的自我。这些患有重复强迫症的人带着能改变结果的一线希望，试图重新书写他们的历史。这些情况的一再发生，令弗洛伊德有机会观察到，人是如何主动合理化自己已经功能失调的行为，人又如何因冰山以下的心理动力冲撞而陷入功能失调的活动并被挡住了前进的脚步。

秃头男人为梳子而战

虽然精神分析师可以为人们提供很多帮助，令他们感觉良好，但他们一直严重缺乏公关技能。他们是自己最大的敌人。痴迷于理论上的“纯洁性”，这让很多精神分析学家对其他干预方法不屑一顾。通常，他们喜欢认为自己在助人行业中高人一等：由于接受训练的时间长，他们倾向于将自己描画成一个高度排他性的俱乐部的成员。

正如弗洛伊德本人在1930年的文章《文明及其不满》（*Civilization and Its Discontents*）中描述的那样，它们是“边界接壤的领域，虽然也会以各种方式相互连接，但他们不断互相争斗，并嘲笑对方”。[①] 太相似，总是会隐隐暗含令人不舒服的真相。为了减轻这种自恋性质的伤害，我们可能会倾向于着力淡化我们与他人的相似之处，同时着重强调相互之间的差异。这就有可能导致明显而无法解决的分歧。

许多精神分析培训都是在专门的研究院展开的，这一事实，无形中助长了这些精神分析学家的特殊优越感。为了更好地把握相关学科的发展，教育项目的决策层决定将这些项目排除在大学的课程架构之外，以迎合更短期导向的市场需求。遗憾的是，这个决定硬生生切断了相当多的未来的精神分析学家与更广泛的人类心智环境的联系。

人们（和保险公司）越来越多地寻求短期解决方案。因精

---

① Sigmund Freud (1930). "Civilization and Its Discontents, James Strachey (ed.)", *The Standard Edition of the Complete Psychological Works of Sigmund Freud*, Volume XXI, London: The Hogarth Press and the Institute of Psychoanalysis.

神分析治疗往往是高度密集和长期的，也就不是特别有吸引力。由于精神分析理论对人性的悲观观点，接受精神分析变得更加困难（尤其是对美国心理学家来说）。它与积极心理学不同。弗洛伊德本人有句名言从侧面进行了说明：精神分析的目标，是将“个体的神经痛苦转化为共同的不快乐”。这从某种角度为精神分析领域做了注解。

精神分析的当代相关性

还有人说，弗洛伊德的一些主张已经过时了。诚然，神经科学以及认知、发展和进化心理学的发展促进了人类发展的理论，且这多少与弗洛伊德的一些概念是相背离的。但这些批评者应该注意到，一些让人们震惊的主张，在弗洛伊德生活的时代是如何被广为关注的。许多后续研究表明，他的许多想法在当代社会中仍然有效。

最近对神经科学工作的复盘也证实，弗洛伊德的许多原始观察，尤其是无意识过程的普遍影响以及情绪对我们思维过程的组织作用，已在实验室的实证研究中得到证实。① 这些研究还表明了精神分析取向治疗的极其有效性。精神分析心理治疗最起码与其他形式的心理治疗一样有效。还有大量证据表明，治

① https://psycnet. apa. org/buy/2006 - 05420 - 001; Mark Solms (2018). The scientifc standing of psychoanalysis, *British Journal of Psychiatry International*, 15 (1), pp. 5-8.

疗结束后，这种影响会持续更长时间，甚至会增强。①

虽然更经典的精神分析治疗方法正在减少，但这并不意味着心理动力学视角已经消亡。尽管有诸多批评，但在心理学作为一门学科的总体发展中，精神分析概念发挥了开创性作用的事实不容抹杀。有时我会觉得这很讽刺，因为心理学的派生性概念在大多数当代教科书中，虽未明确归功于弗洛伊德，却已将其许多想法整合到了他们的理念当中。

尽管受到各种批评，弗洛伊德的理念仍在继续影响当代心理健康的治疗思路，且仍然对心理学产生着重大影响。有趣的是，虽然一些心理学分支将精神分析视为纯粹的历史文物，但艺术、文学、历史和一般人文学科的学者却持续将心理分析作为相关的研究科目。

冒着听起来“像是在防御”的风险，我再重复一遍，于弗洛伊德生活的时代，他的方法是革命性的。他的许多批评者往往会忘记这一点。他认为精神疾病是可以治疗的，谈论我们的问题可以缓解问题本身，这确实是富有远见的。

---

① S. de Maat, F. de Jonghe, R. Schoevers, et al. (2009) “The Effectiveness of Long – term Psychoanalytic Therapy: a Systematic Review of Empirical Studies”. *Harvard Review of Psychiatry*, 17, pp. 11–23; J. Shedler, (2010) “The Efficacy of Psychodynamic Psychotherapy”. *American Psychologist*, 65, pp. 98–109; Steinert, C., Munder, T., Rabung, S., Hoyer, J., & Leichsenring, F. (2017). “Psychodynamic Therapy: As Efficacious as Other Empirically Supported Treatments? A Meta – Analysis Testing Equivalence of Outcomes”. *American Journal of Psychiatry*, https://doi.org/10.1176/appi.ajp.2017.17010057.

精神分析开辟了一种关于应对精神疾病的新观点，即与专业人士谈论心理问题可以帮助缓解心理困扰的症状。毕竟，它被称为“谈话疗法”。叙事谈话可以是一个非常强大的工具。讲故事也许就能带来生命改变。许多助人职业的从业者已经意识到，精神分析过程中使用的“自我检验技术”有助于情商方面的持续成长。

弗洛伊德的另一个洞察是，将信息从无意识带入有意识，可以拓宽个人的选择宽度，使人们更好地掌控自己的命运。但弗洛伊德还指出，获得这种自我认识可能很困难，因为我们必须与一些已有的防御机制做斗争。这些防御机制是为了保护我们免受无意识中包含的令人不安的信息的干扰。没有“快速修复”这一说法。功能失调的行为模式需要慢慢梳理，训练不同的做事方式需要时间。

认识你自己

在对精神分析的历史及其各种附带利益的粗略回顾中，我的论点是，我们中的许多人最好再仔细看看助人行业，以及它对改善我们的心理健康如何有益。考虑到第 9 章的“买者自慎之”主题，许多人仍然会从寻求帮助中受益。

作为一名精神分析师、心理治疗师和教练，我不可避免地怀有偏见，但我通过持续实践学到的一个事实是，有勇气这样做的人会意识到，寻求帮助可能是他们能给自己的最好的礼物。

刻在德尔斐阿波罗神庙上的格言“认识你自己”，在今天和在古代一样有效。

揭开我们生活的叙事，踏上这样一种个人旅程，是一个非常有效的方法，有助于解决我们人生不同阶段的种种关键议题，如自尊、持续焦虑、压力症状、性功能障碍、抑郁感、嫉妒和缺乏目标感等。

心理治疗和高管教练过程有可能会唤醒一个人内心中从前的恶魔——让人们想起以前的创伤和不快乐——但这个过程也会大大增强力量。向训练有素的专业人士寻求指导有助于我们对棘手问题有更深入的了解，改变困难的生活状况，同时为未来的挑战做好准备。这类干预还可能帮我们开启创造性过程，鼓励某种程度的冒险之旅，支持我们发展更深层次的情商，并有助于我们直面生命中那些无可逃避的变迁。

有时我会问客户他们更喜欢什么：对他们的生活有某种形式的把控，还是被未知的力量控制？更喜欢被动、只是“坐在那里”看事情是如何发展的，还是更喜欢采取主动、有机会创造自己选择的结果？不出所料，他们中的大多数人都表示更喜欢主动。真正的自由，是对自己的人生有把握感。若你不想这么做，其他人会取而代之，来掌控你的人生。

11

改变的过山车之旅

若上一世的灵魂还未活透彻，一个人经历重生，在云层中探出头时，他会特别留意躲开那条太过显而易见的路。他会径直走入森林，犯错、失去、直面所需改变，以便能过上更真实和更绚烂的生活。

——威廉·詹姆斯

每个人都想改变世界，但没人想过要改变自己。

——列夫·托尔斯泰

在罗马神话中，雅努斯（Janus）是拉齐奥（Latium）[①] 的国王，他的宫殿位于台伯河西岸的一座山丘上。他很自豪地被尊为独特的罗马神，而不是从万神殿中“借”来的希腊神。罗马人赋予了他两张脸，一张向前看，一张向后看，这样他就可以同时往两个方向看。所有古时的神都有特定目的，雅努斯是有关门槛或门的神（在词源上，Janus 这个词与拉丁语 ianua 有

① 拉齐奥，意大利中部的一个地区。

关，ianua 在拉丁语中意为“门”）。

雅努斯本身是天堂的看门人，他负责监督所有的过渡和转型：开始、结束、出入口以及通道。他右手持一物，指引旅行者沿着正确的路线前进；左手持一把可以打开大门的钥匙。他的职责是将恶魔排除在房屋、建筑物、神社、学校、庭院，或任何有门口或大门的地方。罗马人每天花一分钟向雅努斯祈祷，感谢他保护家园免受邪恶的侵害。

雅努斯还与和平与战争之间的过渡转型相关。传说中的古罗马第二任国王努马以十分虔诚而闻名。据说他在靠近参议院的古罗马集会场所为雅努斯建造了一座两层神殿，这座神殿以其华丽的雅努斯之门而闻名。努马国王的意图是，将神殿作为和平与战争的象征。当罗马处于战争状态时，门将打开；和平时，则会关闭。对一个领导者而言，能够说“他关上了大门”，是一项丰功伟绩。据说，在努马国王的领导下，雅努斯之门关闭了 43 年。但此后，这种和平状态就少有了。

应对转型议题并达成某种形式的冲突解决方案的能力，是一个非常重要的领导特质。对于从事助人行业的人来说，这同样必不可少。为客户营造氛围令其头脑安宁，支持客户完成转型的能力，则是助人议程里的重中之重。像雅努斯一样，他们会竭尽全力保护客户免受邪恶侵袭，无论采取什么方式。

但正如弗洛伊德所指出的，帮助人们转型——让他们做出改变——从来都不容易。你可能需要一些类似雅努斯的品质，因为改变可能是一个非常令人困惑的过程。

智人是充满动力的、有时候相当混乱的不完美的一种生物，常因自我冲突而轮廓（边界）相当粗糙（模糊）。所以当你决定开始改变时，经常会感觉自己被困住了。你会感到情绪低落，想弄明白你为何要做你正在做的事情。要使改变成为可能，你既得向前看（带着希望、未来可期），又得向后看（回顾意义、坚定信心）。

你想改变的原因可能有很多。例如，你与身边人的关系有摩擦。你在工作中也许遇到了麻烦。你的孩子没有按照你希望的方式成长。你可能与你的伴侣有冲突。你有不明原因的身体问题。其中任何一个问题都会影响你的精神状态，它们令你感觉自己一文不值，它们让你变得冷漠。

你最终可能会告诉自己，生活是无望的。你感到无助，觉得还不如放弃。或者，你也可以告诉自己：我不能继续这样生活了，我得做点什么，我要把控自己的生命。我得关上雅努斯之门。

如果你真想改变自己，你可以选择做点什么，但你的“个性盔甲”不容易被穿透，它已经形成太长时间了。你小时候可能相当灵敏，极具可塑性，但当你成年时，你的人格之路已经修葺完毕，未必容得下太多改变。作为一个成年人，你的大脑会很固执。你已经“自我研发”了很多做事的行为模式，也早已有了惯用的具体方式来应对日常生活中的压力和紧张。

但是，虽然你不像以前那么有可塑性，但这并不意味着你再也无法改变。光是活着这一事实，就意味着你会不断变化，只不过你还未曾意识到这一点。

增量变化还是量子式变化?

当然，所有的观察都有例外，变化有时会以更具戏剧性的形式出现。我通常会区分两种变化形式：增量变化（incremental change）和量子式变化（quantum-like change）。大多数变化都是线性的、逐层递进的，尽管可能很小，且通常随着时间的推移而缓慢发生，但它们可能会带来非常大的变化——正如你自己可能已经发现的那样。在外部世界看来的巨大变化，也许不过是一系列小幅调整的结果。

虽然增量方式可能是你的默认模式，但我也曾看到过变化如何以不连续和非线性的方式发生，这就是所谓的“量子式变化”。它不应被斥为一厢情愿的想法或短暂的错觉。当我们突然经历了个人情况的剧变，量子式变化就有可能出现。在这些情况下，在相对较短的时间内，会发生戏剧性的转变。其特点是：个人的价值观、感觉、态度和行动发生了翻天覆地的变化。

一些客户向我描述过这个过程，说像“晴天霹雳”，或是“看到了光明”。但大多数情况下，只有当创伤事件或重大生活挑战动摇了某人的世界观，才会发生如此戏剧性的变化。我注意到，这种变化发生之前也许会出现某种动荡，或是认知情境的扭曲，或是感知模式的不一致。或有意识或无意识，它在“催促”着遭遇变化的人开始积极找寻其他可能的生活方式。

重生后

根据我的经验，这种突然的转变（量子式变化）会发生在经历过生死的人，即那些业已经历过“重生”的人的身上（引用著名心理学家威廉·詹姆斯的话）。[①] 事实上，詹姆斯在描述这个现象方面向前更推进了一步。他注意到，神秘的宗教体验和这些量子式变化之间有一些相似之处。

然而，宗教情境的体验除外，大多数情况下，“重生”的人在悲剧事件，比如死亡、疾病、事故或其他不寻常的经历之后，会有一种强烈的重生感。我看到过某些挑战和悲剧，以及赋予其意义的动作本身，是如何有助于激励一些人的生活。基于以往的个人经历，他们更加意识到生命的脆弱面及令人感叹的我们存在的转瞬即逝。

无论遇到什么挫折，他们都会意识到他们在这个世界上的时间是有限的。他们能做的、能实现的，只有那么多。他们年轻时认定的“力量是无穷的、进步是永远的”幻觉被打破了。然而，在创伤或危及生命的经历发生后，先前令人感到安慰的幻境很快就消失无踪了。没有什么能比“死亡已暗暗逼近”更有力地让我们直面“生而有涯”了。

---

① William James (2013). *The Varieties of Religious Experience*, Full Text of 1901 Edition. Amazon Kindle.

这种认知促使人们决定停止浪费时间。他们有了更强的紧迫感，开始充分利用剩下的时间。意识到时间已经不多后，他们愿意承担更多风险，并开始步入未知领域。他们想要改变生活中不那么令人感到满足的部分。这种有限感，亦可解释为何他们要对所做的任何事都赋予意义感。

我的客户阿雷恩就是一个量子式变化的例子。阿雷恩是一家大型工业公司的高级副总裁。有一次，他在非洲某家餐厅吃晚饭时，经历了自杀式袭击的骇人场面。年轻的袭击者引爆自杀背心后，餐厅里的大多数人都死了。阿雷恩是“幸运的”——如果我能用这个词的话。他幸存下来，但在很长一段时间里，他经历了连续多次的修复手术。阿雷恩跟我说，这件事情发生之后，他对生活的看法变得完全不同了。当他重新站起来并被邀请回到他在公司的原有岗位时，他拒绝了，并决定辞去工作。他期待此后余生他能致力于与激进的年轻人一起工作。他觉得既然自己获得了第二次生命，就要以对他来说最有意义的方式来使用它。

据我所知，有过这种经历的人，会突然意识到他们原本就具有的但尚未开发过的潜力。像阿雷恩一样，这可能会导致当事人价值观或目标的转变，但也可能意味着从此彻底摆脱不健康的行为。而这些变化不出意外都会带来更大的内心平静。在经历了自杀式袭击事件后，阿雷恩对生活的看法要比从前乐观得多。他不再抱怨过去发生的事情了。一反常态，他欢迎新的机会，也愿意承担新的任务，他珍惜现在拥有的东西。他对我说："抱怨我不能或不愿改变的事情，有何意义？"

抓住今天（Carpe diem），成为阿雷恩生活的主旨。就好像他发现了一个全新的、有意义的现实，并得以明白一个重要的真理。顺便提一句，阿雷恩还说，尽管做出重大改变令人恐惧，但他发现，更可怕的是不做某件事而导致将来后悔。

在此，我也想分享一下我的故事。十多年前，我在西伯利亚堪察加山区，探访可能是地球上最原生态的地方。我们计划寻找生活在当地的巨型棕熊。突然，我的雪地摩托司机对我大喊大叫，让我快点跳上车的后座。原来，他看到一只熊爬上了紧挨着的一个山脊，这让他瞬间就变得极度兴奋。

他希望看个仔细，因此开足马力，欲全速追赶上去。由于注意力全部都在我们的目标上，他没能注意到雪地里有一条很深的缝隙。不出所料，机车撞毁了，他身上倒是一点划痕都没有，但对我来说，这次事故促成了一场人生剧变。

我应该只是很短暂地失去了意识。当我恢复知觉时，我听到的第一句话，是他试图安慰我："没什么大问题，我们有抗生素。"但抗生素不能解决脊柱骨折的问题。在没有止痛药的帮助下乘坐雪橇滑下冰冷的斜坡，是我一生中最痛苦的经历之一。从世界的另一端回到巴黎，则是另一件痛苦的事情。

之后，由于接受了一系列脊柱手术，我不得不在床上躺了好几个月。这是又一次的生命耐力测试。在此期间，像阿雷恩一样，我一再被告知我很"幸运"，因为我离终身瘫痪只有几毫米远。也许"幸运"的部分其实是，我开始更加欣赏生命的可贵，以及充分地、好好生活的必要性。

它还教会了我一个手势，示意病人要“躺平”，因为在医院的床上会感觉痛不欲生。这样一个手势，是来自陌生人的问候和善意，令尚在恢复期的我备感安慰。这让我意识到小动作有大威力。我开始有意识地练习类似的小手势，希望可以随时帮到其他人。

给可怕的事故来一个“积极的旋转”，我相信我的经历增加了我作为助人者的有效性。“改变了的人，才能真正改变他人。”这句话颇有道理。

尽管我个人经历过，但如之前提及的，量子式变化其实很少见。我们中的大多数人，尽管有意识地带着良好意愿，也会发现面对改变时，我们的潜意识里呈现着截然不同的样子。这些无意识的抵制，解释了我们为什么常常如此抗拒做出改变。当我们说想改变时，我们的潜意识却说着完全相反的话。

很多时候，我们对未知的恐惧，使我们想要坚持现状。遗憾的是，导致现状的很多行为在过去可能非常有效，但现在却已经功能失调。

我们似乎被隐蔽的力量挡住了去路。在抵制改变时，人性使然，我们更倾向于专注在我们需要放弃什么，而不是能获得什么。我们太过执着于导致特定行为模式的“神经回路”了，因而极其擅长为不去改变——哪怕它符合我们的最大利益——找借口。这很不可思议。

这既解释了我们对变革的“免疫力”，也解释了为什么变革过程需要很大的勇气。①

只有你能改变你的生活

无论我们喜不喜欢，生活都是关于改变的。有时我们知道某种改变早晚会发生，有时这个改变会出人意料。我们所有人都将经历工作和人际关系的转变、身心健康的变化，以及本地和更广阔世界的新事件。

一些变化是不可避免的，如身体衰老的结果，还有一部分事物的自然循环或秩序。其他改变或多或少在我们的掌控之下，如我们与他人（家人、朋友、同事和其他亲密朋友）相遇的结果。还有另外一类变化，如阿雷恩的经历或我在堪察加山的命中注定属于意外事故的结果。

但无论情况如何，在我们意识到需要改变之前进行主动调整，显然要明智得多。正如我在这本书中一直强调的那样，从你现在的样子转变到你想成为的人，这个过程可能是艰巨的，但它也可能是非常有价值的。虽然你无法立即更改目的地，但也许沿途你可以不断调整你的方向。这个变化过程会是什么样子，很大程度上取决于你对未来的展望。

然而，有一件事是肯定的，花时间和精力寻找不改变的借

① Robert Kegan and Lisa Laskow (2009). *Immunity to Change: How to Overcome It and Unlock the Potential in Yourself and Your Organization*. Boston, MA: Harvard Business Review Press.

口一定不是答案，因为你会被迫改变。事实上，与过去的自己做斗争很可能会导致自我挫败。更具建设性的是，在新境况面前一鼓作气，同时去破译阻碍你的隐蔽力量。简而言之，应对变化最有效的方法是拥抱它。就像有人说的那样：如果你从不想改变你的头脑，为何要费心去拥有一个？

人性就是这样。我常常希望我的工作不要那么复杂，但帮助人们走出舒适区是一项艰巨的工作。我很难帮助那些陷入恶性循环的人，也很难告诉他们，如果他们正在猛力拍打一匹死马，那他们早就该翻身下马了。我们需要记住，我们可能会不断重复我们没有修复的经历。然而，从积极的一面来看，虽然我们无法改变过去，尽管坏事会发生在每个人身上，但我们不必一直忍耐，让它就这么毁了我们。

因此，尽管忘记过去很难，我们仍可以在过去的基础上创造一个新的未来。我有时会提醒我的客户、老得克萨斯人说："如果你所做的一切都是你曾经做过的，那么你将得到的，也只能是你已经拥有的一切。"

如果你是我的客户，我会告诉你，创造新未来的关键是你必须面对发生在你身上的事情，接受某些事情就是无法改变的，然后继续前进。与其担心你无法控制的东西，不如把你的精力转移到你能控制的东西上。此外，不要被恐惧驱使，要被希望驱使。

在许多情况下，一旦你关闭了身后的大门，能够继续前进，新的大门就会为你打开，更好的机会就会不请自来。我们经常在最黑暗的时刻发现我们最大的优势。

你想去哪里?

如果你想改变生活的一部分，请首先弄清楚你真正想要什么，这一点很重要。你想完成什么？这听起来似乎很明显，但除非你很清楚那是什么，否则你很难得到你所想要的。明确你的目标很重要——所以，你为什么不闭上眼睛，想象一下你最好的模样呢？想象一下你想要拥有的生活，若那就是你真正渴望的，那就放下任何你不相信它的部分。请你试着超越那些消极的声音。

我很清楚，大多数人不会花时间真正做这种事情。他们从不想象自己想要过什么样的生活。鉴于他们的神经回路，这是他们全部能做的。而且，即使对目前的处境不满意，他们也从不问自己为什么不努力去过一种全新的生活。其实只要他们弄清楚自己真正想要什么，他们就可以拼尽全力，朝着更大的目标前进。这就是为什么明确你的目标如此重要。相信我，少靠习惯生活，多以目标来牵引生活，会为你自己展现完全不一样的天地。

结束还是开始?

你可能很想弄清楚你正处在自己人生旅程中的什么位置，

是在旅程的开始、中间，还是结束？也许终点并不是真正的终点。更令人困惑的是，你以为的开始可能是结束。此外，一个糟糕的开始，并不一定能阻止你拥有一个好的结局。

因此，虽然你不能回去换一个开头，但你总是可以从当下开始，尝试改写你的终点。但是，有一件事是确定的，如果你一直从同样疲惫的开始起步，你永远不会有新的结局。过去可能非你所愿，但这并不意味着你的未来不会比你想象的更好。

请记住，人生路上并不总是康庄大道，甚至不会有清晰的标记。有时会遇到令人困惑的弯路，但在进行这些越野旅行时，不妨尝试享受沿途的风景。此外，请你偶尔停下来欣赏四周的景物，它是上帝的额外馈赠。

请你告诉自己，犯错误是可以的，不擅长做某些事也没关系。能展现你真正勇气的，是你摔倒后爬起来的能力。不要让你的“不能为”干扰你的“所能为”。你无须按照他人标准来衡量你的进步。拥有自己的生活吧！

12

耳语者的舞蹈

> 看看你周围的世界。它可能看似不可移动、无可改变。
>
> 不是这样的。只要在对的地方轻轻推一下，它就能有所改变。
>
> ——马克龙姆·格莱德威尔

现在已经很清楚的是，我生命的主要角色是，当我的客户们决定做出改变的时候去做他们的向导。带着希望去看，这当然是为了变得更好。很多时候，当需要我帮助的人深陷泥潭，而我恰在现场，我会觉得我很幸运，因为这是他们生命的转折点，他们已经准备好了要做出改变，而我有机会助他们一臂之力。

这也许就是为什么我的一些客户愿意称我为“王的耳语者”或“CEO 耳语者”。我记得那是在 1998 年电影《马语者》(*The Horse Whisperer*) 上映后不久，他们第一次这么叫我时，我笑了。这部电影根据同名小说改编，由罗伯特·雷德福（Robert

Redford）饰演同名的马语者，一个非常懂得如何与马沟通的人。

这部电影中，两个十几岁的女孩在冬天的早上骑着马，开心地聊着天，突然，她们的马在冰面上开始打滑。滑过马路后，被一辆卡车撞了。其中一个女孩和她的马当场死亡；另一个女孩右腿被截肢，她的马却奇迹般地活了下来。虽然活下来了，这匹马却受到了严重创伤，任何帮助治愈的手段似乎都无济于事。

近乎绝望地，女孩的母亲开始四处求助，希望能更妥善地处理飞来横祸给女儿和她的马带来的创伤。她听说有个被称作“马语者”的牛仔能与马交流，对马进行“再教育”，并使它们从事故或虐待中恢复正常。马语者是真实存在的：他们非常理解马的心理，因此能够很好读懂马的肢体语言并引导它们合作。

母亲决定把女儿和马送到马语者那里，以便她们能从飞来横祸的创伤中尽快恢复。事实证明，这位马语者是一个很有耐心的人。面对那位母亲的着急抓狂，他不但治愈了马匹，消除了女孩的精神创伤，还帮助母亲变得不那么像个工作狂了。

看完这部电影后，我明白了客户为什么那么形容我。虽然没有对马耳语，但我的确一直在对高管耳语，尽管因为取得了某种成功，他们中的许多人已经功能失调良久。我清楚我的任务是帮他们克服各种行为失调，比如强迫、自恋以及抑郁和焦虑的双相行为模式。为了更有效地开展工作，我必须有能力与客户进行语言和非语言交流。

工作联盟

当面对极具挑战的C+高管时，我会发起一段耳语者的“舞蹈”。为了让这段“舞蹈”奏效，我得先采取一些步骤。首先是建立一个工作或治疗联盟①，这是一个重要的临床概念，有助于阐明与改变相关的心理动力，以及为什么改变需要时间。

什么是工作联盟？这是我与每个客户如何连接、一起行动以及确保彼此投入的基本方式。它与我和客户之间的相互信任大有关系。正是因为信任，我们才有可能合作共赢。工作联盟的另一个特点是相互尊重，一种令双方都感到真正被理解和被重视的信心。

有效的工作联盟，还包括就目标、我的角色以及我的客户想要达成什么来签订协议。重要的是，基于目标的合作关系，会为我们双方的协同工作带来更积极的进展。因此，作为客户，你应始终记住：与如何选择治疗或教练方式相比，工作联盟的质量高低将更能预测到干预是否有效。

建立以信任为最核心因素的工作联盟时，我必须关注每个客户的独特之处。复杂的是，我的耳语者的舞蹈永远不会在真空中进行；它是在特定的背景下展开的。可以预见的是，鉴于

① Ralph R. Greenson (1967). *The Technique and Practice of Psychoanalysis*. New York: International Universities Press.

每个人个性之间的差异，在某些情况下，有些关系就是无法正常良性展开，舞蹈也会戛然而止。因此，偶尔会有客户认为我不适合他，也就不足为奇了。

我发现，与高管建立具有挑战性的工作联盟的秘密，不仅取决于我对他们低语的内容，同样重要的是我如何倾听他们对我的耳语。对于 CEO 耳语者来说，深入、积极的倾听，是能够破解客户展示的各种语言和非语言线索的基本前提。

我不仅要听清楚客户正在说的话，还要仔细去听他们未曾说出来的话。此外，作为耳语者，“不知情”并准备接受“不知情”也是挑战的一部分。虽然这很令人沮丧，但我需要包容自己的“无知”。这并不容易，因为像大多数人一样，我更喜欢某种形式的“逻辑闭环”，即知道何事为何发生的逻辑的根本需求。

反移情

同理心和敏锐觉察的能力，是我作为 CEO 耳语者能顺利展开工作的基石。同理心是指我能体会他人的经历，同时并不会将这些经历“据为己有”。我与客户的情感连接，是从右脑到右脑、无意识到无意识，对于建立彼此关系至关重要。我需要能够识别客户的人生早期情绪模式，并有意识地将客户的这些情绪模式与我自己的相分离（剔除移情因素），以便能够有效使用客户的情绪模式的信息。

这就是反移情，即将从前某一情境的我的个人感受投射到我的客户身上。换句话说，我需要破解我与客户的“情绪纠缠”，也就是我如何在无意识中将自己的感受投射到了客户身上。

我需要破译我的客户试图宣布什么，以及我如何对他/她分享的原始素材做出反应，然后才能帮助我们彼此避免过度上演我们的惯常情绪剧本，而是创造一个新的、更健康的结果。

我一直将这个过程描述为“利用自己作为工具”。[①] 尽管客户脚本中的某些段落可能会与我自己的脚本互相呼应、产生反响，我不应该在压力下默许并接受客户的脚本。

在这些场景中，我需要做的是再创造，而且必须先旋转某个角度。结果必须有所不同。

反移情是一种敏感的人际晴雨表，是社会互动领域的精微工具。但是，在我和客户之间的舞蹈中，如何有效使用反移情或有助于我他互动，或将事情变得更复杂化。

弄清楚他人的真实感受，总是异乎寻常的困难。这意味着我必须非常谨慎，要避免把其他类似场景的类似个人感受叠加投射到客户身上。

此外，尽管反移情无可否认是重要的情绪识别素材，但它并不总是确凿可信。沟通信息需要细加分辨、整理，才会有助

---

① Manfred. F. R. Kets de Vries (2009). *Reflections on Character and Leadership: On the Couch with Manfred Kets de Vries*. San Francisco: Jossey-Bass.

于加深彼此理解。令这个过程复杂化的事实是，我需要在两个层面上交替操作：我必须客观地观察客户的想法和情绪，同时我也是一个主观的信息接收者。

我需要将“我”与“非我”区分开来。我需要巧妙地处理这两个层面，积极直接地“利用”我的主观情感生活来进行点对点的客观交流。

与任何舞蹈一样，如何开场至关重要。从长期的实践中我深深明白，与客户的第一次相遇总是最棘手的。这是相互评估的时刻，也需要各自判断我们是否能够一起有效工作。若这个潜在客户不愿意投入，或者觉得他或她就是没法与我建立某种关系，那就不大可能建立起任何形式的工作联盟。

过渡空间

为了在这一支双人舞中推动我的客户前进，表现出对他们困境的一定理解是根本。让他们感到舒适，是创建这个工作联盟的第一步。为了使我们的关系发挥作用，我还需要创造一个过渡空间，一个我们双方都可以探索我们正在寻找的利于改变的安全空间，一个我们可以“玩耍”的空间。[①]

过渡空间可以被描述为处于我们内在和外在世界间的中间

---

① Donald W. Winnicott. (1951), “Transitional Objects and Transitional Phenomena”, in *Collected Papers: Through Pediatrics to Psycho - analysis* (1984), London: Karnac, pp. 229-242.

地带，幻想和现实在此处交汇。这是一个由双方共创的空间。它可能奇怪而令人困惑，但也可能是一个潜力巨大的地方，能够激发创造力。

但为了“玩耍”，我的客户需要感到安全、被接受、被尊重和舒适。他们应能和我想说什么就说什么，而不必害怕被嘲笑或被评判。

许多人进入教练或咨询环节时害怕可能从此“放松警惕”了。他们担心一放松，就会因他们遇到的问题而被嘲笑。将他们的“防御”转换为“超速”，不会花太多时间。

但若他们就是无法打开，他们将无法从互动中受益太多。好的干预结果是，我的客户愿意把自己赶出舒适区，尝试一些新的、陌生的，甚至一开始可能令人害怕的东西。

在创造一个安全的空间时，我会尽量小心。我见过客户和教练或治疗师之间的魔力瞬间消逝无踪的情景。看似毫无风险的小心翼翼的评论可能会被视为威胁，并可能危及工作联盟。

感到被评判的客户将开始隐瞒信息，这会阻碍进展。是否能营造相互尊重的氛围，在很大程度上取决于我的开放性、热切程度，以及从客户视角看待事物的诚挚愿望。

他们希望我帮助他们实现他们的目标，无论他们的目标是什么。要想建立一个强大的工作联盟，还需要给这些人以确定感，表现出同情，并对可能的特殊情节表示宽容。这要求我对待他人是非评判性的，即使客户与我在价值观和信仰上非常不同。

作为一名CEO耳语者，面对客户的问题，我不仅需要表现出一定的客观性，还需要表示理解。在这一双方共舞的开场动作中，我主要是支持并谨慎地提供解释。客户最不想要的，就是觉得他们正在被教训或被控制。此外，我发现在适当的时候，幽默可以成为在双方之间建立关系的高效工具。

随着继续共舞，我的挑战是，尽力跟我与之耳语的对方保持一致，产生好奇心，温柔地挑战，并为彼此的未来关系建立一个框架。为了做到这一点，我鼓励客户放心告诉我他们的压力源、挫折和不满。就我而言，我需要既能回应他们的某些期待，也能及早规划我们的关系的目标。

在牢记所有这些关注点的同时，我发现有一个做法总是很有用，即通过询问客户对与我合作的感受来结束交流。这是收集反馈的一种有力方式，即有关这支舞的初期印象和影响的反馈：客户是否感到安全、被真正倾听，以及被认真对待和关心。当然，希望总是暗藏在所有这些背景故事中，期待成功的结果。

在开场面试中，我会问客户一些问题，以激发他们的思考和愿望。例如：是什么把你送到我这儿来的？你认为你目前的工作和个人生活中有什么不对劲儿的地方？你特别想去探索的问题是什么？你想对自己说些什么？你希望你的生活有什么不同？

我还要求他们想象他们正在认真观察一个水晶球，并邀请他们告诉我对未来的幻想。换句话说，他们期待的合作的最佳结果是什么？在检视过这支舞开场的最初细节之后，我就开始专注于这些问题的答案。本质上，我会邀请客户想象出一个他心目中比较理想化的未来，进而为他自己创造出一种专注于“小步前进”的状态。

为了帮助我更好地了解客户的内心剧场，以及是什么让这个剧场“滴答作响”，我还会邀请他们告诉我一些他们的个人历史，包括他们的童年经历、教育、他们人际关系（我指的是依恋模式）的性质、他们目前的生活状况和他们的职业轨迹。同时，我也喜欢了解客户的生命锚在哪里。

然而，关于客户生活中的敏感地带，我总是会非常谨慎地询问。虽然他们可能会与一些人公开谈论他们的性欲、亲密关系、童年和工作生活，但他们应有权决定何时、如何以及与谁讨论这些事情。其中某些议题可能额外需要一些时间，才会在辅导或治疗关系中出现。

一般来说，我更喜欢问开放式问题，也更喜欢进行开放式、非结构化的对话。当我这样做时，我总是在对话中寻找反复出现、代表着客户别样体验的主题。我试着将他们的感受和感知与他们过去的经历联系起来。我提请他们对自己发现不情愿接纳的感受多加注意。

如果时机合适，我还会指出他们逃避自己感受的方式。我专注于我与客户此时此地的关系，并将这个关系和他旧有及现有的关系建立连接、进行比较（这是移情的概念，我将在第 14 章中更详细地讨论）。

在耳语共舞中，最重要的是意识到什么能起作用、什么不能起作用，什么能引起共鸣、什么不能引起共鸣，能自我调节并能平衡自发性和自我控制。即使客户说了一些没有意义的话，我也会调节我的反应。在挑战客户的观点之前，我会三思而后行，以防我无意中提出客户尚未准备面对的问题。如果我一开始过于关注不愉快的事情，这支舞蹈就不会进步。

我的总体目标是“趁冷打铁”——客户需要做好心理准备才能“消化”具体观察带来的信息。我需要评估客户可以坦然面对多少真相，并避免将他们的防御推向超速。这意味着，如果有必要，我得闭上嘴。当我进行解释时，我最好确保客户准备好听我的耳语了。同时，我避免轻易表扬或虚伪的保证。更重要的是，我要让客户感觉到他完全有希望能改善他的生活。

一旦建立了工作联盟，为了有机会了解他们会如何回应，我试图通过仔细挑战客户对问题的反思或进行试探性的观察和解释，来激发客户的好奇心和关注。澄清和对抗的过程在这里变得很重要。尽管对于我的问题到底应归类为澄清还是对抗，基于接受者的看法和角度，总是会有一些迷惑的地方。

我对“不按套路分析”的偶尔批评毫不陌生。我承认，有时我可能会被指责对客户的精神生活进行了毫无证据的阐释，并给出了一个不按常规治疗手法的结论。无论是否足够灵敏，我坚持认为，要想成为严肃认真的耳语领导者，就必须深入客户不舒服、困难和脆弱的方面。

虽然过早过快的评判可能会引发抵抗和防御，但客户对尝试的观察或解释的反应，有助于我评估这支共舞该如何进展。

角色扮演到位与否，在这支舞蹈中无疑也会起到重要作用。通过督导同事的工作，在他们作为高管教练或心理治疗师过于僵化、波动、剥削、挑剔、疏远、紧张、冷漠或分心的工作情形中，我也注意到了他们的个人特质会如何对这个工作联盟产生负面影响。

某些类型的干预也可能对工作联盟产生负面影响，例如干预过度或结构化的不足、过度自我披露和不适当的移情阐释（比如，勉强用“有意识”去解释“无意识”的行为模式）。

对于那些过度防御、极其谨慎或过分安静，从不知他们想从干预手段中获得什么的客户来说，与他们建立工作联盟将会更困难。客户必须有为改变而努力的意愿。人们对自己没有任何好奇心，这并不是一个好兆头。若客户面临特定心理挑战，如抑郁症、双相情感障碍、边缘人格、偏执、自恋、反社会或精神病人格，这个耳语过程也会受到阻碍。

心理学家玛丽·史密斯（Mary Smith）和基尼·格拉斯（Gene Glass）对不同类型心理治疗的有效性进行了研究。① 基于近 400 项心理治疗和心理咨询的对照评估结果，他们进行了编码和综合统计。总的来说，这些发现为心理治疗的有效性提供了令人信服的证据。

他们得出结论，基本上，接受典型治疗的客户要比 75% 的未接受治疗者表现得更好。更有趣的发现是，客户接受的治疗

---

① https://psycnet.apa.org/record/1978-10341-001.

类型对成功率的影响很有限。他们的结论从侧面支持了这个观点，即客户和教练或心理治疗师的关系，才是得到满意结果的决定性因素。

改变的节奏

我对客户的“干预”策略，是要有节奏感。随着干预的步步深入，他们越来越了解自己的感受、思维和行为模式。虽然我无法设计富有戏剧性的“啊哈!”瞬间，但我可以创造某种适合转变的环境。总有一条独属于他们的路径，通往他们想去的地方。

首先，客户需要发自内心地对他们的现状感到担忧。欲让改变真正走上日程，通常需要或痛苦、或迷茫的强烈诱因。它们所带来的不舒服，必须超出客户选择维持现状的次要受益的快乐，比如得到的同情和关注。

触发因素可能是家庭关系紧张、健康问题、社会的不认可、一次严重事故、导致无助和不安全感的孤立感、问题行为、发生在亲近的人身上的令人痛苦的事件，或者仅仅是每天的麻烦和沮丧。

当令人不愉快的孤立事件接连发生，演变成一种连续的不快乐模式或状态时，人们很难否认自己出了什么问题。这些情绪本身就表明，持续的功能失调将产生严重的负面后果。它们为临界点设好了舞台。去打破现状，只是迟早的事。

必须采取“旋转措施”的洞察本身，并不会自动使某人采取行动，但它可能会启动一个“可视化”的心理过程，它是一个可起到过渡作用的可替代场景。从“否认”到“意识到一切都不好”，人也许能进入一个新的视角，从而开启新的自我评估。

他们可能会意识到，仅仅指望时间的流逝和行为上的微小变化并不能改善眼前的处境。事实上，如果不积极采取实质性措施，情况可能会变得更糟。

对于一家奢侈品公司的老板艾莉舍来说，与结婚多年的丈夫离婚成为她的焦点事件。离婚使她相对舒适的生活分崩离析，也唤醒了她要重新评估自己的生活方式。艾莉舍在家中做了一些调整，例如花更多时间和孩子在一起，并参与她真正喜欢的休闲活动。

但同时，离婚也引发了工作上的变化。当各种压抑的感觉浮出水面，她意识到她在工作中也很不开心，她的公司因而一直停滞不前。长时间处于人生的“自动驾驶”状态，很大程度上抑制了她的创造力。离婚事件是她所有不满的集中体现，为她的改变提供了动力，帮助她将公司带往新的方向。

个人改变过程的第三步，是公开表明自己要改变的意愿。研究表明，这是一个人对改变有高度承诺的优良指标。认识到改变的语言（信号）很重要。在或大范围、或小规模的社会情境里，告诉他人自己计划做什么，表明他已经在一定程度上接受了自己的问题。这意味着传统心理防御机制，如分裂、压抑、否认、投射和合理化，在很大程度上已历经了必要的发展阶段。

在我的工作中，我多次观察到公开承诺的重要性，因为它使相关的能量都翻倍了：它不仅影响做出承诺的人自身，也会影响到那个人周遭的人。某种形式的对话业已启动，也将带来进一步的自省和洞察。他人会向公开承诺者施加无形压力，这会“迫使”他/她跟进并兑现自己的承诺。

例如，如果有人公开表示打算戒酒，赞成该决定的他的朋友不太可能为他提供酒精；或者，若看见此人又要贪杯，朋友会马上上前阻止。公开的声明和承诺意味着愿意采取“暴露更多脆弱”的立场，同时也将问题“从私人舞台转向了公共舞台”。发表公开声明的人是在公开表达希望建立一种不同的行为方式，从而与之前不太理想的自我拉开距离。

最终，客户可能准备采取行动。他们对改变的抵制开始削弱。他们习惯性的“变革免疫系统”停止工作。他们可能开始对自己的情况有了新的洞见，也看到了新的可能。他们的情感能量不再是无助和绝望，而是从过去的担忧（这导致了他们的不良行为模式）转向了对现在和未来的积极关注。他们可能会觉得沉重的负担已经解除了。

在心态上，他们已经准备好了努力迈向更具建设性的未来。随着他们在改变各阶段的每一步成功，他们可能会表现出越来越强大的放弃旧身份和角色并采用新身份和角色的能力。他们开始以显著不同的方式重组他们生活的世界，重新评估生活的目标和意义。他们放下了旧有枷锁，开始接受全新的生活。

我试着帮助人们离开他们的舒适区，提醒人们行为与愿望要保持一致。我也试图帮助人们认识到他们值得尊重和被爱，支持他们抹去生活中的谎言，以便更真实地生活。我试图劝慰他们接受“正常人”也会“不理智”的事实，并帮助他们提高社交技巧。我也试图通过让他们为别人付出来激发他们的“利他主义动机”。

作为一名教练和心理治疗师，我也试图跟进所有这些互动流中呈现出的模式，比如或快或慢的节奏和转变，稳定或不稳定，进展或回退，重复性或新奇性，以及它们通常的极不确定性。

多种想法、幻想、象征、关系模式和感觉都在随着时间的推移融合在一起，相互改变和转变，也在不断调整它们的相互关系。我需要持续意识到最轻微的转变，并及时准确地校准它们。我希望“轻推”我的客户，以便他们能真正地进步。

作为一名 CEO 耳语者，我“哄骗”我的客户重新检视自己的生活以释放他们的能力，并帮他们发挥真正的潜能。然而，大多数人在自己生命的海洋中只是随波逐流，并未充分地思考自己的目的地或目的。我一直坚信，没有反省，他们就只能在黑暗中跌跌撞撞，一如在暗黑的房间里想要摸到一只黑猫。

恰恰是在这里，CEO 耳语者也许可以带来真正的改变，帮客户看到万物的本来面目，而不是他们希望的样子。

13

创建“啊哈！”体验

也许通往顿悟的旅程，是一个虽看不见却稳步通往最终理解的过程。这类似于密码保险箱，最终将表盘滚动到正确组合之前，你无法确知进度到底如何。

——克里斯·马塔卡斯

创造力和洞察力，几乎无一例外会涉及“识别不同模式”的敏锐觉察。我们试图感知迥异的概念或想法之间的相互关联以便揭示新事物，这就是“尤里卡时刻”。

——杰森·席尔瓦

回退（Regression）是一种无意识的情感防御机制。在这种机制的作用下，我们会回到我们人生早期阶段的行为方式。作为一种应对机制，回退是我们的潜意识试图令我们回到感觉比当前状态更安全的时候。我们感到安全，是因为得到了悉心照顾。

回退可能是无害的和不易觉察的，但它有可能使问题变得更加不确定并且显性化。压力水平越高，催生的回退形式越发戏剧化。

通常，我们看到的回退行为在儿童群体中比较常见，可能来自于任意一种创伤事件、压力或挫折感。然而，这并不意味着，在引起担忧、恐惧、恼怒和不确定性的情况下，成年人就一定不会有回退行为。

服务自我的回退

精神分析学家厄恩斯特·克里斯（Ernst Kris）区分了在客户和治疗师之间可能发生的两种回退。当客户放弃与其年龄相称的应对策略，转而采用生命早期更显幼稚的行为模式时，就会出现第一种类型——简单回退。克里斯称第二种类型为“服务自我的回退”，客户此时会采取更具建设性的形式。在这些情况下，无意识上升到有意识，并被用于为个人成长和创造力服务。

根据克里斯的说法，尤其会诉诸这种更具创造性的回退形式的，是艺术家和其他需要创意的人士。但在我与高管的密切互动中，我发现这种“服务自我的回退”模式显然不为上述人群所专有。我们所有人都有能力以更具建设性的方式回退。基于来自我们潜意识的心理图像，我们可以探索到不一样的思维、感觉和行为方式。

前段时间，一家能源公司的财务副总裁露易丝跟我聊了她前一天晚上的梦。在梦中，她坐在一辆出租车上，出租车在一条狭窄的乡间小路上行驶。路的一边是深谷，路边有积雪而且结冰了。司机在超速行驶，一点儿也不理会她要求减速的请求。

车子开得越来越快，她变得越来越焦虑，担心汽车会从路上滑出，掉进峡谷里。

她感到无助，同时非常生气。突然，她梦中的场景倏地变了。露易丝发现自己身处既陌生又熟悉的房子里，正坐在椅子上。她摇着婴儿床，试图让一个正在尖叫的婴儿平静下来。令她非常惊讶的是，她居然做到了。婴儿平静了下来，然后露易丝就醒了。

经过一些提示，露易丝开始尝试有意识地自己来释梦。逐渐显现的主题集中在失去控制权和想要获得控制权上——表现为她对出租车司机缺乏控制，但却成功地使哭泣的婴儿平静下来。有趣的是，出租车司机和婴儿的形象令露易丝想起了她的丈夫。她的丈夫就像梦中的出租车司机——他失控了。她自认为在照顾他，但还是觉得他不可控。

她的一些密友说她丈夫有外遇。尽管他们提供了令人难以辩驳的证据，但露易丝其实并不想听到任何消息。当我请她多说一些时，她说她害怕面对她的丈夫，因为一直以来她对他都有感情依赖。说着说着，露易丝忽然哭了起来，并告诉我她受够了。

她想知道梦中的婴儿到底是谁，是利用了她的情感需求，享受了“被宝贝”的感觉的丈夫，还是露易丝自己？无论如何，她已经受够了。她无论如何不能再容忍这种情况了。

尽管这可能很可怕，但露易丝知道是时候为自己负责了。她承认，她非常担心如果她这样做，她和丈夫的关系会怎么变化。但她意识到，她应该很有底气：她在工作中非常成功，比她丈夫更成功。事实上，她是家里真正养家糊口的人。此外，他们的大多数朋友都明显更喜欢她。这些反思让她意识到，现在是她更主动积极地把握自己生活的时候了，是时候停止继续“像一个婴儿”一样依赖她丈夫了。

事后看来，这个梦变成了“啊哈!”时刻。在做这个梦之前，露易丝对离开丈夫的想法感到害怕，担心如果和他离婚，她会变得非常沮丧抑郁。光是独自一人生活的想法已经吓坏了她，她觉得自己会一直哭。

然而，在梦中，她能让婴儿平静下来。婴儿的确停止了哭泣。与梦（潜意识）的联想令她明白了一件事，那就是她有能力过另一种生活，她早就该改变自己的生活了。

她意识到她眼前的处境是不可持续的，她无法再继续像以前那样生活了。梦的隐喻，无形中给了露易丝勇气去结束她自欺欺人的生活——像鸵鸟一样把头埋进沙子，假装看不见丈夫是如何利用她的。她决定采取行动，而不是任由自己继续坚持被动依赖模式。她和丈夫严肃认真地谈了一次，告诉他，她想离婚。

在她的梦中，“婴儿”作为回退的“代理物”（隐喻）发挥了重要作用。她的梦成了她生活中的一个关键转折点。

“啊哈!”时刻和杏仁核

毫不奇怪，脑神经科学家一直在试图弄明白这些转化时刻的神经基础。这些时刻，大脑里都在发生着什么？哪种神经活动与这种特定方式的快速学习和洞察力有关？幸运的是，功能性磁共振（fMRI）研究帮助我们了解了在思维徘徊时，大脑是如何产生了自发和相对不受约束的想法。①

从神经学的角度来看，情感上的“啊哈!”在某种程度上是一种右脑现象，是大脑功能的直觉的、自发的、情感的和意象的部分，我们经由它们进入了潜意识。我们体验到“啊哈!”的瞬间，大脑便抛弃了它的惯常动作，绕过了我们更理性的思维过程，转而径直进入了大脑其他部分去寻找答案。因而，当我们突然悟到了谜底，或找到了问题的解决方案，我们几乎可以感觉到灯泡在脑海中的“咔嗒一声”——就这么成了。

脑神经科学家指出，右脑对于探索性地处理新的认知情形至关重要。我们认知库中的任何已有代码或策略，都无法随时应对这些新情况。对比而言，左脑对于处理与之前类似的情况或例行公事时特别有用。如果我们能让我们的右脑来参与解决

---

① E. M. Bowden, M. Jung-Beeman (2003). “Aha! Insight Experience Correlates with Solution Activation in the Right Hemisphere”. *Psychonomic Bulletin and Review*, 10, pp. 730-737; K. Christof, A. M. Gordon, J. Smallwood, R. Smith, J. W. Schooler (2009). “Experience Sampling During fMRI Reveals Default Network and Executive System Contributions to Mind Wandering”. *Proceedings of the National Academy of Sciences of the United States of America*, 106, pp. 8719-8724; G. Claxton (1997). *Hare Brain, Tortoise Mind: How Intelligence Increases When You Think Less*. New York, NY: Harper Collins; A. Dietrich and R. Kanso (2010). “A Review of EEG, ERP and Neuroimaging Studies of Creativity and Insight”. *Psychological Bulletin*, 136, pp. 822-848.

问题，并信任它在意识之外发挥作用，而不是单纯依赖左脑的需求，即“必须以逻辑惯性解决问题”，那么我们更有可能得到洞见。

杏仁核是杏仁形状的大脑结构，体积虽小，却以掌管情绪而闻名。它负责对人类生存中的重要事件的所有反应。鉴于其在情绪管理中的核心作用，杏仁核在“啊哈!”时刻中扮演着重要角色。正如神经科学家发现的那样，在那些高度洞察的时刻，大脑的这一特定区域极其活跃。它向大脑皮层的不同区域发出信号：一个重大的神经重组事件正在发生。通过这样做，它将这些洞察力时刻刻印到了我们的长期记忆中。

在杏仁核的帮助下，一旦我们有了“啊哈!”体验并意识到还有其他方法可以解决问题，或顿悟到还可以更好更快地完成任务时，我们不太可能忘记这种令人兴奋的“大脑新知”。在杏仁核机制的支持下，一种看待事物的新方式将影响我们的大脑，这无疑有助于我们重塑内心世界。过去的思维、感觉和行为模式将被逐步抛弃。态度和行动的转变最终使我们对自我重新定义，甚至凤凰涅槃、寻得新生。

“自由联想”的起起伏伏

尽管精神分析师早就清楚，客户和分析师彼此都能体验到某些干预可能尤其有效，但克里斯是第一个系统地检视这些时刻的人。他指出，在为自我服务而回退的情形中，我们不会努力寻找新的记忆。正如露易丝的体验所揭示的那样，那些记忆似乎只是未被唤醒，它们兀自一直流动在潜意识里。

更重要的是，发现新的记忆的能力与理解正在发现的东西的意义的能力相吻合。在这种“美妙的干预”中，于具体情境里出现了联想。这种联想预示着重大事件，有助于重组心理结构。在露易丝的案例里，她的自我揭示新的联想的能力，和去理解自己尚未澄清的要事的能力，完美地“撞了一下腰”。

克里斯指出，在治疗场景中，这类干预通常始于患者详细陈述一个最近的事件。在谈论具体细节时，客户会表现出不安，甚至会以消极态度来对待。但在交换过程中的某个时刻，显著的变化喷薄欲出。

曾经看似混乱的一种模式逐渐清晰起来。随着不愉快事件的逐步展开，事情开始慢慢有了进展。无论哪种元素浮出水面，与它有关的“自由联想”几乎不再遇到什么阻力。新的记忆和联想变得清晰无比，而且唾手可得。

和露易丝一起工作时，我只需问她一两个问题，接下来是一场带来各种解释的类似雪崩的“自由联想”。一时间，对她来说，一切似乎都重新有了意义。

在其他时候，她对拿出自己的特定事件进行分析显得犹豫不决。但当她说到这个特别的梦，显然，她已准备好迎接所有相关的联想了。当她这么做时，新的见解也油然而生。她非常清楚地看到了自己的处境。这个“啊哈！”体验让她获得了极大的解脱感。

露易丝的洞见并不得益于我的建议。“美妙干预”，即创造“啊哈!”体验的我与她之间的互动，其中的有趣之处在于客户全权拥有“啊哈!”体验，这令他们更有可能采取行动。当然，作为 CEO 耳语者，我常常是引发“啊哈!”时刻的催化师，我会尽力协助客户把他的关键的“自由联想”带到前台。

但在最终达到这一点之前，我常遇到阻力的增加，客户也可能会陷入困境。这就是交流的重点，它常常出现在当客户和我之间的工作令人感觉非常繁重时。我通常可以看到它的即将到来。

懂得如何应对这些改变的阻力，对有能力克服它们至关重要。作为一名 CEO 耳语者，我需要能够容忍、面对并处理那些困难的反应。

什么都不用做吗?

当客户内心抗拒并陷入困境时，表面上，他会感觉好像什么都没发生。当然，这情形与实际情况相去甚远。① 没有所谓的“无所事事”，只有当你被宣布“脑死亡”时，你才有可能什么都不做。

阐释这种停滞的更好方法是把它作为“服务自我的回退”

---

① Manfred F. R. Kets de Vries (2015). “Doing nothing and nothing to do: The hidden value of empty time and boredom”, *Organizational Dynamics*, 44, pp. 169-175.

的一部分。当你看起来什么都没做时，通常会发生深刻得多的事情。我坚信，如果人学会反思更多，做得更少，他们会过得更好。

Niksen 是一个荷兰术语，指“抽出时间来，只为什么都不做”。这听起来也许很奇怪，但处于 Niksen 模式，有可能是处理复杂问题的再好不过的方式了。

关于文艺复兴时期雕塑家和画家米开朗基罗的著名故事，生动地阐述了这一点。1466 年，一位名叫阿古斯汀诺的雕塑家受托为佛罗伦萨大教堂雕刻大卫的肖像。他的工作从在托斯卡纳卡拉拉的著名采石场开采一块巨大的大理石开始。后来不知出于什么原因，阿古斯汀诺停止了这项工作。这时，他只设法标示出了雕塑的腿、脚和衣服皱褶的大概轮廓。

在接下来的 25 年里，这块大理石一直露天放在大教堂工作坊的院子里，直到米开朗基罗被邀请重拾这个被废弃的项目。虽然大理石已经变质，米开朗基罗还是接受了这项工作。故事里说，不久之后，谣言开始流传，说米开朗基罗进展甚微。据说他会连续几个小时盯着大理石，什么都不做。

当一个朋友看到他并问他“你在做什么?”这个太过明显像是在质疑的问题时，米开朗基罗只是简单回答说:“我在工作。”多年后，在大理石块已经变身为大卫的伟大雕像后，他才说:“我看到了大理石中被禁锢的天使，于是一直雕刻，直到放他自由。”

另一个关于有创造力的人积极主动地无所事事的传奇逸事，来自法国数学家亨利·庞加莱（Henri Poincaré）。他说:

……我离开了我居住的城市卡昂，在矿业学院的赞助下，参加了一次地质考察。开心的旅行使我暂时忘却了我的数学本职工作。到达库登斯后，我们乘上小型公共汽车去其他地方。当我在某处踏上台阶时，虽然以前的工作从未有过相关铺垫，可我突然就想到，我用来定义（庞加莱提出的）富克西亚函数的转换与非欧几里得几何的转换完全相同。①

因为一回到车里就座，我就继续进行已经开始的前一段谈话，所以其实我没有时间去验证这个刚刚蹦入脑海的想法，但我内心觉得无比确定。回到卡昂后，很顺利轻松地，我这个想法就得到了验证。

遗憾的是，我们中的太多人不是做得太少，而是试图做得太多。保持忙碌一直是一种非常有效的防御机制，在许多情况下，它被用于抵御令人不安的想法和感觉。但是，当你努力忙碌时，你无形中忽略了自己的真实感受和困扰你的事情。

从本质上来说，选择忙碌状态，等同于不允许有喘息和自由联想的时刻，也就扼杀了可能浮现创造力和洞察力的时刻。忙碌的人未曾意识到，让无意识思维过程浮出水面，比整天忙忙碌碌于解决问题，也许更有成效。

在许多情况下，我发现看似无所事事实际上是大脑刺激无意识思维的方式。我并不是在为那些内心空虚的人——那些似

---

① Jacques Hadamard (1945). *Essay on The Psychology of Invention in the Mathematical Field*. Princeton, NJ: Princeton University Press, p. 13.

乎没什么兴趣、精神空虚、不太关心太多事或对什么事都不感兴趣的人找借口。

由于各种原因，这些人的精神世界受到抑郁症或其他形式的“精神无能”的阻碍，但我们大多数人都有丰富的内心生活。问题是，我们是否创造性地使用了内在世界的意象？如果你尝试过了，你是否清楚这个内在的意象到底想要告诉你什么？

众所周知，借助在广泛的知识数据库中进行关联搜索，我们的无意识很擅长整合和自由关联各类信息。在投入这个过程时，与我们有意识地严谨专注于解决问题相比，我们受传统思维的约束要小得多，也更有可能产生新颖的想法。

然而，这些联想搜索的出现也并非总是能立即进入我们的意识。这可能令人沮丧。创造性的解决路径需要时间来孵化。与此同时，我们应该记住米开朗基罗雕刻大卫肖像的例子。

在工作中，我一直注意观察客户平衡参加活动和自我独处、发出噪声和保持安静的能力，这是挖掘他们内在创造性资源的好方法。这对于激发他们所拥有的任何创意火花，都是极其宝贵的。

退后一步，有意识地从保持忙碌的冲动中暂歇，摆脱那些保护自己免于某些感觉的习惯，降低生活的“音量”……所有这些都是非常有益的。

这将把他们带到他们通常会尽力避免的大脑区域，但这也正是他们更有可能产生新颖想法的领地。通过反思诱导出原本无意识的思维过程，表面看上去没在做什么，其实他们可以改变寻求复杂问题创新解决方案的本质。

有时，看起来无所事事反而是解决棘手问题的最佳途径。当然，说时容易做时难。鉴于需要看起来很忙碌，许多工作环境并不完全适合这种方法。

我的另一个客户迈克尔是一家消费品公司的CEO。他告诉我，他感到过度疲惫，有点儿筋疲力尽，以至于有些沮丧。鉴于他非常快节奏的工作环境，我以为高度的压力和焦虑本就不可避免。许多他的直接下属提出的没完没了的需求、不间断涌入的邮件和语音，叠加起来令他无法不追问自己：我为什么要做这些事情？难道没有另一种生活方式吗？

每天挣扎着来上班，迈克尔感觉自己被他必须承担的无数责任压得喘不过气来。他告诉我，到达办公室时，他常常感觉自己快要爆炸了（还是已经内爆了）。在办公室里，他发现自己常在想他有多不喜欢自己的工作。工作只给他带来很少的乐趣，或者更诚实一点，根本没有乐趣。

我问迈克尔，有什么让他觉得自己还活着吗？有什么能让他充满活力吗？他无法立即回答这些问题。他好像无法识别对他来说真正重要的主题。他的狂躁举动让他陷入了极大的迷雾。他看不懂也看不穿其中的关联。相反，他将自己的生活形容为“淹没在流沙中”。让自己保持忙碌，显然是他的逃避机制。

听迈克尔说话时，我的想法是他需要克服被伤害的感知。他需要停止抱怨，相反，他应该成为自己命运的主人。我决定，首先我得让他更清楚自己为什么做眼下正在做的事情。他的触发点是什么？我期待他和自己的想法、感受和情绪更加亲密。

起初，我的问题只增加了迈克尔的困惑感。无论我说什么，都没能掀起任何波澜。我的贡献一如被抖落的鸭子背上的水。最终，他的内心剧场清单的结果提供了一个切入点（有关此工具的更多信息，请参阅第 9 章），于是我们建立起某种工作联盟。这个切入点令迈克尔脱离了他原有的防御模式，走出了他的舒适区。

关于内心剧场清单中提到的一些问题，我向他进一步“施压”。关于生命旅程和这个世界，他想为他的孩子们如何呈现？他希望他们拥抱何种价值观？他们希望以他的样子为榜样吗？他认为自己的行为会对他们有什么影响？

在回应的过程中，迈克尔越来越愿意直面那些对他来说真正重要的问题。他有意识地努力为自己安排出时间，以便能开启有质量的思考。

正如我所料，他不喜欢他所看到的。他开始反思与父母的关系，以及他们是如何影响他的。他认识到自己身上不断重复的模式。他也意识到他的行为与自己的父母相似。这让他害怕他会把这些行为模式“嫁接”到他的孩子身上。他意识到自己陷入了困境。这种洞察成为我们关系中的一个转折点，一个“啊哈!”体验。

从那时起，对于自己看似漫无边际的联想，迈克尔学会了去赋予正向的意义，并开始以好奇的态度去重新感知不断涌现出的意象。对于可能导致他爆炸或崩溃的触发因素，他也更有觉察了。在我们随后的会议里，迈克尔分享了更多他的工作和私人生活。那种感觉就好像一座水坝被打开，思绪奔涌不停。

许多从前被压抑的记忆逐渐浮出水面，我们的互动也开始真正流动起来。对他提及的联想，我会仔细品味和感受，同时关注他的情感、过去的经历和他自己的生活哲学。在这个过程中，我努力做到既不说教，也不指手画脚。

在此期间，我的挑战是帮助迈克尔发现关于自己、生活和感受的真相，并督促他做出必要的改变，以便他能够更顺利地展开行动。“啊哈!”体验后不久，他采取了一系列创造性的步骤，这彻底改变了他的生活。这些变化远远超出了表面所见。他决定停止抱怨，走出舒适区并采取行动。

迈克尔卖掉了家族企业。由于他现在在经济上很有保障，所以他决定回到大学，重新开始他之前放弃的考古学研究。他意识到考古学才是他真正感兴趣的。他已经到达了构成他生活的所有拼图碎片都已各自归位的那一刻。他还努力改善与孩子们的关系。当他这样行动时，抑郁思维的钟摆也从绝望摆向了希望。

在教练和治疗领域，“啊哈!”时刻发生后，具体的行为模式被凸显照亮，改变这些模式的方式也变得更加清晰。客户会发生肉眼可见的明显转变。就好像电灯开关突然打开后，大脑忽然建立了某种连接，并开始自动记录相关洞见。

在这些瞬间，我常能观察到我的客户获得了新的视角，开始真正理解他们的自我、他们正在努力解决的问题，以及他们将如何影响他人。“啊哈!”时刻是非常棒的学习体验。

知识就是力量。由于大多数人并未完全意识到他们面临的个人挑战，因此在行为改变或自我成长之前，人需要先学会自我觉察。在“啊哈”的洞察出现之前，需要做很多排头兵工作。乍看是自发的和戏剧性的事情，往往是幕后所进行的所有工作的综合结果。

一个多世纪前，伟大的科学家路易斯·巴斯德（Louis Pasteur）说:“机会是给有准备的人的。”他意识到，突如其来的洞察并不会无缘无故地闪现，而是漫长准备期的产物。但当达到临界点时，我一次又一次地看到，一个人的自我限制信念和负面条件是如何烟消云散的。

我目睹了“自动驾驶式”的思维和行为的消失，这些模式使人们无法充分享受生活。也正是在这一点上，人才开始愿意考虑新的希望和梦想，并准备以更大的真实性、带着更大的目的生活。

这些“灯亮”时刻可以比作人的顿悟——将（或可以）促进重大变化的东西的本质或意义的突然展现。这种对突然呈现的某事物的重要意义或现实的直观感知或洞察，使深刻而持久的治愈成为真正的可能。

即便客户了解自己的问题，他们仍然需要得到更多帮助来彻底扭转以前的行为模式。仅凭洞察并不足够。他们需要学习如何将适应不良的行为转变为更具建设性的东西。特别是，如果他们陷入功能失调行为的循环，而这些行为循环又在不断给他们制造麻烦，即便他们已经开始明白为什么自己要做正在做的事，继续寻求帮助也是明智的。在这里，我以耳语者的身份继续提供帮助，支持他们完成前面的步骤。

这么做时，我总是提醒自己，所有这些耳语都是关于客户的。这一切都是为了帮助客户做出选择；也让他们意识到，无论生活给他们什么，他们都不是生活的全然被动的接受者。令人惊讶的是，对许多人来说，采取主动的立场，看到他们对自己的福祉是有选择的，这居然是令人大开眼界的事情。

但当他们接受这是可能的时候，它将产生无比强大的减压作用。我期待通过敏锐而有力的辅导，我的客户能继续投入“服务自我的回退”，回退到他作为一个人的本我需求。同时，我希望他能欣赏“什么也不做”（即抛弃“我执”）的内在价值。

14

你是镜像错觉的囚徒吗？

移情主宰了每个人与其人际环境的全部关系。

——西格蒙德·弗洛伊德

了解自己的黑暗面，是应对他人“黑暗面”的最佳方法。

——卡尔·荣格

写给肯迪哥·B. 卡雷的信，1931. 9. 25；

卷 1（1973）

在我办公室的一把安乐椅上舒舒服服躺好后，德克告诉我，他对刚刚发生的事儿感到有点蒙。他要南希（他最近聘请的高管）来办公室讨论下他们未来的工作关系，仅此而已。当他提出也许她愿意更积极主动地与公司的一些客户加强联系时，她突然生气了，开始哭泣，还跑出了他的办公室。

他想知道他做错了什么，引得南希的反应如此强烈。南希是一位对公司很有价值的员工，拥有丰富的专业知识。德克费了很大功夫，才把她弄到公司来。但鉴于她这个有点莫名其妙、也有些不合适的行为，德克希望弄清楚，他们是否真的可以建立富有成效的工作关系。

德克从与南希共进午餐的人力资源总监那里听说，事件发生后，南希自己似乎也很迷惑。南希在午餐时不断重复问，为何她会有这样的反应，发生了什么。通常她都能控制自己的情绪，然而这一次，德克关于她能做得更好的评论，对她来说就像一个危险信号被触发了。

他和她说话的方式就像突然发生了什么一样，让她心里猛然间发出了“啪”的一声。这一次，她也不明白，为何无法控制住自己。现在她对自己的情绪失控感到很尴尬，百思不得其解，到底是什么导致了这个现象。

这相当令人费解。她说，她要是能明白自己为什么有这种反应就好了。

镜像错觉

让我们试着把德克和南希之间发生的事情，看作是一种镜像错觉。镜像错觉的原理是：即使根本不存在，“仅仅因为我们想看到”，而“诱使”我们的大脑去看到一些东西并非难事。当我们看到以往从未遇到过的图片或物体时，大脑会试图像做拼图一样，通过将形状和符号进行组合来进行理解。

当我们不太理解这些图片或物体时，眼睛会向大脑发送信息，“迫使”我们看到未必是真实的东西。看到根本就不存在的东西，就是一种镜像错觉。我们的大脑善于走捷径，会假设世界应该是什么样子，而非实际是什么样子。一个有趣的例子是德国心理学家瓦特尔·埃伦施泰（Walter Ehrenstein）设计的埃伦施泰错觉（见图 1）。[①]

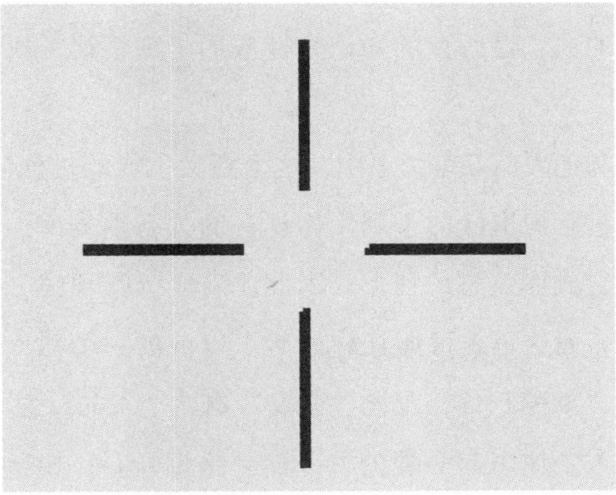

图 1　埃伦施泰错觉（The Ehrenstein Illusion）

你会看到，四条线段在中心“构成”了一个完全虚构的圆。当你看到这张未曾看到过的图，基于你过去接触过的类似图形，你的大脑会自发地试图（在中心）以创造一个圆的方式来理解这张图。简而言之，你的大脑的运作有点像模式匹配和模式生成机器。

① Ehrenstein Illusion（https://www.newworldencyclopedia.org/entry/Ehrenstein_illusion）.

如果你看到的东西是全新的，不在已知范畴中，大脑就会试图通过将其合成为你原来熟悉的样子来理解它。像计算机程序一样，你过去的种种体验，常被用来充当理解和阐释新信息的方便法门。

这很解释得通：如果新旧数据可以轻松匹配，相较于花精力从头弄明白，将所存的知识直接应用于新情况，成本显然要低得多。

在你和他人的互动关系中，这个意义生成的过程同样适用。你的大脑潜意识里倾向于利用你现有的关系数据库，将那些新的信息组合成你熟悉的情形。因此，当你试图理解一个你不太了解的人，而这个人可能让你想起了以前的一个熟人时，你的大脑就会“欺骗”你，预先“假设”这两个人的行为可能相似。

若某人令你想起心爱的人，你会感觉开心；相反，若某人令你想起给你带来痛苦的人，你的大脑就会响起警钟。通过这种方式，你常常不假思索地将某事自动归因于他人也许并不存在的特质。我们倾向于把人们塞进盒子里：好盒子、坏盒子和让我们无动于衷的盒子。

移情过程

从南希的经历来看，我们也许可以想象她有一个专制的父亲。父亲经常批评她，她为此常和他有争执。若这曾是她的真实生活，如果德克碰巧令南希想起她的父亲，她就很有可能会在无意识中，以过去与父亲发生争吵时的类似情绪失控来回应德克的批评。

前文提及的镜像错觉的模式匹配在这里起作用了：我们基于过去的、难以忘怀的体验来感知并回应眼前人。

西格蒙德·弗洛伊德在他著名的多拉案例研究中首次描述了这种带有“偏差”的人际关系。他称之为“移情”。① 弗洛伊德认为，他对多拉进行的治疗干预失败的原因是，他没有及时辨别出多拉的情绪投射。这种不易被识别的投射，来自她过去生活中的某人。

弗洛伊德逐渐意识到，人的移情反应，比他们言语所能表达的揭示了更多关于他们自己的信息。他也意识到，移情可以作为治疗的重要工具。像许多其他以心理动力为导向的治疗师、教练或顾问一样，我认为移情问题是我工作的核心。

像其他最基础的人类心理运作过程一样，移情反应很大程度上揭示并阐明了人的动机和思想。它们原本不大会浮出水面。即便是激发移情的人，也不一定知道是怎么回事。

这些移情反应为我提供了一个窗口，使我有机会了解我的客户想要什么，又想避免什么。它们“揭露”了客户往往未注意或不想看到的动机。这些动机某种程度上“曝光”了他们的秘密偏见或未实现的愿望。

因明白移情的作用机制，我总是记得提醒自己，所有让我

① https://staferla.free.fr/Freud/Freud%20complete%20Works.pdf.

恼火的人和事都只是在提醒一些关于我自己的事情。

正如小说家赫尔曼·黑塞（Hermann Hesse）所说："如果你讨厌一个人，你不喜欢的，其实是他身上'属于'你的那个部分。不属于我们的东西，打扰不到我们。"

从本质上讲，移情是一种心理现象，其特点是某人将当下的情感无意识地转向他过去生活中的某个重要干系人。实际上，移情只是一种错觉和大脑试图阐释周遭的方式。当大脑想要理解这个复杂世界时，其内部就会产生移情。

这是一种相当普遍的人际关系现象，是一种特殊的"错置"形式，它被不断无意识地重复。它有可能是过去的完整重复，也可能是一个改变过的、扭曲的版本。然而，陷入移情的人多半并不清楚自己在做什么。尽管经过训练，他们其实可以意识到这一点。

一如南希的情况，移情反应其实是"过去的重现"。在当下的场景中，移情反应通常会不合适，甚至会让人觉得很奇怪。当然，移情反应的源头是我们幼年时的重要他人。他们通常是我们的父母、其他照料者、兄弟姐妹，以及其他近亲。简而言之，他们是我们生命中爱、安慰和惩罚的早期"分发"者（传递者）。

鉴于移情反应在人内心剧场中的重要作用，它往往针对的是后来在我们的生活和工作中扮演与我们父母当初的角色很类似的那些人，这也就不足为奇了。通常来说，几乎所有的权威人士，如医生、教师、表演者、名人等都尤其容易激发移情反应。

作为一名助人领域的专业人士，我很清楚我自己就是容易发生移情反应的对象。回到我“把自己视为工具”的表达，这是我的工作清单中最重要的“工具”之一。在与客户打交道的各种角色中，我最强有力的工具，是我自己。

当你对某人一见钟情，而他令你回忆起曾与你有过非常浓烈的情感的另一人，这就是移情。当你很容易信任某人，但并未意识到他让你想起了过去很信任的他人时，这也是移情。

若你很容易就被一个政治家吸引了，他与一直鼓励和支持你的祖父很像，这是移情。只因某人在举止、外表或行为上与家里你一直看不惯的某个家伙相似，你就很快滋生出对某人的不信任时，当然，这也是移情。

当被介绍给一个完全陌生的人时，你可能也有一瞬间“消极”的移情反应，因为这个人不知怎的就令你想起你专横的母亲或挑剔的父亲了。因此，在任何人际交往中，在现实和幻想中，可能会有许多人在场。尽管现实中是其他人，但背景中若隐若现的是挥之不去的那些曾经重要的某人的记忆，这无形中会扭曲我们对他人的感知。

实际上，从感知的角度来看，两个人相遇时，房间里其实是六个人，而不是两个人；每一个人，其实都是三个人（角色）：你呈现出的样子，他人眼中的你，你内心里的自己。这就是人际关系如此复杂的原因。

移情反应可能很有诱惑性。通过往我身上投射“神奇”的品质，他们潜意识里希望与眼前这个他们想象中很强大的人建立联系，期待借此能顺利完成转型或改变。这么做，有助于提高他们的自尊感和幸福感。这是我在第 9 章中提及的理想化移情。我的挑战，是把这些人拉回现实。

如果我接受他们的幻想（错觉）——尽管会对这样的我满意——他们自己将无法强大起来。这意味着我需要更密切关注自己的“反移情反应”①。

我需要接纳客户对我的移情，去理解它，而非被它引诱。有些投射相当强大，我需要尽力保持头脑清醒。

识别移情

我们所有人都应该能够识别移情反应，因为它们会表现出不适用（不适合当前情况）、高强度（以强烈的情绪反应为特征）、矛盾（同时对立的感觉）、反复无常（不稳定、偶尔迸发、异想天开）和固执无比（机械地保持）的明显特征。然而，移情最突出的特点，是当下反应的完全不合时宜。

移情反应是一个常见现象。事实上，适度的移情反应并不可怕。然而，当我们的反应变得过度时，当它阻止我们与可能对我们的生活产生重大影响的人建立合适的关系时，无论是在

① 即教练本人也有自己的移情反应。若投射到客户这个被教练者身上，就成了“反移情”。(译者注)

私下还是在工作中，它都会造成不必要的问题。当我们容易出现重复、过度的移情反应时，这其实是一个信号：我们正经受过去更深层次的问题或未竟之事的困扰。

虽然无意识的移情反应很容易引人误入歧途，但若学会建立对它们的更多觉察，你会开始感谢那些从未“浮出水面”的深层动机。因为它们会帮你避免或重复错误，从而更好地把控自己的生活。

若缺乏这种意识，未经识别和避免的移情反应很容易对你重要的职业关系造成严重破坏。在南希的案例中，德克的回应无可避免地会受到她强烈反应的影响，这可能使得他们彼此都很难基于各自的个性和他们之间的实时互动建立起健康的工作关系。

培养意识

通过尝试将更多“无意识”变得“有意识”，你可以更好地了解自己的移情反应。以下两个建议会帮到你：

- 反思不断给你带来麻烦的行为模式，以及你觉得你的判断力一再表现不佳的地方。为了帮你进行自我分析，请问自己以下问题：什么人会让我感到生气、悲伤、难过或高兴？我喜欢或讨厌他们什么？他们让我想起了我过去生活中的什么人？他们在什么方面相似或不同？

● 找一个有敏锐洞察力的高管教练或心理治疗师，他们应该能够帮你识别你的移情反应。我一直有这个觉察：客户会将他们如何处理人际关系的模式带入咨询空间，然后移情到我身上。在我们的共同安全工作空间里，借助有关移情的解释，若能正确处理这些反应，我就能帮客户重新体验童年冲突。

处理这些新出现的关系模式时，客户可能会对我发脾气，因为我令他想起了总是想操控他的父亲，或者我会被理想化为他特别喜爱的祖母。在移情解释的助力下，我们可以解决那些过去的冲突，得出令人满意的结论。

总之，识别移情反应有助于让我的工作更有效。当然，每个要面对处理人际关系复杂性的人也一样。从客户的角度来看，将过去与现在分开也会很有帮助，这样，过去的幽灵和印记将不会再干扰他们现在的生活。

通过加强觉察，明晰为何不适宜的行为会重复出现，可以鼓励他们找到应对旧危险的新方法，即对以往焦虑的迟来的自我把控。用弗洛伊德的话来说："你的弱点，恰恰是你力量的源泉。"

15

司令官的孤独

如果你忘记了一路上曾经遇到的所有人，也不承认他们对你的成功的贡献，那么你在顶端只会感到孤独。

——哈维·麦凯

人们说身在“顶部”会很孤独，我却着实喜欢它独一无二的景色。

——查理·希恩

最近，一家大型工业企业的 CFO（首席财务官）帕特里夏想约见我。我和她一起吃了午饭，她则借此机会不停地抱怨她的 CEO。她说，虽然在任期开始时，CEO 会与高管团队定期会议，现在却已经不这么做了。帕特里夏说，她的老板现在大部分时间都在办公室里沉思。开会时，他的不稳定行为无疑也影响了组织士气。

他经常注意力不集中，会突然发怒并反复攻击在场的与会者。毫不奇怪，CEO 与员工打交道的反复无常的方式，让人无法想象公司会有很灿烂的未来。销售额在急剧下降，数字本身已说明了一切。鉴于该公司糟糕的财务状况，一些下属甚至想知道他们的CEO是否就这么眼睁睁地崩溃了。帕特里夏想从我这里知道，在这样的场景里，她能做些什么。

“高处不胜寒”的说法也许有些陈词滥调，但对许多高管来说，这种感觉不能更真实了。担当领导角色可能会相当孤独。CEO的责任无可避免地带来了独一无二的挑战：不眠之夜、紧迫的截止日期，以及对于是否做出了正确决策的没完没了的担忧。

通常，C+高管都承受着很大的压力。这种情绪压力是大部分员工未曾体验过的。它所导致的孤独感会营造出一种冷漠和疏离的氛围，使组织更难做到有效运行，更不用说追求更高绩效了。

一直以来，我不断地观察到，多年来过度紧绷的工作带来的持续压力正在使CEO的“可能崩溃”成为真正的威胁，特别是在没有支持系统来舒缓压力的情形下。通常，没有人可以与CEO们分享他们的担忧和处境，尤其是男性CEO。

在传统文化语境和情境下，他们更有可能将家人和朋友视为理所当然，这会令他们将这些重要关系列于他们的职业抱负之后。然而，若他们继续忽视这些关系，当遇到真正的挑战时，他们将发现自己并没有什么人可以依靠。

可悲的是，在试图应对孤独时，他们可能会诉诸敲敲打打式的修补式解决方案，例如一段外遇、转向酒精和毒品。

“司令官”的孤独问题如此严重，但它却很少被预先设想到。我看到，许多C+高管不仅不会理会这个问题，还会相当英勇地努力保持超人或女超人的姿态。当然，总有一些决定需要独自做出。但你能忍受多大的孤独感？有人可以说说心里话有什么不好的？

然而，C+高管几乎都在拼命地保持看似无比镇定的自信外表，不遗余力地隐藏任何不安全或焦虑的迹象。也许，这本来就是他们应该做的。也许，他们是被迫以这种方式行事。毕竟，谁想要一个优柔寡断的 CEO 来带领公司的业务呢？难道企业不需要极其自信的 CEO 来激发对他人的信心吗？众所周知，当古时候的王表现出任何软弱迹象时，他们通常都会被干掉。

这些高管似乎没有意识到，这种伪装给他们带来了巨大的压力。一直假装坚强，可能会让人筋疲力尽。可悲的是，许多C+高管并未意识到他们为追求成功和权力所付出的高昂代价。独行侠的领导方式，这种表面上一切皆有把握的一面，终将对个人、团队和组织的绩效产生负面影响。CEO 平均任期的急剧下降，就是很好的说明。①

从临床范式中借来的概念可以帮助我们了解高管的心理动力。首先，担任这些角色的人应该意识到，当他们成为头号人物时就会产生权力距离。这使得 CEO 更难与任何脆弱的、真正诚实的人进行沟通。

当高管升至最高职位时，他的人际网络开始发生巨大的变

---

① https://www.equilar.com/blogs/351-ceo-tenure-drops-to-five-years.html；https://corpgov.law.harvard.edu/2018/02/12/ceo-tenure-rates/.

化。这个各种关系纵横交织的复杂网络，曾经可以帮助他有效减轻挑战和沮丧。处于最高位时，他开始对组织和他人承担重要责任，且带来极其重要的影响。但他通常又不得不独自做出许多决定。

不仅新晋升的高管会经历一种不安全感，他们的前同事在与新老板打交道时也会感到不安。无论 CEO 们如何努力去缩减这种权力距离，他们的下属始终会有一根弦：老板拥有权力，可能做出对他们的职业生涯产生巨大影响的决定，例如晋升或加薪。鉴于双方各自都有不适应，保持一定距离，也许恰是对这个令人困扰局面的理性回应。

在这些情形中，我观察到不少 CEO 开始参与一种微妙的“舞蹈”：他们必须与下属离得足够近，才能与之建立互动；同时，又必须离得足够远，才能激励他们。离得太近，可能会招致“偏袒”的指控；离得太远，则可能会被评价为“既冷淡又冷漠”。无论做什么，在某种程度上，他们都是“被诅咒”的。

鉴于复杂的心理力量总是在起作用，在担任高级管理职位时，CEO 们集中精力去重点关注某些事情是明智的。

作为敌对、嫉妒情绪的靶子

导致司令官们孤独的根源之一，是这些高管对待“遏制”的方式——他们是如何吸收他人转移给他们的大量负面情绪的。显然，C+群体拥有许多其他人渴望拥有的特权，嫉妒现象也就因此很常见。嫉妒心在人类的灵魂中根深蒂固。事实上，嫉妒在我们作为一个物种的进化中发挥了重要作用。它为我们的竞争优势奠定了基础，也激励我们去努力获得他人已经拥有的东西，甚至超越他们。

鉴于其无处不在，在顶部的高管必须关注嫉妒是如何影响其下属与权威之间的互动往来。他们应该接受这个观点——上级和下级的对比会令一些人感到不安全。对上司的不安全感不仅会导致充满嫉妒的竞争，还会产生贬低对方的冲动。这种破坏性的人际动态是高管经常令人不满的原因之一，也使他们更容易成为敌对和不切实际评价的靶子。

作为被嫉妒的对象，敌对情绪对任何在高位的人都会带来很大压力。我遇到过几位 C+高管，他们试图通过淡化或隐藏他们的能力来避免这些感觉，以至于他们有时会猛地失能，而无法做出任何决定。

对于身处第二位的高管，这种方式倒是很有效，但处于最高位的 CEO 则真的有点难办。CEO 们有一种潜意识里的恐惧——在人群中脱颖而出，会令他们面临被拒绝、被批评甚至被排斥的风险。潜意识里这些细微得令人无法察觉的压力，使得他们在承压时尤为困难，也加剧了他们的孤独感。

住在回音室里

高层领导人面临的另一个常见风险是，被屏蔽掉组织信息。

我私下了解过很多类似情形，在其中，CEO 只能获得有关其运营、员工和客户的有限和被过滤的信息。遗憾的是，这种过滤是一个暗地里进行的过程，很难被检测到，它由下属对权力和权威的矛盾感觉所引起。

我提醒过很多 C+高管，他们应该意识到，即使他们极度不靠谱，向他们报告的人也会倾向于同意他们的观点。在许多情况下，下属们会做任何事情来取悦 CEO。我还观察到，尽管很多 CEO 勇敢地尝试让自己更加亲和、与下属建立联系并要求诚实的反馈，但他们的下属仍然感到非常不舒服和极度担忧。他们并未真正感到安全，他们害怕说错话，他们害怕随之而来的潜在后果和报复。

可悲的是，C+高管需要意识到，他们的下属倾向于报告他们认为领导想听的话。这似乎已是一个不争的事实，即你成为高管的那一刻，也是你即将被骗子包围的时刻。钻进这种回音室的结果是，许多高管发现自己变得越来越与现实隔绝，没人能确保他们的认知符合真实情况。没有坦率的反馈，他们将无法确知自己干得到底怎样。

偏执思维

当一把手无法确定什么是真相、谁可以信任时，偏执狂的出现就很容易理解了，并且它似乎总是带有一些合理的解释：CEO 确实面临着许多真正的威胁，包括显而易见的和隐藏的威胁。比如，在任何组织中，总会有人感到被踩踏，做梦都想（或试图实施）报复；总会有人羡慕并觊觎位高权重之人的权力，这些人也总是会想法设法为自己去争取更多。

如果在组织中处于最高位，无论喜欢与否，你必须时不时地做出艰难的决定，而它们往往并不受欢迎。有时，你必须得说“不”，即使是对你欣赏的人。有很大概率你会惹怒对方。我一再强调，如果你真的想被爱，就去“卖冰淇淋”①。可是作为领导者，有时你别无选择，只能扮演牙医——为了最终治好牙痛，必须先给牙痛患者“再加点痛”。

因此，于许多C+高管而言，时不时地感受或想象到“被迫害”，在一个到处都充满了真真假假的“敌人”的世界，也许不过是一个理性的回应。在已知的风险里，或预感到将有风险的情况中，C+高管保持警觉，可能也只是生存本能的延伸。

但有一种始终存在的危险，即C+高管们原本比较健康的对组织运营状况的存疑（由现实感调节）也可能会演变成不折不扣的偏执。

该怎么办？

在C+高管们面临所有这些压力的情况下，我们可以做些什么来缓解他们的孤独感？我们可以做些什么来防止领导人脱轨？

---

① 此处的“卖冰淇淋”，指的是“卖乖”。（译者注）

我们如何帮他们来接纳并处理好他们遇到的“垃圾”?

首先，C+高管需要意识到，长期一个人扮独行侠，行走在高处，可能会损害他们的健康。作为一名高管，无可避免地会成为所有人事的“垃圾桶”或情感的“容器”，这会令他们很有压力。他们看上去总有人在身边，但在精神层面，可能无人能与之真正对话。

事实上，无论组织成员多么期待，没有一个 CEO 是超人或女超人。他们都需要身边有人能进行真诚交谈，从而减轻因职位带来的压力。他们都需要坐在能提供某种“扶持环境”的人的对面，与他们交谈让自己被理解，同时获得一些建议。

一些高管很幸运，他们的另一半可以扮演知己角色。但绝大多数的 CEO 并不愿意向身边的人倾诉。他们害怕，不停谈论工作会毁掉一段重要关系。或因另一半根本没有相关经验，也就无从谈起如何帮助他们应对面临的挑战。还有一些 C+高管会说，他们重视的人过于自我中心；或者，光是处理他们自己的事情就已经够烦了。

无论如何，我坚信，作为一名领导者，你对自己和组织负有双重责任，你需要确保自己作为指挥官的孤独并不会干扰组织的工作效率。处于领导关系的金字塔的顶端，当然并不意味着你天然就该对所有问题都有答案。他人若期望你如此，也是不合理的。最有才华的领导人也有盲点，每个人都需要帮助。

C+高管必须发展出一支属于自己的支持小组。该小组成员应能听懂他们的挑战。必要时，他们应能在保密的前提下带着同理心提供建议。他们可以采取以下行动：

1. 许多大有前途的CEO在担任高管职位之前，需要提前做好更多准备。我见过太多高管，他们对这份工作带来的孤独感毫无准备。他们并不清楚与新职位相关的压力的程度。若早知道对所有利益相关者（投资者、金融顾问、公众、媒体、政治家和监管机构）都要负责，他们估计会很紧张。在上岗之前，他们需要做好入职准备。不言而喻，向曾处于类似情况的人寻求建议，是明智的第一步。

2. 为了避免变得孤独，我强烈建议C+高管利用各种机会征求不同的意见。这一点至关重要，既因为战略原因，也出于情感考虑。如果你有意识地选择了这个职位，谨慎起见，你需要建立一个由值得信任的顾问和同行组成的支持系统。否则，你将很有可能会发现自己被困在回音室里，只听得到人们认为你想听的内容。

也有很多方法可以打破指挥官的孤独。例如，参加我每年在INSEAD举办的CEO研讨会。它取得成功的原因之一是，对于许多领导人来说，这是一个应对指挥官孤独的绝佳机会。意识到自己并不孤单，有助于他们建立起一个强大的社会支持系统。

在项目中的这段时间里，这些C+高管可以与组织日常运作架构之外的一群有类似背景的人建立起深厚的关系，分享他们的担忧。论坛结束之后，他们也可以继续将彼此视作持久的支持系统。此外，青年总裁组织（YPO）等也提供了机会，以便人们可以彼此作为支持系统。

创建支持系统的另一种方法，是找到一名顾问或高管教练，他们将提供一个安全空间来讨论C+领导者的挑战，以降低其压力水平并保持心理健康。当然，关键问题是，领导者是否已准备好了接受这种帮助。

除了偶尔就战略和人力资本决策提供建议，我作为高管教练或心理治疗师的大量工作，似乎是为高管提供孤独心灵服务，充当客户的良好共鸣板。就我而言，游离于客户组织系统之外的好处是，我被允许提供坦率的反馈，从而帮助我的客户走出回音室。我也可以扮演傻瓜，当然，是能对权力说真话的那种"聪明傻瓜"，像莎士比亚（Shakespeare）的《李尔王》（*King Lear*）里的那种。

我经常扮演这个角色，以促使我的客户好好照照镜子。有时，我必须向与我打交道的高管们明确指出，于他们而言，最糟糕的地方恰恰是他们自己的头脑。对于那些惯于将一切都秘而不宣、习惯性保留太多秘密的人来说，这是一个真正的风险。他们会发现很难找到一个人，能与之坦诚地分享自己的困境。

我还开发了一系列360度领导力评估工具，以便C+高管有机会获得有关他们面临的领导力挑战的反馈。① 与其他高管讨论来自问卷的发现，是中和孤独感的另一种方式。它使困难的问

① https://www.kdvi.com/tools.

题更容易讨论，也是对作为指挥官的孤独感的一种解药。

同时，在组织外广交朋友，一起参加工作之外的其他活动，这在防止社会孤立感方面的作用也是显而易见的。如果没有玩乐放松，工作就会变成生活的全部，导致高管们失去平衡感。过多的职业戒律会让本就神经紧绷的C+高管们尤其感到无聊，并引发持续倦怠。

缓解孤立感的一个极富成效的做法，是向与你互动的人表达感激。很简单，你可以感谢他们的出色工作。在各种情境下，对真正带来改变的工作表示感谢，本身就是提高幸福感的强有力的工具。被认可，即感觉受到重视，会对我们的生活产生巨大影响，因为这会使大脑（对世界和对生命的感知）进入良性循环。

它有助于释放催产素——它是有关人际连接的快乐激素，有助于增强信任、慷慨和人际感情等亲社会行为。在组织中真诚地表达感激，是一种不错的组织变革实践。C+高管的这种“慷慨”呼吁，其实帮助发展了一种组织的集体天赋，令所有员工都能深切感受到他们是团队不可或缺的一部分，从而也就逐步在他们之间建立起了相应的归属感。通过公开承认并庆祝每个员工如何为公司目标做出了贡献，C+高管们其实是在帮助组织，防止让下属感到被遗忘或处于边缘。

将此作为组织日常仪式和惯例，将创造出一种组织文化，即与其过分用力去“取悦”领导者，员工们只需正常健康地尊重他们即可。这种情况下，员工更可能有勇气适时地表示“不同意”。某种程度上，这也可以说是生活在回音室的C+高管们的孤独解药。

有人辩说，我们孤身而来，独自过活，又孤身离去，我们天生就是孤独的。但是，我们应该把这当成我们的信条吗？这就是生活和生命的全部吗？我们所有人都可能经历过孤独，深知孤独感会导致巨大的压力。这不仅使孤独成为我们最大的恐惧，也成为我们的终极贫困。

很少有人可以独自面对整个世界。如果你有孤独的感觉，你应该把它视为明晃晃的提醒：有些事情需要改变啦！毕竟，我们的主要生存需求之一是人际连接。特别是C+高管，最好留意这个警告信号，并明智地自我提醒：孤独的解药是“社区”。

16

伊卡洛斯综合征

英雄阿喀琉斯忘记了自己的脚后跟，这个他全身最弱的部分；伊卡洛斯飞近了太阳，却忘记了自己的翅膀是由蜡制成的。应保持警惕，因为胜利在望，也许反而预示了注定失败。

——德怀特·朗内克

永远不要为坠落而后悔，为你致敬，无所畏惧的飞行者伊卡洛斯。最大的悲剧，是他们永远都感觉不到燃烧的火焰。

——奥斯卡·王尔德

我想讲讲大卫的故事。很长一段时间，他非常志满意得，他行为的一切都表明他喜欢成功的味道。他尤其享受成为被关注的焦点。我记得他提起过，他很开心被评为年度最佳商人。但真正让他进入公众视野的是，当他的照片出现在国家主要商业杂志的封面上时。

他为一个流行电视节目做长期评论员，这也从旁提升了他的知名度。大卫非常享受这种被公众认可的滋味。认可，一直是他内心剧场的重要主题。人们都知道他很自恋。媒体也强化了他“与众不同”的感觉。很多文章将他描画为“重塑行业”的角色。

接二连三的成功，推动他做出了有史以来最大胆的举动：收购他最大的竞争对手。可惜后来命运之轮改变了方向。当某位行业分析师评论说，大卫为这家新收购的公司付出了太多代价时，麻烦就开始了。曾经是香饽饽的他，受到越来越多的批评和攻击。因担心他的还贷能力，银行提高了对他的要求，这加剧了他的艰难处境。大卫发誓要更加努力，这样这些银行家就能明白自己有多愚蠢。他说：“当这些人看到我们业务的蓬勃发展时，他们会后悔。”

但真正令他难以忍受的是，报纸也加入了讨伐之列。报纸上写道：“在他取得了许多非凡成功后，看着他自我破坏的程度，令人非常痛苦。”大卫反击道，所有这些评论都很不公平。另一个评论显得尤其尖锐：“不仅最近的收购是一个错误，他那些没完没了的副业也是。比如，在伦敦购买一家高星级餐厅及相关餐饮业务。再比如，赞助一家足球俱乐部，为一家私人诊所提供融资……所有这些，似乎已经严重消耗了公司的资源。”

大卫说，媒体歪曲了事实。然而，不论对与错，所有这些损失都是肉眼可见的现实。在众多杂志将他捧为创业之星后，他无可避免地再次成为头版新闻。不过这一次，是以飞得太高就要跌落的形象。

我读到过一位商业分析师的评论，他写道，大卫的“自我优越感、对他人意见的不屑一顾，以及对新收购的无休止的追求，使他不可避免地跌落地面”。这篇文章补充说：“他的失宠是极其昂贵的，成千上万的员工们失业了。”

蜡和翅膀

古希腊神话中，伊卡洛斯和父亲戴达罗斯被米诺斯王囚禁在克里特岛。为了成功逃脱，戴达罗斯用蜡和羽毛为自己和儿子各做了一副翅膀。戴达罗斯警告儿子不要飞得离太阳太近，以免蜡融化掉；也不要飞得太低，以免羽毛被海水弄湿。

但伊卡洛斯太过兴奋，他忘乎所以，因而将父亲的建议完全抛诸脑后了。他十分陶醉于飞行的快乐，飞得越来越高，也离太阳越来越近。当他飞得离太阳太近时，翅膀上的蜡果真融化了，他从天上跌进海里淹死了。伊卡洛斯和他的命运也因此成了鲁莽和人类过高估计自己的优势和能力的代名词。

我见过伊卡洛斯综合征的诸多表现。领导者被成功诱惑，开启了过于雄心勃勃的项目，最终却一无所获，给自己和他人都造成了伤害。

因被膨胀的野心所驱动，他们无法控制他们被误导的激情，直到灾难无法避免。伊卡洛斯综合征持续折磨着那些贪得无厌地想要更多认可和掌声的领导人。这种在高管人群中并不罕见的自恋冲昏了他们的头脑。他们过于自负了。

他们自封的不可或缺感和权利快感最终带来的不过是自我伤害。[1] 他们也许能飞一段时间，但最终现实一定会狠狠打他们的脸，令他们清醒地意识到自己已坠落地面。尤其糟糕的是，在很多情形里，这种坠落还会影响到高管工作半径中的每个人，造成严重的附带损害。

我们中的许多人都倾向于将成功的领导力与热情、魅力、远见、冒险意愿、宏大抱负、激励能力、说服力以及极度自信联系起来。然而，这类形象通常都会有一个鲜明的反面。过度自信以及无所不能的感觉，会导致鲁莽和冲动，也容易对他人的建议和批评持轻蔑态度，并使这些领导人忽视其行为的实用性、成本和破坏性的后果。

与伊卡洛斯综合征相关的傲慢，可能会让当事人看上去像被施了障眼法。它令许多高管陷入难关。他们的计划过于宏伟，但因过高估计了自己的知识、远见及能力而惨败。

民间故事、圣经故事和世界文学中随处可见对伊卡洛斯综合征受害者的描述，如赫尔曼·梅尔维尔（Herman Melville）的《白鲸》（*Moby Dick*）中的亚哈船长和约翰·弥尔顿（John Milton）的《失乐园》（*Paradise Lost*）中的撒旦。在这些故事中，骄傲、虚荣心、野心、权力欲、傲慢、鄙夷、蔑视、愤怒和报复等黑暗主题比比皆是。

---

① Manfred F. R. Kets de Vries（2016）. *You Will Meet a Tall, Dark Stranger: Executive Coaching Challenges*. New York: Palgrave Macmillan.

我们有太多曾“飞得离太阳太近”的当代政治和商业领袖的例子，比如沙特阿拉伯王储穆罕默德·本·萨勒曼（MbS）、卡洛斯·戈恩（Carlos Ghosn，雷诺-日产-三菱联盟前主席）和Meta董事长兼CEO马克·扎克伯格（Mark Zuckerberg）。萨勒曼的情况用不着太多笔墨。也门境内的可怕战争、他挑起的与加拿大的争斗，以及他涉嫌参与谋杀记者贾迈尔·卡舒吉等行动，已严重干扰他重塑中东的努力。

在戈恩的案件中，日产（他曾经帮助拯救过的日本汽车制造商）突然指控他犯有重大财务不当行为，包括公司资产的挪作私用和故意低报薪酬。他大胆地逃往了黎巴嫩，这可以视为他的绝唱。

至于马克·扎克伯格，虽然他的案件尚无定论，但显然，他的无所不能的自我感，给他带来了很明显的限制。许多媒体不仅将他描述为傲慢的企业精英中的一员，也称他是一个懦夫。他一直不愿意直面他的公司造成的许多数据隐私问题。

积极的自我形象在心理上是健康的。自信、适度的野心和真正的自豪感，是任何成功领导者的必要品质。遗憾的是，正如上述这些例子所表明的那样，这些品质可能会“越界”，变成对他人的藐视。

古希腊人称这种狂妄自大是混合了过度自信、过度野心、傲慢和骄傲的“危险的鸡尾酒”，会导致领导者藐视众神灵，给众人带来灾难。倨傲的领导者夸大了自己的能力，也忽视了有可能带来的明显风险，从而使自己暴露在可怕的危险中。

抛开五颜六色的细节不谈，这些领导者的轨迹表明，我们都应警惕伊卡洛斯综合征。（但许多领导者在金色泡沫中漂浮了太久，不受现实的束缚，根本做不到这一点。）

预防措施

这里，价值连城的问题是，如何预防伊卡洛斯综合征及其可能造成的危害？预防性的自我保护可行吗？令人悲哀的是，据我观察，伊卡洛斯综合征一直是许多商业领袖和资深政客的头号职业风险。对于那些渴望权力的人来说，这是一个无可避免的事实，还是只是自恋中正常行为的极端表现？

保持一定程度的健康自信，对于我们的心理健康有好处。然而，若自信过了头，这种自信就极可能会演变成毫无边界的过度自恋。鉴于这一风险，以及伊卡洛斯综合征的负面影响，每个高管都应保持头脑清晰，有能力主动识别伊卡洛斯综合征即将来临的迹象。

比如，正如我在与高管合作时经常难以理解的那样，我发现，这种综合征的标志之一是，高管对自己所做判断的过于自信。另一个标志是，他们对自己业绩的同样夸张或不切实际的自信。在征询他人的意见和建议前就自行做出所有决定的领导者，纯粹是自找麻烦。

这些领导者的“独奏”，几乎无一例外会招致糟糕的决策，并使组织面临风险。另一个危险迹象是，下属虽犹豫不决，最终还是同意了领导者的过度行为。这表明领导者已然创造了一种“不允许存在坏消息”的文化，他们的下属畏惧领导者对“不同意”的反应。

结果是，领导者打击了团队士气，破坏了下属们的能量，这将导致他们进一步的心理脱轨。这种行为的后果之一是，最有能力的员工早晚会离开。患有伊卡洛斯综合征的人似乎在内心里很排斥“更为坦诚”，因为很明显，这样做，将令他们的自大行为暴露无遗。

应对伊卡洛斯综合征的有效策略，是对多样性的追求。据我的观察，在各种情况下，领导团队的多样性总是可以有效预防群体的迷思。若团队成员之一有伊卡洛斯倾向，团队的多样性本身，将有助于安全边界的设置。① 虽然具有共同背景和观点的管理团队的确可能更快做出决策，但这并不等于说，他们的决策一定是高质量的。

相反，高度同一性的团队做出的快速决策增加了一种潜在风险，即不符合其预先假设的想法可能会被过滤掉，从而也错过了值得考虑的替代方案。这可能导致出现过多的集体思维。这种决策模式不太可能发生在多样化较高的团队中。② 我们需要一种文化来积极预防伊卡洛斯综合征，这种文化要允许人们告

① Irving L. Janis（1982）. *Groupthink：Psychological Studies of Policy Decisions and Fiascoes*. Boston：Cengage Learning.

② Manfred F. R. Kets de Vries（2011）. *The Hedgehog Effect：The Secret of building High Performance Teams*. San Francisco：Jossey-Bass.

诉领导者令人不舒服的真相，而不需要担心因不同意见会被报复。它能令人们感到足够安全。

董事会的非执行董事们可以行使相应权力。嗅到伊卡洛斯综合征的早期迹象时，独立董事有权解决问题，也可以建议采取一定形式的干预。不过，尽管有公司治理的基本规则，对他们是否会采取适时行动的预期，也不应过于乐观。

通常而言，这类监督角色所采取的任何对冲行动，都可能需要某些特别事件的事先催化。而且一般来说，只有事情已经变得太离谱了，他们才有可能采取行动。更常见的是，伊卡洛斯综合征的受害者和他们周围的人像是被施行了催眠术一样，被领导人的炫目行为所迷惑，以至于无法看清局面正在失控的事实。

从前，有一只鸟被告知它必须向南飞去过冬，但它认为它比“其他人”更明白。因此，尽管所有鸟儿都发出了警告，它仍坚持无须着急。结果，其他鸟儿都离开了，它还选择原地待着。正如鸟儿们所说的那样，转眼就天寒地冻了。在寒风的侵袭下，这只鸟被冻僵了，掉到了地上。一头牛走过，恰巧拉了一泡粪在它身上。小鸟的身体因此回暖，它感到了温暖，快乐地唱起歌来。狐狸路过，听到了歌声，就走近来看看是怎么回事。它三下两下扒开了牛屎，一眼就看到了小鸟，于是把它吃掉了。

这个民间警示故事，是对伊卡洛斯综合征高管的有益提醒。

不幸的是，这似乎是易患伊卡洛斯综合征的人的典型终局。由于过度自信、自大、吹嘘及傲慢，许多人无可避免地坠落了。每个 C+高管都应记住，成功的蜜糖很容易变得有毒。对于那些处于头雁位置的人来说，过度自恋从来是一种职业危害，有意识地对自己的心理健康做一些主动干预是非常必要的。

17

你有多贪婪？

贪婪，是一个无底洞，它耗尽了人们无望的努力。永无止境的需求，从未被真正满足。

——埃里希·弗洛姆

人类的历史充满了关于贪婪的灾难性后果的故事。尽管已有许多警示故事，但只要机会出现，人们就会将教训抛诸脑后。我们并不擅长管住潜伏在内心深处的贪婪。为什么要贪？我们可以打破贪婪的魔障吗？更重要的是，贪婪之徒给自己、他人和整个社会会带来什么严重后果？

原生过错

将贪婪视为一种心理的应对机制，是合理的吗？它是解决心理健康问题的一种路径吗？贪婪的家伙们怎么了？他们何以表现得如此离谱？除了钱，他们还能谈点儿别的什么吗？

当我催促此类客户，请他们进行自我反思时，我通常得不到太多回应。也许他们的贪婪与其内心从未解决的空虚感——总是少了点什么的感觉有关，即便如此，这种感觉从何而来？

类似很多其他情况下的心理功能失调，人在长大过程中的无效榜样，似乎是贪婪特质背后的一个极重要因素。贪婪的人给我讲的许多故事都包含人生早期父母的负面抚养体验。

负面体验导致了低自尊感，催生了一种“原生过错”，即人会终其一生无意识地去寻找那个“缺失的东西”，这能给这类人带来某种形式的满足感。

精神分析学家迈克尔·巴林特（Michael Balint）提出了“原生过错”的概念，认为这是一个人与其人生早期照料者之间关系扭曲的结果。“原生过错”在某种程度上是一种心理创伤，引发了与他人的紧张关系，助长了强烈和压倒性的焦虑感，也最终导致了压力下的倒退行为。因此，在人生早期发展阶段，儿童会发展出独特的适应性行为模式。不过，这些模式后来可能会演变成一种强迫行为，以帮助应对他们的精神生物学需求与不尽如人意的抚养环境之间的巨大差异。①

简而言之，巴林特的“原生过错”概念指的是由于照料者对婴儿需求的反应不足而造成的人生早期的根本性心理伤害。这种失败助长了分裂，造成了真实自我（True Self）和虚假自我（False Self）之间的差异。

---

① Michael Balint (1992). *The Basic Fault: Therapeutic Aspects of Regression*. Evanston, IL: Northwestern University Press.

真实自我与虚假自我的概念，是由儿科医生、精神分析学家唐纳德·温尼科特（Donald Winnicott）引入的。① 温尼科特说，我们所有人都戴着面具，这样我们就能够在各种人际环境中生存下来。另外，我们展示自己的不同侧面，在需要时就能进行适当互动。

这些不同面向的社会面具，令我们能过上一个平衡和有整体感的生活，也可以发展出一个较完整的自我。但是，当我们的情感需求得不到回应或无法可靠地被满足时，我们逐渐学会了不去信任环境，或无法相信我们自己是谁。

婴儿天性中自发性的一面也将面临被“须遵从父母的愿望和期待”这个需要蚕食的危险。尽管这种互动行为可能具有适应性，但它会发展出虚假的自我，而且是以令人厌倦的防御性的方式。

费力维持假面，时间久了，会令我们感到精疲力竭、情感麻木。相比之下，若能自然地投射真实自我，将使我们感到更有活力。但是，若我们的内在存在分裂，也无法整合其各部分，我们的主观体验将是我们的内在缺少了一些非常关键的东西。这会进一步加深“原生过错”的感觉。

---

① Donald W. Winnicott (1960). “Ego Distortion in Terms of True and False Self,” in The Maturational Process and the Facilitating Environment: *Studies in the Theory of Emotional Development*. New York: International UP Inc., 1965, pp. 140–152.

漏水桶

以我目之所及，许多贪婪者痴迷于追求财富，以补偿他们内心的匮乏。某高管向我生动描述了这种感觉："我感到我的内心深处像一个永远都装不满的漏水桶。"听上去，这个人似乎是被强迫着去继续他对贪婪的执着，并创造圆满的假象来满足自己。

通过获得财富，他希望自己至少暂时能感觉到更舒服，关键是比同龄人混得更好。但他可能忘记了贪婪所必须付出的高昂代价，也忘记了这么做会带来不安稳的生活、不真实的感觉，更会加剧他个人功能的失调。

自恋障碍和贪婪是近亲，深刻的自我怀疑构成了这两者的基础。在这两种情况下，人们会怀疑他们自己的重要性、意义或价值。但在区分这两种功能失调的方式时，我的建议是，更多地将自恋型人格障碍与情感的自我夸大相关联。而贪婪，则是一种物化了的自我夸大的形式。当然，无论我们如何区分它们，就想要过充实的生活而言，两者都不是好的选择。①

贪婪者希望通过物质追求来为自己的情感不适找到某种形式的解脱。某种程度上，他们的行为可与有毒瘾的人相提并论。

---

① Manfred F. R. Kets de Vries (2007). *The Happiness Equation: Meditations on Happiness and Success*. IUniverse.

然而，就像那些瘾君子一样，他们的任何所谓舒缓办法都只是暂时的。他们用物质填充内心空虚的企图，只会加剧问题：永远都不够。像吸毒者一样，很快，他们就需要另一种治疗方法。他们没有意识到这一点，即越贪婪越将导致自我毁灭，他们的感觉也只会更糟。无休止的索求丝毫不会改善他们内心深处“觉得自己不够好”的潜在感受。这是不可能完成的任务。

有意识和无意识地，贪婪者会将他们的自我价值与经济价值联系起来。这已经成为他们保持良好感觉的主要方式。然而，贪婪并非是一个财务问题，它关乎的是陷入麻烦的头脑。贪婪者因满脑子只有竞争而咄咄逼人，他们会残酷无情地不惜任何代价，且利用每一个机会来实现自己利益的最大化。他们不仅会伤害自己，还会严重损害他人的福祉。

进化的和社会性的考虑

贪婪者貌似魔鬼代言人，但贪婪真的那么糟糕吗？我们为何对财富积累的看法要如此负面？若进化论可信，对稀缺资源的竞争则是人类的基本特征。从进化的角度来看，贪婪特质可能对我们的生存至关重要：贪婪鼓励积累，而财富是社会地位的重要指征，拥有许多财产不应该是一件坏事。

此外，若你想成功吸引伴侣，贪婪也是一个很有效的策略。毕竟，伴侣有助于延续我们的遗传密码。从这个角度来看，贪婪为什么不可以仅仅是纯粹的生物角度的要事？也许高登・格科（Gordon Gekko）“贪婪已经被编入人类基因中”的观点是正确的。

这种关于贪婪益处的进化的、自私基因的争论伴随着社会性的和存在主义的考虑。有些人认为，若没有一丝贪婪，个人、社区或社会可能都会缺乏前进的动力。没有贪婪，我们能完成什么事？我们能保护自己免受他人的贪婪吗？一点贪婪都没有，我们会不会变得太过脆弱？

也有些人认为，贪婪是智人应对生存焦虑的一种超越死亡的方式。财物的堆积，会产生永生的错觉。我们可能会消逝，但我们的收购会继续存在。贪婪，不过是生活的真相之一，我们应热烈拥抱它，而非与它进行搏斗。自人类出现以来，贪婪一直是人类文明的驱动力。

诚然，贪婪是进取社会的主要驱动，也是经济发展的动力燃料。一些人认为，旨在钳制甚至消除贪婪行为的政治制度终将以不幸的失败告终。如果贪婪元素未被编织进社会运行的机制，社会将很快陷入贫困和混乱。然而我认为，就像生活中的大部分事情一样，这始终都是一个平衡问题。

但是，我们也都很清楚，无休无止地追求自我利益会如何给我们自己和他人带来困扰。当我们获得超过应得的份额时，其他人会心生怨恨。对于这一点，我们中的相当一部分人早已心知肚明。如其他所有潜在的、具有破坏性的人类驱动力一样，贪婪要素需要以社会规范来调和。当贪婪变得变态时，无可避免地会招致相应的社会动荡。

因此，尽管贪婪在经济进步中起着重要作用，但不受控的贪婪会助长经济衰退。就像晚期癌症一样，占有欲和贪婪必将摧毁人类的灵魂，并会波及整个社会。我们不需要看得很远就能看到，我们的消费文化——我们那明显的消费趋势——是如何造成严重损害的。

我们还看到了金融从业者可能对社会造成的损害，2008 年的银行业危机就是一个很好的例子。过度贪婪也会导致腐败。对新冠疫情大流行缺乏远见——因为一直以来所必需的投资都在缺位——也可能归因于贪婪。我甚至想说，若贪婪战胜同情心，很可能会导致文明的垮台。

浮士德条约

贪婪的瘾君子会造成巨大的伤害。在痴迷于追求财富的过程中，他们对他人的需求和感受往往极其麻木不仁。由于过度自恋是贪婪等的一部分，他们也相当欠缺同理心。他们最关心的是钱。由于对自己已经拥有的从不满意，他们所获越多，欲望越强。贪婪者无视理性、同情和爱。对他们来说，生活的丰富性和复杂性只不过是尽可能多地追索和囤积他们想要的任何东西。

然而，这些贪婪者未曾意识到，他们也许已经与魔鬼达成了协议。这再一次提醒我们回到“原生过错”的概念，即贪婪者始终被如影随形的空虚和无意义感所困扰。伴随贪婪的，是各种负面情绪，如压力、疲倦、焦虑、抑郁、绝望、功能失调和不道德的行为模式（如赌博、欺诈和偷盗）等。在持续贪婪的过程中，家庭和社区的纽带会被弃置一边。当人们无法清晰区分需求和贪婪时，社会和文明赖以存在和发展的价值观将被严重损害。

还有希望吗？

我得承认，从专业的角度来看，我发现与贪婪者打交道并不容易。当然，我绝不孤单。因很明显的原因，我的许多助人领域的同事也对跟他们打交道相当谨慎。鉴于（或因为）贪婪之人已经拥有了他们想要的一切，甚至更多，许多人无法厘清他们真正想要的东西。他们发现很难解释为什么觉得自己不完整，以及为什么如此痴迷于金钱。

与带有贪婪气质的客户合作的另一个复杂因素是，他们对财富的追索似乎从未有过终点。他们没有“已经够了”的概念。赚钱似乎是唯一能让他们满意的东西，大概也是他们认知中唯一能带来暂时安慰的药剂。他们积累财富的过程本身，俨然成了目的本身。

但是，生活当然不只是当他们每次签妥了一个协议或赚了一大票时感到兴奋（或多巴胺的持续释放）那么简单。但就像任何其他形式的成瘾一样，因他们的感知系统对这个瘾头的耐受性越来越强，于他们而言，不断增加剂量是必须的。因为之前的“高点”不再能给他们带来同等程度的满足感。

贪婪者需要赚得越来越多才能自我感觉良好，哪怕是暂时的。不幸的是，他们暗地里的自我怀疑永远也不会消失。

治疗贪婪者之所以如此困难，根本原因可能是许多人认为贪婪及其相关特质是可接受的，而非潜在的心理健康问题。可以理解的是，他们发现贪婪的一些衍生物很有吸引力，比如野心和追求成功。鉴于社会对这个问题的矛盾认知，许多贪婪者甚至意识不到他们面临的挑战。他们远未准备好承认个人行为对自己和他人有害。

这里的挑战是，如何让他们明白慷慨的价值远大于物质财富，如何解释帮助他人会让他们感到更满足，并让他们相信慷慨的人对生活有更大的满意度。他们需要明白，贪婪从本质上来说是一种强迫。他们得自己做出决定，是否愿意为此而努力。他们愿意选择谁来负责他们的生活：内心的恶魔，还是他们自己？

阿诺德是一个非常成功的投资银行家。他离婚在即，于是来找我寻求帮助。他说他的妻子告诉他，她已经受够了和他一起生活，她想“好好过日子”；她厌倦了一直围着他转，拒绝担任他的“啦啦队长”；她受够了他待她如此吝啬，还控制她该怎么花钱。

阿诺德还说，他的已成年的孩子也对他不满意。他坦承，因为总是忙着赚钱，他的确从未关注过他们。现在，孩子们成年了，但他们只在圣诞节时拜访他。他们的关系相当疏离。当我问阿诺德，除了做投资交易外，他还做什么时，我没有立即听到回应。最终，他承认，交易对他来说一直都是最重要的，这是唯一让他感到自己还活着的事情。显而易见，他的主要生命锚是什么。

当我问他是否还有其他兴趣时，回应我的是长久的冷冷的沉默。最后，阿诺德回答说，他一直觉得有必要工作。他需要赚钱——当然，现在他必须赚更多的钱，因为他必须支付妻子的巨额赡养费。当我请阿诺德告诉我为何他如此关心赚钱时，他说，在他长大的过程中，他的企业家父亲曾经破产了好几次。

他记得当家人关了灯躲避来上门讨钱的债权人时，他是多么尴尬。他还回忆起邻居家的孩子知道他们家的凄惨状况时是如何取笑他的。他补充说，当他需要安慰时，他的父母并未提供过多少情感支持。他还回忆起父母令他崩溃的其他场景。这让他明白只能依靠自己。看上去，也不难弄清楚他的依恋模式。

我回答阿诺德说，他应该对他所取得的成就感到满意。因不再有任何财务上的担忧——经济独立且财富自由，他有各种各样的选择，可以做任何想做的事情，而不仅仅是做交易。但他的即时反应是，他仍觉得没有足够的财务安全。这导致他可能会继续陷入财务困境。

当我试图推动阿诺德直面他的防御性自我合理化时，我再次问："你真的别无选择吗?"我试图向他指出，他其实在无意识中一再允许自己被无尽的需求和潜在的恐惧感所劫持。这进一步阻碍了他退后一步、给自己空间以及做其他事情的能力。

我试着帮他理解贪婪的循环机制是如何在他脑海中运作的。然而，他令人困惑的反应不免令我想知道，对于他有多重选择这个事实，他是否意识到了？他是否清楚地觉察到，他心底里的贪欲一直在推动他永不停歇地去寻寻觅觅下一笔交易？

尽管阿诺德进行了无数的自我合理化，但他对钱的强迫性追索是不合理的。我很难就这点说服他。我试图指出，他花了太长的时间去追寻其他人都拥有的东西，以至于他甚至没有意识到他已经拥有了一切。

我跟他说，他似乎已经拥有了不计其数的各种东西，甚至还在试图积累更多。但就像其他人一样，他所能拥有的也是有限的，比如健康和与家人在一起的时间。为何要冒险，以有限的东西去交换他已大量拥有的东西？他更在意的是什么？钱、健康，还是家人？

我补充道，若金钱是他衡量成功的唯一标准，那么若他最后只剩下钱，他也不应感到惊讶。他对金钱的不懈追求，加之他回避型的依恋行为，令他最终成为一个非常孤独的人，就像查尔斯·狄更斯小说中的埃本奈泽·斯科鲁奇一样。与亲密关系相比，钱只是一种缺乏温度的货币。

他的贪婪意味着他总是不满意，因为他永远也无法完全得到他想要的一切。有了贪婪心，人永远不认为自己已拥有足够多。总是想着贪求更多，最终将毁了一个人。

有一次，我问阿诺德要有多少钱才够？他能给出一个数字吗？他能简单说出他需要的收入水平吗？正是这个问题，开启了阿诺德的觉醒之旅，他意识到在他的字典里，永远没有“足够”这一说。

慢慢地，他开始意识到自己的行为一直是多不合逻辑和多具破坏性，他应转而更多关注自己已拥有的东西。我说，生活不该是仅仅在他的收购清单上一个一个打钩，然后进入列表中的下一个项目；生活也不仅仅是列出表格。我建议，也许他应该学习如何享受他已经拥有的东西。

我花了相当长的时间，和阿诺德一起处理他贪婪表面下的东西。我帮他识别了什么是“匮乏”，或使他恐惧的所有东西，这些复杂的人际关系动态导致了他的“原生过错”。我们一起探索了他的焦虑与他的源于贪婪的行为之间的联系。

通过讨论他的生命故事，他对自己为什么做正在做的事情有了更清醒的意识。我认为，这些对他家族史的探索有助于将他从长久困扰他的心理枷锁中解放出来。渐渐地，阿诺德开始明白，他真正痴迷和需要的根本不是财富本身，而是更坚实的亲密关系，这令他非常惊讶。

在他表面痴迷于追求财富的背后，是他对丰富的令人满意的关系的需求。在我的帮助下，他明白了他不需要成为自己习惯性强迫症的囚徒。他确实有选择。

对于贪婪者来说，最困难的任务之一是学会以不同的方式继续“自私”。他们需要更加关注自己的内心。正如阿诺德的例子，这并不容易。它需要坚韧、耐心、谦虚、勇气和承诺。但无疑，这种对自我的长期投资——作为被剥夺的感受的某种平衡——可以成为贪婪、暴食、贪欲和其他形式的成瘾的有力解药。阿诺德从未意识到，你想要的越少，你的快乐就越多。

当你真正想要的仅仅是你最低限度所需要的，也许我们可以说，你在生活中就真正成功了。相比之下，你越渴望，你就会越贪婪。用佛陀的话来说：“过着粗茶淡饭的生活，节制你的欲望，减少你的需要，在这种没有烦虑的适度生活里，你将可以发现满足。”

18

不要因为有遗憾而后悔

我生命中的一大遗憾是，我不是别人。

——伍迪·艾伦

作为一名助人专业人士，我经常不得不处理“遗憾”的话题。我意识到，事情有时就是无法圆满。但无论如何，最好继续前进。宁可满怀希望向前看，也不要带着遗憾回头看。然而，对一些人来说，他们唯一的遗憾是他们未曾抓紧的机会。

我们应该遗憾什么？是遗憾做了什么，还是遗憾未曾做过什么？我希望人们不要为过去遗憾，而是从中汲取教训。但你能遗憾你未曾经历过的生活吗？有些人会遗憾结局，但他们非常喜欢这段旅程。若你正在做的就是你想做的，为什么要遗憾呢？

法国著名歌手、词曲作者和歌舞表演家伊迪丝·琵雅芙（Edith Piaf）最受欢迎的歌曲之一是《不要遗憾》（*Non, je ne regrette rein*）。这首歌并不是她自己写的，但她很敏锐地意识到，这首歌将是她最热门的单曲。这首歌如此成功，以至于人们很想知道，它是否由公众的共同好奇所推动，即这首歌唱出了歌手本人的真实情况吗？还是说，琵雅芙曾分享过个人信息给词作者？

毕竟，她的童年和青少年时期并不快乐，她的职业生涯和晚年生活也经受过很多挑战。这首歌是否唤起了她的某种决心，使她得以主动去拥抱发生在她身上的事情，并承认正是这些事的发生，让她成为如今的自己？

这是《不要遗憾》如此吸引她的原因吗？我们永远也无法确定琵雅芙对这首歌的宣传和其中的情感，是因借由歌曲表达了她生命中的自我确认，抑或是对生活的幻灭感。据称，她的最后一句话是："你会为你这辈子做过的每一件愚蠢至极的事儿付出代价。"

我的许多客户都提出了遗憾的议题。显然，必须直面遗憾，是一种普遍的人类体验。我们中的许多人应该都会记得我们时不时会处于某种场景中，然后悄悄地问自己："我当时到底在想些什么？""我本应该如何做？"

还有很多人对可能发生的事感到失望和悲伤，因而做出了错误或愚蠢的选择，但不久就后悔了。后悔，不仅提醒我们曾做出了不幸的决定，还告诉我们，我们本可以做得好得多。然而，我们的重要遗憾通常是因为没有做某事。

从客户那里我了解到，我们最大的遗憾似乎都围绕着关键的生活选择，如教育、职业、浪漫史（也许还包括对婚外恋的遗憾）、婚姻、养育子女和工作。这并不奇怪：这些领域的决策往往会产生长期的，有时甚至是无法挽回的后果。

我常听到的其他遗憾涉及财务、健康、友谊、慈善、孤独、旅行、过多担忧，甚至与过着过于循规蹈矩的生活有关。

然而，当被问及有何遗憾时，相当多的人会做出下意识的反应，坚称他们一点儿遗憾也没有。不仅如此，他们还抗拒反思过去的生活、行动和决定可能带来的不适。有时，我想知道他们逃避遗憾的话题是否源于需要直面他们自己黑暗面的生存恐惧。与此同时，这也很可能是他们当下心态的栩栩如生的呈现。

我认为令谈论遗憾话题变得困难的原因是，它经常会带来负面的体验和情绪，如难过、羞耻、尴尬、抑郁、悲哀、烦恼、愤怒和内疚。对一些人来说，过去的行动或行为会下意识地影响他们的生活质量，提醒他们进行反思是一种可能过于粗鲁的唤醒。此外，在反思遗憾议题时，我们可能会意识到我们不仅伤害了自己，也伤害了他人，同时也影响了我们的职业生涯、人际关系和声誉，从而限制了我们的选择。

我发现，遗憾的是，当你允许自己不停地在重复、负面和我执的状态下想起遗憾议题，会给你带来功能失调，最终将导致你的过度自我怪责甚至抑郁的反应。

它也许会成为一个自我实现的预言。过于强烈的遗憾感，将产生严重的情绪、认知甚至神经生理方面的影响。被这种遗憾感持续折磨，会阻碍个人的成长和发展，甚至导致心理健康问题。

你经历的遗憾有多强烈，在很大程度上取决于你的自恋平衡。我的观察是，如果你有自尊问题，你往往更可能遗憾，这可能会进一步影响你的自我价值感。

尽管你愿意面对遗憾的意愿可能值得称赞，但如何克服它完全是另一回事。过多纠结于遗憾议题，甚至会让你开始逃避任何风险，以避免做出另一个错误的决定。被困在对过去的遗憾和对未来的恐惧之间，可不是一件很好的事情。

我不仅认为自尊和遗憾之间存在联系，也认为衰老会影响你去妥善处理遗憾情绪。个人经验告诉我，当你慢慢变老，并意识到你的时间不多了，你更有可能反思过去并回顾你的生活，试图厘清你人生旅程中所犯的错。

这是你生命中的一个时刻：你更愿意对过去做一个更现实的评估，你也意识到做出改变的机会正在快速消失。它使你更清楚，你从中汲取的教训，可以用来预防未来出现类似遗憾。我们中的大多数人都在努力为自己争取更美好的生活。

对一些人来说，这种对生命的重新审视，带来的是局限感和认命感，这两种感觉将缓和一个人的遗憾情绪。另一些人则会哀悼他们所失去的，并试图安抚内心深处未曾实现的梦想和野心，从而与自己和解。对预期中的生活变迁的主动接受，将把他们的现在和未来从令人无法忍受的悔恨的荒野中拯救出来，并为他们的生活带来新的浓烈。

然而，其他人则会沉浸在自己无边的遗憾中。这势必带来绝望感和苦涩感，从而导致个人陷入抑郁。

回顾的力量

说到这里，我应再补充一点，从进化的角度来看，遗憾也可能更有利于生存。遗憾的体验也可被视为一种与决策、应对和学习有关的心理结构。遗憾会推动你进行回顾性的分析，以了解你何以那样思考和行动。

这种回顾，可能会帮你识别那个使你成为独一无二的自己的特定模式和行为。这些行为将继续在不知不觉中影响你，也会阻止你走出舒适圈，过上更好的生活。

通过分析你自己的遗憾，让该过去的过去，你也许从此能够理解你为什么要做你做的事情，识别你的失调的行为模式，并及时采取补救行为。

遗憾，完全可以成为修复、重建以及找到新的建设性解决方案的积极动力，它会推动你的生活更主动地向前。因此，以不同方式来处理遗憾，也可能是大脑想让你再次自我审视曾经做过的选择。它也使你明白，你的某些行为具有非常消极的后果，未来你应尝试一些不同的方式。

不幸的是，依我所见，作为一种应对生活的指导机制，尽管遗憾有它的重要性，但我们大多数人都不够关注它。总体而言，我们会努力管理压力水平、厘清职业目标、控制饮食、处理财务，并试图管理好其他事情，但我们总是不愿意去管理自己的遗憾。然而，如果我们尝试这样去做，我们将能够重新理解我们的世界、更好地洞察自己、避免未来再次出现功能失调，同时提高我们的决策技能。

在直面遗憾时，我们若能记住，相关的挑战并非试图改变过去，而是帮我们揭示现在，对我们将非常有益。你无法改变已经发生的，但你可以调整你的反应以及你未来的生活方式。自我评估和健康的内省可以帮你分析自己的缺点，防止重复性的功能失调。

从错误中汲取教训，你就能将这些学习经验真正纳入你未来的决定和行动中。你不太可能继续陷入“如果怎样就好了”的无效思考中。拥有选择的自由并想知道自己是否已经做出了正确的选择，将永远是一个存在主义的困境。

然而，分出精力来对待你自己的遗憾，将帮你更清楚地看到未来，使你能果断抓住可能溜走的机会。你甚至可能会选择某些修复式的行动，来安抚你伤害过的人。当然，它也可能使你更容易与某些不愉快和解，因为你明白，它们完全超出了你的控制范围。

我想传递的信息是，与其千方百计避免后悔，不如主动提前处理相关感受。伊迪丝·琵雅芙的著名单曲暗示什么都无须后悔，忘记过去即可。千真万确，你不该让过去的遗憾为你的余生定下主基调。不仅仅是将它驱逐，建设性地利用你的遗憾，才是真正明智的做法。

你需要原谅自己所做的一切。如果可能，向前一步做出补偿，同时下定决心，下一次不会再同样行事。最后，最好不要在悔恨昨天中生活，请你好好面向未来，过好自己的日子。这样，你才不会为今天的生活感到遗憾。

借用另一位著名歌手的话来说："遗憾，我是有一些。但话说回来，值得一提的也没有几个。"

19

管理失望

杀不死我们的，只会令我们更强大。

——弗里德里希·尼采

愤世嫉俗的人，不过是内心里住着一个失望的理想主义者。

——乔治·卡林

当我问罗伯特现状怎样时，他毫不迟疑地说他很沮丧。他不清楚该如何看待他眼前的状况。他还在试图控制自己的失望情绪。这一切是如何发生的呢？他怎么会做出如此糟糕的误判？他感到愤怒、悲伤和被背叛了。更多时候，他对那些辜负他的人深感失望。

据我所知，令人失望的感受对罗伯特来说并不新鲜。多年来，他曾很多次感到过失望。一个是他几年前开始的“臭鼬项目”①。从最初很小的规模开始，这个创新的高科技项目就变成

① 臭鼬项目，即从小范围突击到最终成功的项目。(译者注)

了一个很有“钱”途的企业。然而，他的继任者不知怎地，将黄金变成了铅。她一直无法将该项目顺利转型到下一阶段。团队中最能干的人在她来之后不久就离开了，项目无可避免地陷入困境。他们抱怨最多的，是她太粗暴了。

眼下的项目又一次发生了同样的事情。为了使新项目取得成功，他已经使出了浑身解数，现在却只能眼睁睁看着它面临崩塌。他怎能让自己再次陷入同样的困境？

罗伯特告诉我，因为即将退休，他特意精心培养了继任者，以继续他未竟的事业。公司的主要决策者让他放心，说他们同意他的选择。但到了紧要关头，他们否决了他选择的候选人，而任命了另外一个。尽管罗伯特告诉他们，此人并无能力让项目圆满完成。正是到这一刻，罗伯特才大梦初醒般地意识到，一直以来，他是如何小瞧了办公室政治的。

但对眼下这个人选的出台，无论如何合理化，他都只能怪自己。他太天真，总是把别人想得太好了。糟糕的是，这件事对他的打击太大，以至于他不清楚下一步该做什么才会觉得有意义。他感到很迷茫，无法集中精力工作。尽管不愿意承认，但他确实相当沮丧。

许多人能很成功地克服他们的失望。他们正确评估发生在他们身上的事情，从中吸取教训后继续前进。从失望中走出来后，他们变得更强大了。事实上，建设性地处理失望，可能是一个自我疗愈的过程，有助于个人成长，同时内生出更大的韧性。在克服了生活中无可躲避的一些失望后，这些人活出了他们的真正价值。

温斯顿·丘吉尔（Wiston Churchill）是这种内在进步的一个上好例子。他是一位政治领袖，一路设法超越了伴随他政治生涯的种种失望。第一次世界大战期间，在指挥了加里波利的灾难性军事行动后，他不得不辞去第一海军大臣角色，同时暂停职业生涯。对丘吉尔这种雄心勃勃的人来讲，做出这个决定极其艰难。然而，这一挫折使丘吉尔更具韧性。在加里波利灾难和随之而来的羞辱之后，丘吉尔重新将注意力和精力聚焦在自己身上。他花时间探索发生在他身上的事情，以及它教会了他什么。他的自我反省为他提供了关于自己、世界和他人的全新信息，也令他吸取了应对未来挑战的关键教训。

因此，在第二次世界大战期间，丘吉尔蜕变成了一个变革领袖，一个能真正推动某种变化的人。对丘吉尔来说，克服失望本身似乎变成了一个催化事件。据我理解，在不断地自我检视中，他顺利地将自己的负面经历转变成了积极经历，并决心继续在世界舞台上发挥重要作用。

1941 年 10 月 29 日，丘吉尔在母校哈罗的演讲中，闪耀着自我重塑历程的光芒："永远不要屈服。永远不要。永不，永不，永不。任何事情，无论大小，永不屈服，除非对荣誉和美好的坚守。"这篇非比寻常但相当简短的演讲，一定是个人深刻感受和反思的结果。

管理期望

失望是由于我们的希望或期望未达成而产生的感觉。我们每个人，在人生的某个时刻，都会经历或大或小的失望。我们应当把失望看作是我们人生旅程中本就会有的一部分。你可能没有得到晋升或你真正想要的工作机会（想想我在哈佛商学院令人失望的经历）；上级、同事或下属都可能令你失望；你甚至可能经历过令你失望的罗曼史。其中一些失望并不会对你的生活产生太大影响。而另一些，则可能改变你的生活轨迹。

威廉·莎士比亚写道：“有些期望成空了，但大部分，开出了希望之花。”他指出，当个人想法和期望与现实不符时，我们会感到失望。这种失望伴随着终结感，它使你不得不承认，你没有得到你想要的东西，现实与你所期望的非常不同。令失望情绪如此复杂和令人困惑的是，我们的很多欲望是无意识的、被升华的，并且常常相互矛盾。

矛盾的是，当你得到了你想要的东西，你仍可能会感到失望。例如，在1916年的文章《心理分析工作中撞见的一些性格类型》（*Some Character-Types Met with in Psycho-Analytic Work*）① 中，弗洛伊德探讨了那些“被成功摧毁”的人的悖论：他们变得沮丧不是因为失败，而是因为成功。弗洛伊德观察到，“当一个深植于内心并长期珍视的愿望实现时，人们偶尔也会生病”。

---

① Freud, S. (1916). “Some Character-Types Met with in Psycho-Analytic Work”. *The Standard Edition of the Complete Psychological Works of Sigmund Freud*, Volume XIV. London: The Hogarth Press and the Institute of Psychoanalysis.

他的结论是“良心的力量”——通常情况下人们的内疚感——会因成功而导致疾病。在潜意识里，这些人可能会认为他们的成功是没有道理的。他们认为自己是冒名顶替者。因此，即使确实得到了想要的，你也可能发现你如此想要的东西并不会带来预期的幸福和快乐。因此，你最好学会接受这样一个事实：任何经历都可能无法完全摆脱失望。

个人的成长轨迹

正如我们所知，我们看待事物的方式在很大程度上受到我们人格发展路径的影响。幼儿期是一个刻写了大量印记的关键时期。在成长过程中，我们中的一些人可能面临父母的过度刺激或刺激不足，或经历了不连贯的、不稳定的童年。这些不同的成长轨迹都在某种程度上导致了脆弱的自我意识的演进，同时也带来了不同形式的自恋伤害。①

有时，我们对父母带给我们的刺激的反应，是接受在其中凸显的我们的自我形象，即使这个形象是令人失望的。这时，失望会成为“自我实现”的预言。在其他情况下，我们的生命任务则可能变成了尽一切努力来证明我们的父母或早期照顾者是错的。你的自尊心有多可靠或多脆弱，最终将决定你在面临

① Heinz Kohut (2009). *The Analysis of the Self: A Systematic Approach to the Psychoanalytic Treatment of Narcissistic Personality Disorders*. Chicago: University of Chicago Press.

失望时会采取何种防御行动。

你的人格发展路径可能也会令你成为一个“总是无法达标”的人。若你有与失望相关的令人不安的深刻回忆，就可能在潜意识里竭尽全力地去降低标准并避免冒险，以防止自己或他人失望。在不知不觉中，你可能会认为，最好的策略是不要对任何事抱有太高的期待，因为没有期待就没有失望。这成了一种自我保护的形式。然而，它也可能导致平庸和令人不满意的生活。你可能会令所有人失望，包括你自己。

我见过其他人遵循完全不同的自恋轨迹。他们试图通过达成“超越预期的成就”来避免失望。虽然他们可能会告诉自己，他们对完美的期望是恰当的、现实的，但那些假设又常常是错误的。成功的标准太高，以至于无法实现他们想要实现的任何事。他们忘记了完美主义很少产生完美或带来满足感。相反，它往往会导致失望。

足够好

“足够好”的育儿理念最初由儿科医生和精神分析师唐纳德·温尼科特指出。[①]“足够好”，意味着孩子的父母可以恰当地满足孩子的需求。这些父母时刻牢记着，追求完美本身是非

---

① Donald W. Winnicott (1973). *The Child, the Family, and the Outside World*. London: Penguin.

常不现实的。

完美不应是你我这类凡人的关心范畴。不完美，才是人类生存状况的本来面目。你最好早点认识到，你并不总是像你想的那样在孩子身上事事如意，完全成功。在这种情况下，你应该能原谅自己的不完美。

我们不应奢望孩子成为完美的人。作为父母，我们所能做的最棒的事，就是创造条件，尽可能给孩子一个美好的童年和一个安全的环境。足够好的父母允许孩子犯错误，也允许孩子失败。因为他们清楚，错误和失败是学习过程中不可或缺的部分。他们给孩子提供了一个安全的初始感觉，使孩子感到被支持而不是被控制，让孩子能够玩耍、探索、学习并获得内在的力量，从而有能力建设性地应对未来人生旅程中不可避免的挫折。

应对风格

面对失望，我们应该选择如何应对？对我们大多数人来说，这是一个决定性的时刻。回到罗伯特的故事。我注意到他深深陷入了情绪的过山车。我观察到他是如何在失望、自我怀疑、疏离、易怒、沮丧、被遗弃的感觉中跌跌撞撞，并逐渐出现了抑郁症状。

我遇到过太多的人，当他们面临失望时，往往会将发生在自己身上的那些不那么顺利的事情归咎于个人失败。他们“迷恋”于自我指责，为未曾达到理想自我而感到羞愧。结果，他们将愤怒指向自己，最终导致抑郁反应。他们可能会说“这是我应得的”，或者“我只是不够好”。另一些人则会将愤怒转向未达他们预期的他人，结果也只会带来怨恨、报复和苦涩的感觉。遗憾的是，这两种情绪反应都会让人陷入失望之网。

深陷失望无法自拔的人将自己的情绪或身体置于困境的风险更大，或两者兼而有之。他们容易产生一系列情感反应：挫折、尴尬、担心、愤怒、妒忌、内疚、困惑、拒绝、绝望和无助。此外，在许多情况下，失望可能会变成挥之不去的悲伤——一种失落、沮丧、被出卖的感觉。

当失望由他们深深信赖的人引起时尤其如此。此外，从神经生理学的角度来看，失望感可能会干扰大脑中的血清素维持在正常水平。当血清素水平因应对压力而被扰乱时，人会感到悲伤、焦虑和沮丧。这些化学和神经失衡的问题一起，会导致肠胃问题、睡眠障碍，以及其他身体功能的紊乱。

克服失望感

尽管令人不愉快，我们总是可以从失望中学到一些东西。无论我们个人的成长轨迹如何，失望的经历和感受都可以在关于我们对自己、他人的信仰以及是什么让我们快乐的信念方面，提供最宝贵的信息。

那么，我该如何帮助罗伯特呢？我告诉他，为了有建设性地应对失望事件，他需要首先弄明白到底发生了什么。他的现实检验需要更为有效。他的期望是否合理？如果他的期待不够现实，他能重新调整吗？

由于他已自我揭示过，失望是贯穿他一生的一个主题，我建议，于他而言，重新评估导致这种看法的源头会是积极的一步：这是功能失调的思维，还是非理性思维的结果？我鼓励他对自己诚实，去真实探索他在各种情形中的看法和行为背后的重要内容。

如果你属于那种常常期望过高的人，那么建设性地对待失望也许能帮你调整你的期望值。你可能会学会从此远离完美主义；你可能会开始接受“足够好”。另一些因失望经历而把标准定得过低的那一群人，应停止坚持这类错误信念，比如放弃“没有希望了”或“没有什么对我是有利的”等想法。你必须明白，逃避失望并非应对生活挑战的建设性方式。

为了能更有效应对，你可能需要问问自己：你的目标定得过高还是过低？无论心理发展的轨迹怎样，你是否总在邀请“失望”的感受？你应更清楚表达对他人的期望吗？你真的知道对自己有什么期望吗？你在认真听他人对你说的话吗？你能做一些不同的事来得出不同的结果吗？

此外，鉴于你对自己的了解，从现在开始，你将如何调整自己的期望以更有效？你有哪些支持和资源可以帮你管理失望的情绪？

你还需要承认，虽然某些失望是可以预知并预防的，但一定有些情况是无可避免，也超出你可控的范围。例如，我们中没有人能控制政治灾难、经济、就业市场或其他此类事情。没人能预见到全球新冠疫情大流行后的封锁。因此，在管理失望时，你需要区分什么可控、什么不可控。能够识别其中的差异，你就能更恰当地处理挫折感。

建设性地处理失望的秘诀，是不要让它恶化下去，变为疏离和抑郁。持续的消极想法不会带来有效改变。当你过于专注坏消息时，你就会忽略你的生活和你周围的世界里那些对的部分。若将失望带来的悲伤和愤怒内化，持续允许自己的相关感受，你可能会在不知不觉中让它们成为你的一部分。

我鼓励罗伯特去探索他有消极想法的时刻，并试图推动他将精力和注意力重新转向积极的解决方案。深陷于失望经历，从长远来看，是极其有害的。沉浸在持续的失望中，比如他早期创业的失败，正在而且只会造成不必要的压力。更具建设性的是，他或许能将失望重构为一种特别的学习经验，以便能更好地应对未来，并以此作为个人成长的催化剂。

请记住，如果你不同意，失望并不能摧毁你。若你能从容应对，它反而可以使你力量倍增，并能让你变得更好。尽管有带来毁灭性感受的可能，但你可以将失望的遭遇视为通往更好洞察和智慧的旅程。而要使这些自我反思和重新评估的旅程变得有意义，你需要看到表象之下的场景。许多导致失望的心理动力都是无意识的。

不关注这些通常深藏不露的心理过程，你就无法哀悼，也无法超越你遭受的这一切。只有经历痛苦的联想，你才能从中解脱出来。尽管沿途可能还会有令人失望的经历，但你的最大挑战是阻止痛苦扎根。告诉自己，尽管失望无可避免，但是否感到沮丧，是另一个选择题。

20

一流玩家，还是二流玩家？

一流的人雇用一流的人；二流的人雇用三流的人。

——雷奥·罗思滕

若我们都雇用不如我们的人，我们将成为一个矮子公司。若我们都雇用了比我们更强壮的人，我们会成为一个巨头公司。

——大卫·奥格尔维

B 胜过了 A

这个故事来自一位向我寻求建议的高管。他的公司 XYZ 有一个销售总监的空缺。在一家猎头公司的帮助下，经过一定的流程，XYZ 公司最终聚焦于两位候选人。鉴于该公司雄心勃勃的扩张规划，多数见过两位最终候选人的人都认为候选人 A 是更好的选择。基于 A 丰富的销售经验（她曾为 XYZ 的主要竞争对手之一工作），多数面试过她的高管都认为，她将能够带来创新的销售管理经验，从而保障预期增长目标的实现。

但令所有人惊讶的是，销售和营销副总裁决定选择候选人 B。候选人 B 的销售背景更加传统，所有知情者都坚信 B 不是能满足公司未来需求的最合适人选。他们都认为 B 的综合销售技能与他被淘汰的前任没有太大区别。副总裁的选择，令所有人大跌眼镜。

个人议程还是公司议程?

本章开头引用提及，一流的人雇用一流的人；二流的人雇用三流的人。当然，不用说，回到个体本身，情况显然比这个描述要复杂得多。没有如此简单的一流、二流、三流的划分，但也许这个分类可以成为一个基本的差异化因素参照，以简化我们进行评估和选人的框架。

致命的过错——嫉妒

这似乎是组织生活中常见的现象：一些对自己的能力水平没有信心的“二流玩家”，可能最终未能雇用到最优秀的人才。他们内在的不安全感，以及有人可能会比他表现得更优秀甚至取代他们的想法，太过具有威胁性。这些人将他们看世界的镜头悄悄地装上了“嫉妒”的滤镜。这层滤镜无处不在，以至于严重影响了他们的所有人际关系。我已在第 15 章中提到过这一点。

嫉妒解释了为什么那么多人会采取恶意报复的行为。觊觎他人所拥有，或感到被另一个人的能力所威胁，这种典型的嫉妒感可能会非常具有破坏性。这揭示了随之而来的社会比较下的某种特征威胁到了嫉妒者的自我形象，导致他缺乏自信，感到空虚、不足和自卑。

反过来，这又引致了对更成功的人的怨恨感，无论这所谓的更成功是在金钱、权力、地位、美丽、运气方面，还是仅仅在幸福方面。当这种状况发生时，嫉妒者不仅不快乐，还有可能变得心狠手辣，不择手段地伤害他所嫉妒的人。

嫉妒者同时可能会表现得很不情愿帮助他人。有意识或无意识地，这些二流玩家会认为他们受到了不公正的对待。他们感知到的被嫉妒者的种种不是，在他们的潜意识里，恰是他们自我行为正当性的某种佐证。

一流、二流还是三流？

一些二流玩家受到嫉妒的折磨，有意避免雇用像他们一样有能力的人，最终选择雇用了三流玩家。这一点也不奇怪。有趣的是，他们经常“逍遥法外”。毕竟，没有人会被随便安上个标签，或贴着明显的一流、二流、三流的标签。但是必须指出，尽管雇用二流玩家的决定可能符合他们的个人利益，但一定不符合组织的最佳利益。①

---

① Peter Salovey (1991). *The Psychology of Jealousy and Envy*. New York: Guilford Press; Joseph Epstein (2003). *Envy: The Seven Deadly Sins*. New York: Oxford University Press.

开头的案例已经表明，在每个招聘决定中，从事招聘的人都面临着一个难题：是从组织利益出发，雇用一个强于他们的人；还是让组织付出代价，雇用一个能力较低的人，以便让自己显得更好，让他们在职位上感到更安全？在大多数情况下，基于招聘人员的情绪安全水平，即他们自尊心的脆弱程度，招聘过程也会相应有不同演化。若一个人有足够安全的自尊感，错误的招聘决定就不太可能发生。

据我观察，鉴于复杂的心理动力学过程，不安全的二流玩家往往会被一流玩家吓住。二流玩家担心更有能力的人会让他们看起来不够能干，同时会有意无意地担心他们将被取代。难怪如此多没有安全感的二流玩家更喜欢和那些令他们自我感觉更良好的人在一起。

有些人甚至倾向于（同样，不一定是有意识的决定）利用办公室政治来遏制其他二流玩家的野心，并试图逼迫他们变成三流玩家，例如隐瞒重要信息或坚持遵循毫无意义的等级程序。所有这些手段，都旨在阻止他人的成功。遗憾的是，这类行为带给二流玩家的，要么是一种虚假的安全感，要么根本就没能给到他们极度渴望的那种安全感。

这两个结果都不令人满意。将组织生活视为零和游戏，认为组织是一个要么赢、要么输的地方，阻碍了组织前进的步伐，并必然预示着组织的衰落。当这种思维占上风时，没有人会赢，所有人都输了。当一个组织中充斥着太多平庸的人，最有可能的情况是工作场所的氛围恶化、生产力下滑、工作环境变得不专业，以致公司最终陷入赤字。结果，最能干的人会因感到自己被边缘化而离开，这让“足够好是伟大的敌人”这句话成为真理。

关于为什么选择二流玩家的另一个不那么“马基雅维利”（个体利用他人达到个人目的的行为倾向）的解释是，一些二流玩家本身就没有能力识别一流玩家。他们不太擅长人才评估。影响人才选择过程的另一个因素是，一些一流玩家可能显得过于傲慢。他们表现得无所不知，这种错误方式激怒了二流玩家，加剧了新涌现的嫉妒感，最终导致一流玩家不被录用。

回到 XYZ 公司的情况。对于销售总监的空缺，副总裁做了出人意料的选择，但后来的事实证明，许多人的担忧不无道理。我的客户说，没用多久，他们就发现被选中的候选人无法达标。他对新的销售技能了解有限，无法应对激烈竞争带来的挑战。后来，他不仅要为销售额下降的问题担责，他的平庸表现也对雇用他的副总裁的声誉产生了负面影响。后者最终还被追究了责任。

尽管副总裁试图将绩效不好归咎于不可控的的外部因素，但这个明显站不住脚的借口愚弄不了任何人，也不为任何人所接受。我发现这很讽刺。因为我清楚，若他能尽早意识到明智的决定应该是有勇气雇用一个比他更有能力的人，他在组织中的角色可能会更安全。

随着公司市场地位的恶化，为了尽快做一个了断，CEO 让副总裁解雇他选择的这个候选人。不久之后，鉴于销售惨败，这个副总裁也被要求离开。显然，CEO觉得他别无选择，只能自己介入，并做一些补救性的干预。从这个充满挑战的经历中，他学习到了，雇用错误的人毫无疑问是毁掉一个公司的最快方式。这件事情发生后，CEO决定更多地参与高级管理者的招聘，并将人才管理作为优先事项，而不是花额外精力做无用的事后补救。

不同的场景

回到一流玩家和二流玩家的问题。我也看到，有不少一流玩家也的确意识到了与其他一流玩家合作的好处。他们不害怕有才华的人——事实上，聚焦在他们自己的事业上，能激励他们去培养为他们工作的人。他们明白，一起合作的人将决定组织的成功，并支持他们自己的个人成功。

他们认识到，充满得力干将的组织将为他们提供更多的成长和发展空间。所有这些都意味着他们已准备好了雇用比自己更能干的人，这与那些更喜欢不怎么能干的下属的二流玩家的心态截然不同。后者根本不优先考虑领导力发展和他人的职业发展。

从更政治的角度来看，总会有一些喜欢激烈竞争的一流玩家更喜欢在充满二流玩家和三流玩家的公司工作。他们认为这是一个更方便的快速上升通道，因此他们有可能会有意无意地破坏招聘的流程，以对他们更有利。一个不那么冷血的场景是，一流玩家随后会忽然意识到，他们的公司充满了二流甚至三流玩家。他们不再着迷于是否有快速上升通道，而是变得失望，同时担心这些不如他们的玩家会拖累他们。毕竟，这对他们的进一步发展没什么好处。

若无论他们做什么，二流玩家都将他们视为威胁并予以持续破坏，他们的情况无疑会恶化。一些高绩效者甚至会成为错综复杂的“组织心理游戏”的靶子，最终被迫离开组织。乐观一点来看，一些比较有建设性思维的一流玩家可能会痛快迎接这些组织挑战，并意图让这个地方变得更好。不过，现实地说，这些人更有可能会很快厌倦没完没了的艰苦战斗，并决定抽身而退。

当然，一个组织中也有可能充满大量的一流玩家。相比之前提及的场景，充满一流玩家的组织听起来应该是最好的工作场所。遗憾的是，要管理好并留住众多一流玩家可能会是极大的挑战。过多的一流玩家只会把事情搞出太大动静。同时，他们的不易满足意味着他们总会望向他方，去寻找更好的位置。

此外，由于有太多雄心勃勃的一流玩家，组织文化可能会充满过度的激烈竞争，从而加剧令人不舒服的“达尔文生态”的可能性，造成“最合适者，方能生存”的环境。

当然，不是每个人都渴望成为城堡中的国王或女王，也不是每个人都有同样的动机。有些人会非常注重成就，而另一些人喜欢更安稳的生活。一流和二流玩家之间的某种程度的混合将是理想的。那么问题来了：对于每个个体来说，以什么比例来混合才合适？

一家公司的长期表现——甚至其生存——往往依赖二流玩家（至少是那些相当有内部安全感的人）默默无闻的承诺和贡献。这个现象，常常被忽略。这些人往往是为组织带来稳定的主力，与一流玩家倾向于从事危险的破坏稳定的行为形成一种平衡。这些更安全的二流玩家对组织内竞赛的策略从不感兴趣，他们只求能安安静静地继续手头上的工作。

我遇到的另一个常见情况是，在一流玩家主导的组织中存在着相当数量的二流玩家。他们当中某些人可能会对此种场景中的潜在学习机会感到高兴；对另一些人来说，相关体验则未必令人愉快，因为一流玩家可能会让他们的日子没那么好过。被一流玩家这个精英群体的能力所迷惑，很多没有安全感的二流玩家可能会发现自己很难对抗一流玩家。

站在一流玩家的角度而言，他们当中的某些人会发现自己很难与二流团队打交道，并因此将后者暗暗标记为愚蠢或无能。他们会觉得，必须与后者交流对他们来说相当明显的想法很无聊。显然，这些摩擦不大会带来美妙的工作感受。

有时，一流玩家的忠诚度也会受到质疑。因为市场的需求量很大，他们往往有更多的工作机会。结果就是，他们中的相当一部分人总是倾向于相信“篱笆另一边的草更绿”。一些一流玩家可能将他们当前的组织视为一个临时的跳板，一个可以先充分学习然后继续前进的好地方。这明显也是深思熟虑的职业策略的一部分。

相比之下，意识到在其他地方也许并没有那么多机会的二流玩家往往会更忠诚。这也是混合了具有街头智慧、更务实的二流玩家和更具概念性的一流思想家的组织更明智的另一个原因。这种组合可以让一个组织行得更远。

我认为，从人才和文化的角度来看，最糟糕的情况是，由于二流或三流玩家太多，一家公司逐渐陷入困境。[①] 随着顶级玩家的离开，二流或三流玩家开始显得不错起来，但这只不过是另一种视觉错觉：他们看起来更好，仅仅因为组织中人才池的总体质量下降了。

当这种情况发生时，相对而言，三流玩家开始看起来像二流玩家，而原来的二流玩家开始显得像一流玩家那么优秀了。这种下滑是一个潜伏的、无情的过程，直到平庸成为常态。在许多情况下，只有在盈利能力急剧下降且竞争者开始超过自己的组织时，警铃才会大作。遗憾的是，从那一刻起，要将更优秀的人带回公司只会愈加困难。

我无法用一个简单的公式来证明，什么才能让人和组织取得成功。正如没有母亲就没有婴儿一样，也不会存在无上下文情境的一流、二流、三流玩家。创造一个人人可以达到最好表现的场景，是每个人的挑战。我认为任何人都不必终身困于所谓二流或三流的标签。我看到过很多人，他们一旦有了合适的

---

① Manfred F. R. Kets de Vries & Danny Miller (1984). *The Neurotic Organization*. San Francisco: Jossey-Bass.

学习机会，就有可能经历非凡的转变。若高级管理层重视领导力发展并付出真正的努力，二流玩家一样有很好的机会转变为一流玩家。

此外，有些人被视为二流玩家，可能只是因为他们无法像一流玩家那样吸引他人目光，在晋升时容易被忽视，或仅仅因为他们从未设法掩饰自己喜欢更平衡的生活方式而非高压工作。或者再强调一遍，某些二流或三流玩家只是找错了工作或找错了公司，这可能会非常令人沮丧。在不同的职位或不同的组织中，他们可能会更快乐，而工作中的业绩表现也会因而不同。

招聘的心理动力学

正如我所建议的，多数组织的大部分员工由称职、稳定的二流玩家组成。然而，问题仍然是，在做出招聘决定时，是否可以相信他们是公正的？他们有能力雇用比自己更好的人吗？他们会倾向于差一点的三流玩家，而不是更好的一流或二流玩家吗？

通常，即便出自不安全感和嫉妒的心理影响，向下招聘不是在有意识的层面上进行的，但效果却如此真切：即便在最佳状态下，三流玩家也只是勉强胜任。遗憾的是，他们通常隐藏较深，当然也会试图在面试中展现出最好的自己，一如我们大多数人。他们提供的资历证明，他们通常帮不上什么忙。其中透露的信息需要非常谨慎地去辨认。

正如我们从XYZ公司案例中看到的那样，无论隐藏得多好，只需经过很短的时间，即便三流玩家将自己的不成功归因于不可控因素，他们也很快就会露出真面目。但被发现为三流玩家并不一定意味着他们会消失。正如案例所示，一些二流玩家可能担心，招聘不够能干的人后很快将其解雇的过程，会被视为他们领导力的无效。因此，他们会倾向于尽可能长时间地留住三流玩家。这对组织来说，代价极其昂贵。

对你来说，我在这里花费笔墨描述的场景的一个主要收获应该是，在做出招聘决定时，应多多留意无意识的心理动力学过程，就像约会时那样。二者实际上有很多共同点，比如它们都是复杂的心理过程，在这个过程中，任何一方都可能犯下严重的错误。

在招聘或约会时，你会承认的确存在无意识偏见。就算你有意识忽略这些偏见，在你招人的整个过程中，它们也仍可能会一直暗暗地施加着负面影响。仅凭直觉做出招聘决定是不够的。要识别和雇用真正的人才，需要付出更多努力。

一流玩家是“稀缺商品”，需要时间和精力来完善必要的规则，以出台一流玩家的招聘标准。要想招到兼具一流玩家的优秀思维和二流玩家的忠诚稳定的候选人，需要极高的敏锐度和实操能力。没有组织会故意只雇用二流或三流玩家，但招聘者需要认识到，无效的招聘手法将迅速拉低组织人才池的平均水平；而赶走潜在的一流玩家，也会影响公司对其他一流玩家的吸引。

我建议所有高管牢记，招聘应始终是长期战略的一部分，而不仅是眼前问题的快速解决方案。我相信，招聘过程越是严密，越有利于其后的管理和领导。因此，基于招聘过程中可能的无意识偏见，以及需要采取哪些步骤组织讨论，从程序的角度尽量减少其负面影响，是有益的。

虽然承认个人不安全感以及它们会如何影响招聘决策并不总是那么容易，但相关讨论永远不会嫌多。若组织的领导层在开始招聘时已准备好处理“不可言说的问题”，无疑将避免可能存在的潜在伤害和破坏。

招聘的甄选过程永远不会完美，但在做出决定时，若能允许更多人发言，会最大限度地减少无意识偏见的影响。一般来说，最好让观点截然不同的人参与筛选过程。在年龄、种族、性别、经验、教育方面的多样性越丰富，偏见就会越少，群体（迷雾）思维就越能被避免，也就更有利于做出深思熟虑的决策。

从我参与过的许多活动中了解到的情况来看，招聘过程应始终从精心设计的职位说明开始，明确定义该职位所需的技能、能力和经验水平。但是，除了验证基本资格外，候选人快速适应现有组织文化的能力也应该被纳入评估。一般来说，过于非结构化（即松散）的面试不会带来什么帮助。尽可能规范招聘流程，以便所有候选人的遴选都能遵循相同的步骤，将有助于对候选人进行评估。当招聘者承诺遵循较高的招聘标准并能持长远观点综合考虑时，组织定会从中受益。

另一个重要的考虑因素是，参与招聘的人应做好心理准备，不追求一定要快速填上职位空缺。这种压力只会影响招聘标准。与其勉强接受一个不合格的低素质人选，不如推迟招聘和重新搜索简历的工作。否则，招来的人可能需要很久才能达到标准，或更糟糕的是，他有可能开启自我毁灭。参与招聘决定的几个人若对选择哪个候选人态度不一，也最好暂停招聘工作。

最后，一旦进行招聘，做出招聘决定的人需要能够清楚解释他们为什么选择了特定的候选人。有意识进行这个步骤，有助于确定某些类型的候选人是否被遗漏了，或者雇用更合适候选人的机会是否受到了无意识偏见的影响。请记住，花在招聘上的时间永远不是浪费。匆忙完成的招聘，冒着找错人的风险，代价会很昂贵。

令人尊重的商业领袖李·艾柯卡（Lee Iacocca）曾经说："我雇用的人得比我聪明，我也绝不会碍他们事。"这应当作为招聘过程的信条。然而，这当然需要我们超越内心的不安全感和嫉妒心。简而言之，我们最好自我提醒，缺乏内在安全感的人，更有可能做出不符合组织最佳利益的自私自利的决定。

21

你的思维有多狭窄？

我不是在争论。我只是在解释为什么我是对的。

——阿依

毅力，是带着目的的固执。

——乔希·西普

固执和坚持之间有一条细微的界线。我个人的经验是，有时，固执是将自己认为的好主意变成现实的唯一路径。当其他人都试图告诉我我错了时，正是固执令我坚守阵地。因此，我认为固执是一种伟大的领导素质。必要条件是，你所坚持的事情是正确的。在某些情形下，固执本身可能会成为成功的主导因素。

固执的人知道他们想要什么，而且往往比其他人更果断、更坚定、更有重点。此外，他们能“把事情做成”。愿景、行动导向、勇气、坚韧和毅力等品质，与固执相伴相随。我们甚至可以辩说，坚持不懈，是一种带着目的的固执。

固执的一个绝佳例子是法国总统查尔斯·戴高乐（Charles de Gaulle，1890—1970 年）。戴高乐执着于目标，但方法灵活。法国在二战中被德国占领，但戴高乐拒绝承认失败。尽管面临着巨大的困难，戴高乐依旧坚定不移，知道如何说服法国人“法国最终会获胜”。坚信自己国家的伟大，帮他将愿景变成了现实。同样，战后，他的坚定令他为法国在联合国争取到了永久席位，使法国被授予了独立的核威慑地位，也确保了法国在战后的欧洲发挥了重要作用，最终推动法国成了备受尊敬的全球参与者。

就戴高乐而言，固执成为一种祝福。遗憾的是，与他同类型的执着的伟人并不多。因为在建设性的固执和纯粹性的固执之间，有一条不易觉察的界线。在简单固执和彻底愚蠢的顽愚之间，也存在相当窄狭的差别。有些人倾向于陷入早期证据，拒绝让步。他们才不理会后续还会冒出什么其他佐证。但这种看待事物的方式，可能会对人际关系、群体和群体间的关系带来非常有害的影响。

人们会出于错误的原因坚持自己的立场。这当然极不可取。当有压倒性证据表明你错了，而你仍坚持按照自己的方式做事时，你是否应该继续就值得怀疑。这种情况下，你得扪心自问：是什么令你深陷其中？你的内心世界发生了什么，你才如此坚持明显非理性且有害的行为？

当我们不得不与固执的人打交道时，我们不应被表象所愚弄。这些人看起来也许不可战胜，但真正强大的人和固执的人之间有很大的区别。我一次又一次地看到，虽然固执的人可能会让人感觉很有力量感，但它只是一个幌子。通常，固执可能只是软弱的伪装。

如果你继续深挖，你会发现这些人有极度的不安全感。尽管看上去气势汹汹，他们的内心世界其实在被不请自来的恶魔所困扰。与看上去相反，他们在做的无非是试图保持极其脆弱的心理平衡。通常，感觉越不安全的人，越倾向于以刻板的方式行事。真正坚强的人，知道如何在必要时做出妥协。

每一种新情况对固执的人来说都意味着一个新的威胁。他们害怕变化，这解释了他们大部分行为的刻板性。鉴于他们微妙脆弱的心理平衡，在无意识层面试图改变他们的想法无异于对其进行人身攻击。这就是为什么他们总是保持高度警惕，猛烈回击任何试图质疑他们想法的人。承认他们可能是错的？不可能。他们宁愿为自己的最初观点辩护，而不会轻易接受新的信息，或接受“别人可能是对的”这个事实。

一旦这些顽固的人下定决心，即使有压倒性证据表明他们错了，他们也不太可能让步。他们建立了这样一种心理机制，以保护他们内在的人生哲学，这导致他们看任何问题都倾向于一成不变。诗人约翰·弥尔顿在《失乐园》中赋予了撒旦这种固执。他的撒旦更愿意拥有“不被地点或时间改变的头脑”，并十分确定：“在地狱里居于统治地位，比在天堂中服务他人要好！”

确信的偏见

在坚持错误的信仰时（他们可不这么看），固执的人不幸成为自己假设的俘虏。他们的不安全感，使他们成为确信偏见的理想候选者，即仅以符合其现有信仰体系的方式处理信息的倾向。在这种情形下，先前存在的信念会干扰他们的思维、决策和采取行动的方式。由于他们僵化、固定的思维模式，他们对周围事件形成更客观、更入微画面的能力十分有限。显然，他们的眼睛只能看到大脑准备看到的东西。

但正如我之前所提及的那样，这种固执模式下，我们看到的往往是脆弱的人。他们“对着干”的行为应被视为对不足感的一种自我补偿。因为过于缺乏安全感，他们很难退后一步，承认自己做错了或犯了错误。在他们的字典里，即使是退让一小步，也会被解读为失败、羞辱和无足轻重。相反，坚持自己是对的，有助于保护他们脆弱的自我意识，同时使他们免受自卑感的影响。

权力游戏

固执也触及了权力的动力。当固执的人意识到他们所代表的东西受到威胁时，无论是尊严、荣誉还是骄傲，他们可能会诉诸只有赢家和输家的权力游戏。这些缠绕着情感的事情与固执交织在一起，使他们更有可能坚持错误的决定。英国小说家毛姆在塑造他的一个角色时，恰恰抓住了这一点："像所有弱者一样，他极其夸张地强调'不可改变主意'。"通常，引导固执的人的主题是："如果我改变主意而显得软弱，人们会欺负我。"但一味单纯寻求所谓的"不软弱"只会使情况恶化。固执，无形中变成了一种自我挫败的实践。①

当固执成为教条和意识形态

鉴于他们对结束的渴望，固执的人会执着于以简化的视角来理解周围发生的事情，即便他们坚持的想法不准确也不完整。他们不了解认知的复杂性，也不擅长感知其中微妙的差异。基于是否同意那些人的观点，他们会把他人简单归类为"好人"或"坏人"。他们更喜欢简单、绝对、非此即彼的两极思维。在他们的世界里，没有不确定或容纳分歧的灰色区域。他们常因自己受到"偏见"而诉诸刻板思维。

固执带来的偏狭思维，当涉及宗教、意识形态、政治哲学、生态经济学和健康领域时，会更加"说一不二"，占据完全统领的地位。因为更受个人判断和特殊解释的影响，这些领域的这类强加的嵌入式观点最难改变。尽管从心理层面讲，他们的思

① Raymond S. Nickerson (1998). "Confirmation Bias: A Ubiquitous Phenomenon in Many Guises", *Review of General Psychology*, 2 (2), pp. 175-220.

维方式里可能存在着合理性，但通常而言，这些人会坚持“一定有奇迹出现”，而全然不顾其中是否有理性思考。

在寻求忠实于自我价值感及相关哲学和原则时，人们的固执可能会带来意想不到的反对和挫折。因为他们的信仰体系已成为他们证明自我有效性的主要来源，他们会选择故意无视某些事实，只因这些事实可能违背了他们特定意识形态下的原则。哪怕只是稍有违反，都会被视为是对他们为人的整个背叛。

作为生存策略的对抗

我们有时会困惑，为什么人们会变得如此固执。像大多数行为问题一样，探寻固执的起源或许会对我们很有帮助。固执，通常是对深藏的情感问题的一种反应。正如流行的育儿实践会对孩子的个性产生深刻而持续的影响，导致许多人形成固执性格的也是长期以来习得的行为。

毋庸置疑，父母对正在性格形成期的孩子的正确对待，要么有助于发展出更多适应性行为，要么能最大限度地减少顽固行为。奉行“已经足够好”的理念的家庭，其健康的育儿干预方式为培育高度自我悦纳、自信和具有积极自尊的健康人格奠定了良好基础。[①] 相形之下，不健全的育儿理念大概率会导致功

---

① Donald W. Winnicott (1973). *The Child, the Family, and the Outside World*. London: Penguin.

能失调的行为模式及固执人格的出现。

通常来说，固执的人的主旨是抵制任何他们感到被迫做事的场景。其实他们回应的是深植于心底的需求，即成为能主宰自己生活的个体。然而，正如戴高乐的例子提醒我们的那样，固执的行为本身不应总被认为是消极的。对一些人而言，固执会演变成毅力，更不用说其他成功的领导素质了。

我们可以将对立行为视为儿童人格发展中特定阶段的决定性模式。它同时也是孩童个性化的自然过程的一部分，即儿童在试图将自己与父母区分开来的时期会意识到他们不仅仅是父母的延伸，而更多是一个独立的个体。这种令人大开眼界的体验让他们渴望更多地控制自己的世界，从而感到更加独立。

然而，我们也应意识到，大多数人能将这种对抗行为控制在合理的范围内。他们原本幼稚的固执成功演变成了建设性的行为模式，如有韧性和不轻易放弃的决心。但家庭不稳定和高强度压力会助长不安全的亲子依恋模式，在这种情况下，对抗行为很可能会成为儿童吸引外部注意力的习惯方式，并逐渐成为其自我身份的一部分。

简而言之，我们应该记住，于固执的人而言，对抗行为或许仅仅是一种反抗方式，他们借此反抗任何权威人物并阻止那些人简单告诉他们应怎么做。行使权威、有指挥权、永远做赢家，也就成了他们的主要生存方式。“若我输了，其他人就会看到我的脆弱。”很不幸地，这成了他们生命中的底层思维。

如果父母将这种性格特征赋予了孩子，这种特定的行为模式会变得更加强烈。他们内化了这些场景，诸如“你像骡子一样固执，就像你叔叔一样”，或“你让我想起了你的祖母，她也很固执”。从学习的角度来看，规律性的归因当然会影响内化。这种消极的特质成为他们形象的一部分。难怪许多这类人的主要信条是“我不会（照做），这样我才能成为我自己”。

与固执的人打交道

你可能从上述讨论中已经了解到了，固执的人选择了一种功能失调的适应不良的策略，来维持他们的自我价值感。受不安全感的困扰，他们对如何正视自己、他人和生活的价值是有误会的。这使他们成了人们口中“很难搞”的人。与那些“只有我是对的”的人打交道，是很难的。对他们来说，被证明是错误的，基本等同于是对他们为人根本的攻击。

但由于固执会带来冲突，其中一些人可能想要改变。然而大多数情况下，他们很难自发做出改变。应该说，尽管某些人显得很愿意改变，你还是很难帮到那些并未真正倾听并不断进行反击的人。他们对改变其实有看似相反的念头。因而，为了真正有效，任何潜在的助人者，无论是对家庭成员、朋友、同事还是专业顾问，最好都要拥有实打实的同理心。

因为固执的人往往也会看低自己，助人者尤其需要懂得他们固执背后的故事。了解他们来自哪里，可能是帮助他们做出改变的第一步。深入挖掘，有助于探索那些导致他们固执的经历，并且帮他们意识到固执不过是掩盖脆弱性和保持心理平衡的某种生存机制。

固执一直是他们与他人打交道的主要策略，他们不会轻易放弃它。因为这是他们一辈子都在玩的游戏，所以他们已经相当擅长了。即使他们意识到自己是如何陷入固执这种把戏的，他们也不愿意接受这场游戏已近尾声的事实。

我在与固执的人打交道方面经验不可谓不丰富。我可以非常肯定地说，若你真想帮他们，必须非常小心，因为他们尤其讨厌被控制。固执的人应该避免总是觉得别人在试图控制他们或强迫他们的想法（即使这个想法是为了他们的最大利益）。

我通常会诉诸一种情感柔道。你需要顺势而为，控制当面反对他们的冲动（那会相当于踩到他们的尾巴）；你永远也不应直接对抗他们的心理防御。① 无论他们在抵抗什么，或有多么令人恼火，你都应该努力保持同理心。

与固执的人争论非常不划算，他们是争辩的艺术大师。直接告诉他们“你错了”是一个非常糟糕的主意。但是，如果你保持冷静，仔细听对方说话，固执的人可能会变得不那么爱争论。

鉴于固执的人的心理平衡相当脆弱，你不仅要顾及该说什么，还要小心说的时机。当时机合适时，还要带着尊重提出不

---

① Stephen Rollnick and William R. Miller (1995). "What is Motivational Interviewing"? *Behavioral and Cognitive Psychotherapy*, 23 (4): pp. 325-334.

同的意见。即便他们最初拒绝了，如果你的情感柔道做得正确，固执的人可能也会小小考虑下你的观点。最重要的是，你需要明白，固执的人改变的唯一方式是让他们相信，想改变是出自他们自己的想法。

鉴于固执情形中总有无意识的心理暗流在汹涌，我很建议在这种情况下寻求专业帮助。但要得到有效的帮助，他们得首先说出他们的需要。人们并非绝对不可以改变，但前提是，他们已准备好了去探索他们为什么要这样做，并愿意去寻求对待生活的不同方式。但是，出于他们的固执，让他们做出决定来改变他们的思维，远非易事。

固执的人执着于特定想法，坚持自我毁灭的行为模式。因此，他们若能更清醒地意识到此类强迫倾向的深层原因，一定会受益良多。如果他们对自己为什么采取某种行动一事有所了解，可能会决定放弃一些僵化的态度。通过心理治疗或高管辅导，他们可能会认识到，总在争论或咄咄逼人已成为他们固有的防御策略，以弥补他们内心的不足感。当然，他们也可能意识到了，固执是如何将他们的生活弄得复杂起来的。

如果能建立一个有效的工作联盟，并能找到方法去支持他们的自我价值感，我就可以帮到固执的人降低对争论的潜在需求。也许我能支持他们学会欣赏从不同角度看待问题的价值；他们甚至可能开始懂得“模糊性”的珍贵。此外，他们可能会发现，在他们生命某一时刻曾非常有效的防御策略已经过时而且无效了。他们应该而且可以学会放下陈旧的防御机制，代之以新的、更具建设性的防御机制。

然而，培养更稳定的自我价值感，从来都不可能速成。打开一个封闭的头脑需要大量的时间和耐心。说服人们还有其他方法可以用来应对生活的变化无常，需要付出极大的努力。

希望在于，固执的人最终会意识到，尽管世界上到处都是“唯我正确”的人，但一个人的力量和通往伟大之路的秘密在于有能力承认自己曾做出错误的决定。此外，于他们而言，若能认识到太过强烈的意识形态会使创造力消失得无影无踪，也是明智的做法。

此外，他们应该问问自己，他们反复出现的非理性行为模式的根源到底是什么。固执的人需要超越他们一成不变的信念、无知和骄傲。他们需要准备好踏上通往自己内心的旅程，去探索他们行为的起源。他们也需要认识到，没有反思的固执不过是显而易见的顽愚。

22

无论它是什么，我都反对

我不知道他们要说什么，反正没有太大区别。

无论它是什么，我都会反对。

——《我就是反对》(*I'm Against It*)

[电影《趾高气扬》(*Horse Feather*) 中的歌曲]

我总是被格劳乔·马克斯（Groucho Marx）在电影《趾高气扬》中演唱的《我就是反对》这首歌所吸引。这部电影现在看似乎有些过时了，但我觉得它的歌词抓住了时代精神。我住在巴黎市中心，因此 2019 年的几周里，我只需转过公寓拐角处，就能目睹周六“黄背心”抗议活动。这接连的抗议令我好奇：某些人是否只有借由“反对某事”才能感到自己真正活着。

“无论它是什么，反对就是了”，似乎是他们选择的个人身份的一部分。我们有时在儿童中会发现相近的行为模式，它与固执的发展起源有很多类似之处。不过，在“黄背心”抗议活动中，这种固执元素被转化成了一场社会性的运动。

我在第 21 章中曾提及固执行为模式。这种一味反对的行为模式令我想起了著名心理学家和教师爱利克·埃里克森（Erik Erikson），我在哈佛大学期间曾密切关注过他在人的生命周期方面的研究。在他的生命阶段研究中，埃里克森提及人类发展的第二阶段是以两极性的形式发展的：一端是自主，另一端是羞耻和怀疑。①

在生命早期，幼儿就经历了源于基础身体功能、出于安全考虑的控制冲突。大多数孩子都能设法顺利渡过这场冲突，然后继续前进。但有些人并不那么幸运，他们的控制问题会一直延续。他们继续采取对抗行为，反映出我在本章中描述的一些模式。例如，《精神障碍诊断和统计手册》（*DSM V*）列出了一个名为对抗性的不服从障碍（Oppositional Defiant Disorder，简称ODD）的类别，这是一种在儿童和青少年中常见的具有破坏性的行为模式。②

患有ODD的儿童往往对同龄人、父母、教师和其他权威人物表现出不合作、挑衅和敌对的行为。容易有这种障碍的年轻人在较长时间内会表现出好争论、容易叛逆、对权威人物的愤怒和报复等行为模式。他们拒绝遵守规定，举止失礼，发脾气，将错误归咎于他人，寻求报复，或故意制造骚乱。他们极具敌

① Erik Erikson (1993). *Childhood and Society*. New York: W. W Norton.

② American Psychiatric Association (2013). *Diagnostic and Statistical Manual of Mental Disorders*, *DSM V*, Washington, DC: American Psychiatric Publishing.

意的态度扰乱了他们的家庭、学校和社会生活。

为了更好地理解 ODD 的出现，请想象一下儿童被迫遵守未经解释的规则或体验到不公平和不合理待遇的情形。在这种情况下，儿童会试图反抗这些规则或反击制定规则的人。其他可能导致 ODD 的情况是父母对正在迅速发育的孩子进行非常严格的教导，理由却不见得很恰当。当父母控制欲太强、占有欲过高并欲替自己的孩子做所有决定时，孩子会认为他们的自由受到威胁，出现 ODD 状况也就不足为奇了。

为了抵制父母的侵入性行为，不甘心被迫放弃的儿童会把固执作为一种防御策略，以摆脱永远被控制的痛苦。你可以想象一下其他情况，当儿童面对不一致的育儿方式，比如行为准则不够明确或照料者遵照执行的程度不一致时，儿童会试图测试那个边界，以图打破限制。在这种情况下，违反既定规则可能会成为一种主导行为模式。

我们也会看到，在某些不确定的条件下，这种模式如何在成年人中一样有所展现，尤其是在面对持续高压和不确定性的时期。

为了了解你或你认识的任何人是否有 ODD 迹象，请回答以下问题：

你/他在与权威人士打交道时有困难吗？

你/他陷入争论后，总是需要赢得胜利吗？

你/他总是质疑规则，或者干脆拒绝遵守规则吗？

你/他会经常生气吗？

如果被他人惹到，你/他会毫不留情地与对方斗争到底吗？

你/他有时会故意惹恼他人吗？

你/他容易被小事情招惹到吗？

你/他是否会被指控，“明明是你的错，却常责备他人”？

你/他相信“被出卖时，报复是唯一的回应”吗？

你/他不高兴时，有说脏话的习惯吗？

如果大多数问题的答案都是“肯定”，你得准备和格劳乔一起唱那首《我就是反对》了。

当被指出做了错事，有类似 ODD 行为的成年人会无休止地为自己辩护。他们感到被误解、被厌恶、被束缚，同时感到自己被推来搡去。鉴于他们的三观，他们当中有些人甚至会认为自己是特立独行者或反叛者。遗憾的是，他们对权威人物的持续反抗模式，使他们较难维持各种关系，包括工作、亲密关系和婚姻。

记住，我们的自我身份是多维度的，包含积极和消极两个方面。但这种对抗的行为模式，往往仅根植于当事人自我身份的其中一个维度。在第 17 章，我提到过真我和假我轮番上演的各种心理学动力，即人戴上各种面具的必然性。具有积极意义的和滋养性的事件有助于我们形成正面的自我概念，而消极的、伤害性的经历往往会导致相反的情况。

但在整个人生中，阴暗面和消极面仍将是我们整个自我的一部分，即使它们只是在暗影里。然而，某些不利条件，特别是当出现破坏个体自我控制感和安全感的因素时，很有可能会触发人类各种阴暗面的表达。

因此，你目前的生活会影响你的感觉。你可能会感到自信或不确定；对未来或乐观或悲观；认为你对自己的生活有一定的控制权或者几乎没有。你的未来取决于你当下的情形和感受。它也将决定你自我中的哪一面向会更加突显。你的观点更多是建设性的，还是破坏性的？你会寻求积极的改变，使事情变得更好，还是单纯反对发生在你身上的一切？

反对的心理动力

将上述心理动力应用于像“黄背心抗议”这样的民粹主义运动，大多数人都通过“反对某物”而颇具特点，无论它是什么。

他们中的许多人似乎都秉持虚无主义，显得好像是被迫持不服从态度的。他们的立场是与传统社会的既有价值观和期待相悖，而不是提议和推动一种更为积极的替代性做法。这种积极的替代性做法使我们能够朝着目标、沿着既定方向，在生活中向前稳步前进。

他们的态度是消极的，由于嫉妒、怨恨和报复，他们表现得好像一门心思要摧毁一样事物。他们觉得被生活亏待了。这些边缘性活动在信息泛滥的时代得到了额外加持，他们在社交媒体上引人注目的口号和煽动性的言论比官方新闻稿和正式演讲更有可能吸引公众的眼球。

倾向于民粹主义的人不信任或不重视传统媒体，或干脆对其嗤之以鼻，这进一步扩大了社交媒体的影响。这些领导人的煽动性言论在网上显得如此“完美”，他们意欲使普通人与精英对抗、让移民与公民对抗，但他们却拒绝为错误的策略承担任何责任。

话虽如此，我相信，采取顽固的对抗立场的，多是那些弱势的、被剥夺权力的人。而这些人，往往认为社会经济和政治力量于他们不利。然而，令这个选择颇具吸引力的原因是，基于“反对什么”而非“必须去争取什么”来组织这种活动要容易得多。遗憾的是，这类边缘性活动的大为流行，使得世界各地的政治似乎越来越被“我们反对什么”而定义。这种对现状的普遍不满，被视为是对人们生命质量的威胁。

主要的社会经济和政治力量在当下变得极其混乱，在相当大的人群中传播着恐惧和焦虑。因为财富集中在收入最高的1%的人手中，许多人对收入水平的巨大差距感到愤怒。中产阶级再也无法把他们孩子的向上的“阶层流动”视为理所当然。

加剧人们恐惧的是技术进步的速度、人工智能的兴起和自动化，它们一起威胁到很多蓝领的工作机会。许多人没法不问自己：“若‘我是谁’由‘我拥有什么’来定义，当我失去了这一切，我还会是谁？”他们的基本自我意识处于不言而喻的危险之中。

除了这些担忧，许多人还受到移民人口变化的威胁，这导致了身份政治①的激增。恐怖组织的袭击也加剧了人们的焦虑。日复一日，我们的新闻滚动播报着全球范围内新的暴行，也严重破坏了人们的安全感和实际安全。

自第二次世界大战结束以来，我们一直生活在核毁灭的威胁之中。当下的新冠疫情大流行加剧了这种状况，也显示出全球经济体系存在根本性弱点。当然，所有恐惧的根源似乎是气候变化，以及我们人类导致自己毁灭的可能。这种恐惧如此之巨，以至于人们普遍诉诸大规模否认。似乎这样做，这些恐惧就会自动消失。

很明显，所有这些力量共同导致了无助感和脆弱感。它们还燃起了怨恨，这是一种被传统机构和领导层背叛的感觉。而在过去，它们曾提供足够的稳定感和安全感。结果是，很多人不再相信现有社会制度的公平性和合法性。

不应感到惊讶的是，作为回应，政治变得越来越具有争议性。不难理解，围绕着对立面的反对党及其领导人，选民们空前团结起来。民粹主义政党加剧了人们对失去国家身份的恐惧。他们声称当局已经将人们出卖，他们在经济、政治和社会上都被甩在了后面。

这些民粹主义政党的极具煽动性的领导人所做的，对于本已脆弱的选民来说无异于火上浇油。表面上看似消除了无助者

① 身份政治，即基于身份认同的政治。（译者注）

和抱怨者的恐惧，实际上他们“打包”传递了过于天真幼稚的想法：努力从腐败精英手中夺回控制权，因为精英们正在将国家的经济和文化遗产拱手相让于只会置民众于危险之中的移民群体。

这些普通民众不会意识到，追随这些煽动型的领导人只是为他们的处境争得了一个暂时的所谓“出路”。从长远来看，这些煽动口号只会制造更多分裂，从而加剧不稳定。大多数被极端主义吸引的人，大概已经完全忘记了法西斯主义、纳粹主义和种族灭绝的可怕暴行。相反，这些民粹分子一路在消费的，不过是在荒诞政治和社会剧场中不断出产的虚假新闻。我们不再依赖一个正常的政府机构所秉持的“观点温和、政策稳定和非正式的自我检视（尽管它不完美）”。而在社交媒体兴起之前，类似做法本可以平衡极端民粹者的观点。

美国前总统唐纳德·特朗普（Donald Trump）就是这种做派的典型代表。作为夸张、歇斯底里、诽谤和破坏性的党派分化的大师，他是“无论什么，我都反对”精神的灵魂，无论“它”是《巴黎气候协定》、北大西洋公约组织（NATO）、欧盟、《北美自由贸易协议》，还是世界卫生组织（WHO）。特朗普的分裂性言论和令人不安的推文造成了满目皆恨的政治崛起，并吸引了狂热的追随者，尽管他是一个领导失灵的、令人难以置信的典型。

他的行为产生了涟漪效应，间接鼓舞和鼓励了全球其他煽动型领导者。这些强人在华盛顿的这个粗鄙对手身上，看到了类似狂热反对的“家族”精神。

在英国，英国脱欧的动机是反对欧盟，而不是对作为欧盟成员的反对。但法国的“黄背心”抗议活动给了全世界一个最纯粹的关于“后建制政治”的鲜活一瞥，因为这个运动所达成的仅仅是对现状的极其愤怒和对制度的极度不信任。尽管其动员能力令人印象深刻，但他们“彻底摧毁一切”的哲学几乎没留下什么可示人的成果。这再次说明，破坏性政治只会导致社会崩溃。

因此，当今社会的一个主要挑战是如何妥善面对这种“无论什么，我都反对”的现象和倾向。我们可以做些什么来防止类似 ODD 的社会回退情感成为主流？如何才能阻止个人自我的阴暗面成为主导？

一个稳定的积极自我包括有持续觉察真正的自我的能力，即使在巨大的压力下也能保持坚定不移。人可以在多大程度上战胜无助感，取决于我们对生活持有何种乐观态度。若足够乐观，我们就有勇气想象，无论在什么情况下，我们都能够有所作为。

为了共创一个更好的社会，我们所有人都需要努力防止我们的阴暗面占到上风。我们所有人都应意识到，消极身份的语言只会导致自我局限和自我毁灭的行为。抵制“无论什么，我都反对”将是一项艰巨的任务。坚守立场反对唐纳德·特朗普这样的破坏性领导人是一个真正的挑战，因为他们不断挑衅公正、人性和环境。只有当我们能讲出令人信服的故事，我们才能站起来反对这些人。我们必须提议更多的建设性替代方案来鼓舞其他人。

民粹主义运动有一个观点，即某些社会变革早该发生了。“反对某事”，显然可以成为这些变革一个有利推动。许多社会已经变得极不平等，被明显区分为富人和穷人。毋庸置疑，战后中产阶级生活的象征——稳定的工作、足够养家糊口的薪水、养老金的亮丽前景已经消失。作为工业资本主义的继承者，金融资本主义导致了巨大的财富不平等，它甚至都不屑假装愿意公平分配。

新冠疫情大流行的当前，作为两极分裂政治的替代方案，我们比以往任何时候都更需要在社会中创建关怀型社区，采取各种行动来克服眼前世界特有的不平等。与其破坏和焚烧、拒绝和排斥，为什么不试着找到共同点来弥合分歧呢？

我们的挑战是，创建以责任共担、互利互惠为主旨的社会，以便人们能够在社区中感到安全。然而，这需要我们首先通过集体合作来重建信任。因此，我们需要采取各种措施以使共赢理念占据中心位置，这也意味着我们生活在一个“不太受唯物主义和自私性支配”的世界，一个“超越极少数人特权”的世界，一个“关注共同利益是常识”的世界。正如哲学博士阿尔伯特·史怀哲（Albert Schweitzer）所尖锐指出的：“为共同利益而努力，是最伟大的信条。”

我们需要创造这样一个社会，即一个当代人对下一代承担更大责任的社会，一个以子孙后代的未来为首要考虑的社会。

这听起来可能过于理想主义，但当人们在有一致目的和共同目标的强大社区中一起努力时，不可能就会变成可能。但若让“无论什么，我都反对”一直占有话语权，我们将很难期盼这一愿望的实现。

23

生活在“小我”的世界

我想知道，如果纳西瑟斯第一次看见的是污水池，自恋的过程是否会有所不同。

——弗兰克·奥哈拉

基于我在第22章中的论述，在本章中，我会进一步阐述我的观点。即我们今天面临的最大的挑战是，创建由共担责任和互利互惠为治理逻辑的社会。1887年，社会学家兼哲学家斐迪南·滕尼斯（Ferdinand Tönnies）出版了《社区与社会》（*Gemeinschaft und Gesellschaft*）一书，并在书中区分了两种社会形式。[①] 在“社区型格”中，社会关系基于个性化的社交关系及由人际互动派生的角色、价值观和信仰而被定义。“社会型格”的概念则更加客观和理性。与“社区型格”相比，“社会型格”以间接互动、正式角色、普遍的价值观和信仰为特征。

“社区型格”适用于农业气质的社区（家庭、部落或村

① Ferdinand Tönnies（1887）. *Gemeinschaft und Gesellschaft*, 8th edition, reprint 2005, Darmstadt: Wissenschaftliche Buchgesellschaft.

庄)。在这些社区中，人际关系更被珍视，群体利益优于个人利益，传统的家庭、家族关系和宗教纽带占主导，个人关系由传统的社会规则定义。相比之下，“社会型格”携带着更多个人主义因子，但也更加城市化、国际化，其社交关系更具工具性和表面性。简而言之，在“社会型格”中，利己主义盛行，效率及其他经济和政治考虑占据着主导地位。

基于滕尼斯的观点，我认为，在最棒的世界里，一个社会应同时体现“社区型格”和“社会型格”两种品质。挑战在于如何在二者之间达到平衡，以确保个人和社会需求可以被不同程度地满足。

集体主义与个人主义

生活在传统“社区型格”的人，更倾向于有集体观念，喜欢与交往的人有稳固的关系，并以“互依”关系来自我定义——群体优先于个人。个人的利益是次要的，集体利益起着核心作用。因人们有共同的目标和价值观，个人若有目标，也会从属于群体目标。正如千百年来发生在农业社区中的那样，人际关系、普遍性纪律和群体团结对生存至关重要，人们也愿意为“更大的利益”牺牲私己的价值观和目标。

相比之下，如果一个社会具有典型的“社会型格”特征，那么个人利益就会成为最重要的。人会选择将自己的想法置于群体的目标之前。他们追求个人价值，根据个人的判断行事，优先考虑的是自己的愿望和欲望，而不是他人的利益。可以预见，深刻而有意义的联系在这样的社会里将是稀缺品。

向“社会型格”的转变

20 世纪发生了从“社区型格”向“社会型格”的转变，并且这一进程在最近几十年中加速了。这意味着，对符合社区和家庭最大化利益的关注已经转变为“什么是对我最好的”。在后工业化、数字化的世界中，已经呈现出了更多的“社会型格”，个人主义行为模式出现在更复杂、技术更先进的社会中。在这种社会中，“适者生存”的心态占据了主导位置。

从“社区型格”到“社会型格”的转变有着更黑暗的一面。它将“我们”社会转变为“我”社会，在这个社会中，自我的上升和个体的个性占据着首要位置，人们不惜一切代价追求自我实现。“我”社会以财富、权力和地位定义的个人成功为导向，对“为更大范围的利益做出有意义的贡献”不是很感兴趣。

在价值观上，“社区型格”到“社会型格”的转变体现为从集体主义到个人主义、从公民责任到自我满足的转变。随着个人主义的兴起以及社会规范和结构的下滑，我比较担心，家庭和社区不再像从前那样能够提供相同程度的支持。

既矛盾又反直觉的是，在我们这个高度连接的数字时代，集体主义似乎在衰落。社交网络（社会化网络）和集体主义看似分道扬镳了。尽管社交媒体的口号是“让世界更加互联”，但我们好像不应将“互联”误认为是集体主义。社交媒体的连接往往非常肤浅和表面化，它只是一而再地从侧面强化了“脱离”之感，使人们逐渐意识到了他们其实缺乏真正的联系。

向“社会型格”的过渡，其实损害了相当一批人的利益。社会联结的破裂，使许多人感到空虚、缺乏社会意义和无连接感。此外，它还凸显了一些潜在的、功能失调的人格特征。高成就取向往往与个人的傲慢、自我内卷密切相关。我担心的是，这种高度个人主义已经成了自恋文化的基础，并且无可避免地引致了冷漠、自负、失礼，伴随着对他人利益的无动于衷。①

如之前所提及，社交媒体通过身份政治、民粹主义、偏执倾向、虚假新闻、对媒体的仇恨和仇外心理传递着不和谐的音符。我认为，当前政治体的日益两极分化和尖酸刻薄的语气，正是这一事态发展的表现。仇恨犯罪不断增加的事实，也是同样的道理。此外，不道德的企业行为也助长了这一不良风气。在“我”社会中，那些有助于社会联结的品质——尊重、同情、同理心、宽容、谦逊和无私——似乎已经消失得无影无踪了。

自尊运动

育儿方式的变化，也在潜移默化推动这一转变。在“社会

① Christopher Lasch (1991). *The Culture of Narcissism*. New York: W. W. Norton.

型格”的社会，父母更看重孩子的个人成就，而非他们的公民责任。这种世界观受到这类研究的影响，即高自尊与成功生活之间存在高度相关性。①

自尊运动的倡导者有一个观点：我们都天生需要自我确认。我们需要一种自我安全感，因为它会从心理、精神、社会和身体的各个层面影响每个人的生活。帮助孩子获得坚实的自尊感，对他们的发展至关重要。然而，当父母把握不当、过度溺爱，导致孩子出现极端个人主义的特征时，这无疑会成为一个问题。我们需要意识到，强调“做得已足够好”和“功能失调”的不同父母之间，界限其实并不明显。

一些家长在试图帮孩子建立自信时做得十分过火，比如告诉他们多么特别和独特，只是表扬而绝不批评，甚至煞费苦心营造出一种孩子在其中根本不可能失败、遭受批评或出现其他不利于孩子的结果的场景。

这些“直升飞机”家长替孩子们打仗，却没有意识到如此过度地保护孩子，最后谁也赢不了。他们做到的，只是将孩子们与那些困难情形隔绝，但这本来对孩子的成长和复原力至关重要。同时，他们也向孩子的潜意识传递了一个错误信息，即孩子们永远也无法独自应对他们自己的难题。

自尊运动的倡导者没有意识到，自尊既不是被给予的，也

---

① Nathaniel Branden (2001). *The Psychology of Self-Esteem: A Revolutionary Approach to Self-Understanding that Launched a New Era in Modern Psychology*. San Francisco: Jossey-Bass.

不可能以礼物的形式出现。自尊只能通过努力工作、战胜逆境及承担风险获得。自尊不能建立在外表美丽、幻想中的优越感、权利感和不劳而获的肤浅基础上。自尊只能来自能力。

当我们给孩子们各种机会去全方位探索自己时，他们会发展出自己的能力，这将使他们有信心去应对下一个挑战。真正的生活体验，能促进独立思考、事业心、韧性和适应性，从而形成成长型思维。只有当我们的孩子因真正的成就而受到表扬时，他们的自尊才真正有了坚实的基础。

自恋的文化

我相信，这两个聚合的社会转变——“社区型格”到“社会型格”，以及自尊运动——产生了巨大影响。由于这两种“运动”都鼓励更关注自我，自恋行为和自恋型人格障碍的发生率开始急剧增加。①

精神病医生的专业手册《精神疾病诊断和统计手册》将自恋型人格障碍描述为：“一种充满幻想的模式，有被欣赏需要，

① J. M. Twenge, S. Konrath, J. F. Foster, K. Campbell, and B. J. Bushman (2008). "Egos Infating Over Time: A Cross-Temporal Meta-Analysis of the Narcissistic Personality Inventory", *Journal of Personality*, 76: 4, pp. 875-901; http://time.com/247/millennials-the-me-me-me-generation/.

但缺乏同理心。它始于成年早期，存在于个体的各种环境中。”①这种性格类型的某些模式是“自我重要感”的幻想，涉及无限成功、权力、才华、美丽或理想爱情。

自恋者自认为很特别，需要被仰慕，自以为有各种权利，擅长人际利用，缺乏同理心，嫉妒他人。他们傲慢，自认为非常有才华、不一般、很成功。他们非常擅长展示或“摆出”高自尊。但一切也许都只是在虚张声势，他们实际上没什么安全感。事实上，这种不安全感可能是他们不断想证明自己的背后动力。

这种狂热的自我“崇拜”相当令人担忧。它不仅体现了自恋性格的所有特征，如浮夸和自我重要性，还具有了精神病的症状，包括：利用肤浅的魅力，需要不断的刺激，喜欢撒谎、欺骗和操纵，以及感受不到内疚和悔恨。

社交媒体

社交网站是自恋行为的理想温床，是对“唯我独尊”“社会型格”的推波助澜。由于自恋者更喜欢人际的浅表连接，社交网络简直就是天赐良物，是个体“存在感”的理想媒介。

数字平台非常有利于自我展示，为早期自恋者提供了完美

① American Psychiatric Association (2013). *Diagnostic and Statistical Manual of Mental Disorders*, *DSM V*, Washington, DC: American Psychiatric Publishing.

的工具，方便他们向世界展示他们如何优秀。社交媒体俨然成了人们应对不安全感的重要依傍。但就像毒品一样，他们很可能会上瘾。

千禧一代及其后未来世代，即高度“唯我独尊”的世代（比如“Z 世代”），在使用社交媒体方面似乎特别有天赋。然而，他们对这些社交平台的依恋，会造成一种近似绝缘的生活，这使得他们异常脆弱。他们通过手机或平板电脑穿梭于 Facebook、YouTube、Instagram、Snapchat、WhatsApp 或 Twitter 中，在这些社交平台上为自己的“品牌”做广告，以此增强自尊。

鉴于这些活动几近令人上瘾的性质，比起“正常”的社交活动（如聚餐等），很多人用在社交媒体上的时间往往更多，这一点也不令人惊讶。甚至可以说，与赌博、酗酒、吸毒或性行为一样，社交网站一样会带来“兴奋”。

社交网络的问题在于，几乎每个人都会悄悄地自我美化——从我的孩子们和孙子们的对外界信息的接收中，我产生了这样的感觉。所有这些精美的图片可能令人极其愉快，但无法准确反映现实世界。它是我们展示自己最佳状态的一种方式。这种呈现欲的缺点是，图像和信息的接收者常将自己与他人进行负向的比较，即高估他人的乐趣，同时低估自己的经历。

因此，他们总认为自己错过了一些东西。他们没有意识到，他们得到的是一个经过净化处理的版本，而这个版本的前身是人类共有的普遍“混乱”的体验。结果是，明明可以感觉更好，他们的自我感觉却越来越不好。难怪在网络上浪费大量时间后，社交网络用户会普遍感到孤独、沮丧或生气。因为与他们的“朋友”相比，他们只会感到不足。

就发展自尊而言，不断受到同龄人的影响和压力，千禧一代及其未来世代会感到无助。这与以往的学习模式有很大的不同，那时的教育和信息是由上一代往下、代代相传的。在社交网络的世界中，人们与他人只形成了很表面的联系，却未形成丰富的、基于社区或家庭的互动。由于他们花了太多时间看屏幕，而不是进行面对面的交流，所以他们无法发展出理解他人、与他人建立连接的沟通技能，也无法与他人共情。

展望未来

从个人、组织和社会的角度来看，我们应该采取哪些步骤，以便在“社区型格”和“社会型格”之间建立更好的平衡？在坚持诸如宜居、有凝聚力、自我检视这些社区品质的同时，社会如何才能促进经济和政治的发展？

逐渐迁移到“社会型格”的个人主义的兴起，是否意味着社区和家庭都不再像过去那样，能提供更多的社会支持？这是否为人的自恋创造了肥沃的土壤？社交媒体是否正在成为培养那些只顾自己的、毫无安全感的自恋者的孵化器？

重点应该是先适当调整与自尊运动相关的某些前提。诚然，作为父母，我们需要向孩子注入坚实的自尊，但表扬这件事儿，需要的是直接与适当的、可识别的行为和可见的成功联系起来，而且最好是线下面对面进行。为了避免孩子成为社交媒体瘾君子，匀点时间进行更多面对面的接触会对其很有帮助。

家长和教育工作者应积极促进儿童的真实人际互动（即面对面的互动），创造机会给予他们发展基本社交技能所需的真实体验，如同理心、同情心和关心他人。若这些体验能成功内化，他们将更具有公民意识，并愿意遵守自己的政治承诺。

在企业中，组织生活中的挑战是使企业“成为一股向善的力量”。因为，既要利润、又要向善，这种“表里不一”并非鲜见。同样，我们需要找到方法以防止“小我”社会占据上风。例如，不允许过度自恋的个人成为CEO或在管理团队中担任高级职位。通常，在自恋型领导的带领下，下属会倾向于选择只是简单告诉这些领导者他们想听到的，这样领导者就无可避免地生活在一个回音室中。结果是，他们大概率会做出对组织有害的行为和决策，包括欺诈性活动。

在与这些人打交道时，我们应牢记，他们也许会声称对公司忠诚，但实际上，他们只会忠实于自己的议程；相比基于组织、利益相关者或社会利益进行决策，大多数决策是由他们的自身利益主导的。

对我这样的组织设计者和领导力辅导者来说，真正的挑战是打造人性化的组织——在这里，人们有话语权，有学习的机会来呈现他们的创造力，并能享受一种教练文化。在这种文化中，领导力是一项“团队运动”，而不是少数人的福利，摒弃人人只顾自己的文化。

这类组织缺乏基于“利益相关者”的价值观，以此作为集结的唯一号角，无疑会引致人们“长期遭灾”。组织应意识到它其实有许多利益相关者，需着眼更长远、注重可持续发展，同时也寻求成为可持续发展的世界的一部分。

为了保有健康的自尊，我们都需要有一定程度上的自恋，但处于自恋光谱的高处则是另外一回事。过度自恋往往体现了个人主义的阴暗一面。它倡导的是“没有责任的自由，没有个人牺牲的关系，以及远离现实的积极自我观”。

当过度自恋漫溢到社会中时，就创造了一个充满“小我”的世界，以虚荣、物欲、权利和追求名利为特质。这样的社会不提倡价值观或同理心，反而让肤浅、剥削、贪婪、物质主义和过度的消费文化占据了主导地位。

毫无节制的对自我利益的追求，即“相信从自己的利益出发行事将为所有人创造更美妙结果”的信念，是虚幻的。“小我”社会只会带出人性中最坏的一面。它们造成了一个有毒的社会、经济和政治环境。事实上，最近的全球金融危机，部分正是由投资银行家的过度自恋行为造成的，这些人是无任何边界的、肆无忌惮的金融产品设计师。

这些所谓的“宇宙大师”中的许多人由自恋导致的过度自信所驱动，给社会带来了可怕的后果。同样的评论完全适用于很多国家应对新冠疫情的方式。在迫切需要协同的时候，它们仍在坚持各自为政，不愿意展开合作。

具有讽刺意味的是，当我们回顾智人的历史，我们会发现，人类在非洲严酷的热带稀树草原上最终得以生存下来的方式，以及我们战胜强大得多的捕食者的妙方，全有赖于合作。基于人类的进化史，我们是天生就愿意合作的物种，也天生愿意从事利他主义行为。

遗憾的是，尽管智人有着利他主义的历史，基于我们的依赖需求选择的领导者似乎都有自恋甚至精神变态的人格障碍。看来，作为智人，在相互合作和各自为政的象限内存在着持续的张力。在各种情形下，这些极具诱惑力的人——他们似乎为多种社会困扰提供了神奇治疗——始终在鼓吹合作进程。

在这样的领导力下，出现由于自恋文化而导致的各国种族和意识形态方面的紧张关系以及极端政治党派主义就一点儿也不奇怪了。尽管这些政策制定者可能会提出高尚的主张，但在内心深处他们都是利己主义的，他们对短期利益更感兴趣，对从其他角度重新评估世界缺乏同理心。

这些以“小我”为导向的人似乎没有意识到，一个被自私自利驱使的社会将无可避免地成为一个孤独的地方，会对生活在其中的人们造成巨大的伤害。

这个会带来灾难性后果的潜在炸药桶，有可能会摧毁我们的星球。新冠疫情已经揭示了我们所生存的这个世界的高度相关性。仅仅追求狭隘的自我利益不会是最终答案。这场疫情表明，许多领导人并没有有效应对这场危机的能力。

我认为，现在是恢复“社区型格”和“社会型格”之间平衡的关键时刻。这样，我们就能够在一个复杂的后工业化和日益虚拟化的社会里乘风破浪，同时也能生活在一个拥有良好的社会关系和互动、以责任感和公民责任为导向的社区里。

“社区型格”的语言需要“东山再起”，但如果没有彼此关照和关爱，就不会有社区意识。作为个体，为了他人和我们自己，我们的心胸必须足够宽广，以便能照顾到他人的需要。与此同时，我们不应被那些看似高尚、实际却只关心自己的人所诱惑。我们应该意识到，在他们表面华丽的声明背后，他们真正想做的是将“社区型格”悄无声息地转化为类似邪教的运动。

24

你被邪教吸引了吗？

某人的宗教，或是另一人的邪教。

——菲利普·塞默·霍夫曼

受邪教影响的人的行为，与我们在吸毒者身上观察到的行为类似。

他们的典型行为包括败光银行账户、无视下一代、破坏家庭关系，以及对毒品或邪教以外的任何事物都毫无兴趣。

——基思·亨森

我一直很好奇，为什么有人会被邪教吸引？于我，邪教只会令人产生不舒服的联想，比如曼森家族、天堂之门或琼斯镇。邪教也让我想起了哈厄·奎师纳运动和其他神秘的东方宗教团体。当然，除了这些宗教团体外，政治、生活方式团体甚至商业协会中也有许多类似邪教的行为。

我想弄清楚，类似邪教运动的激增是否是第二次世界大战后困扰着西方社会的社会普遍不和谐现象的突出症状。正如我在第23章中所提及的，也有这个可能：邪教现象是对从“社区型格”到“社会型格”运动的一种反应。

然而，我心中挥之不去的疑问是，人们为什么要加入邪教？他们出于什么动机这么做？这么做的一个主要理由显然是寻找意义。邪教承诺回答主流社会中没有答案的问题或疑问。它们似乎满足了人类对绝对答案的人性欲求，比如善与恶、宗教的作用、生活的意义、政治的影响，又或者，仅仅是现状中很不讨喜的那些物事。

归属于某个群体是深层的人类需求，更增加了邪教的吸引力。我们都有依赖和归属需求。一些人加入邪教，仅仅是为了成为社区的一部分。

人们被邪教领袖做出的权力和救赎的承诺所吸引。许多邪教领袖散发着魅力。他们迷人、优雅、魅力四射，颇具说服力，有着吸引追随者的神奇能力。然而，在表面所有魅力的背后，许多邪教领袖都有自恋、反社会甚至心理变态的人格障碍特质。

在职业生涯的早期，我偶遇了某种公社的领导人肯。应他的一个教徒的父母的请求，我联系了他。这个教徒是我所在大学的学生。他的父母问我是否愿意去拜访这个公社，以便我能跟他们分享我的观察。我当时是麦吉尔大学管理学院的教授，受老朋友亨利·明茨伯格（Henry Mintzberg）的影响，我对不同形式的组织设计都感兴趣。出于好奇，我同意了。[①]

必须承认，我第一次见到肯时，就被他的魅力吸引了。他有非凡的诱惑人和使人着迷的能力。事实上，和他见面是一件很有趣的事。他衣着华丽，说话的样子有点夸张。令我吃惊的一个反常现象是，他居然是开着跑车来的。显然，肯不仅擅长精神启蒙，还喜欢开快车。

当我问及他的背景时，他只是给了一些非常模糊的描述，我隐约听到他似乎是成长于贵族家庭。他还在不经意间提到，在开始宣扬自己的信条之前，他是许多著名大师的门徒。后来，我了解到他告诉我的大部分内容都不真实，他那么说只是为了掩盖他平淡而平凡的背景。

肯很努力地想让我相信他所做的事的价值。他是一个非常圆滑的健谈者。听他说话的时候，我被他使用“我”这个词的频率震惊到了。有趣的是，他完全未觉察到这一点，也明显未意识到他过度自恋的倾向。同样非常明显的是，他有使用“分裂”这种含有人类原始防御机制的词的习惯。

我的意思是，他的世界非常严峻，黑白分明：他的人，以及反对他的人。他习惯性地把非成员或非信徒称为“敌人”。我注意到，任何批评或质疑他的人很快就会被归为后一类。他与门徒的互动方式显示，他要求门徒们的绝对忠诚。

---

① Henry Mintzberg (1979). *The Structuring of Organizations*. London: Pearson.

肯认为自己很特别，是唯一能解决人们问题的人。他还倾向于高估自己，贬低周围的人。在任何情况下，他都需要成为关注的中心。当我请他对一些教条主义的言论做解释时，我看到他的脸变僵硬了：他明显不习惯被质疑或被挑战。同时，他对我的评论异常敏感。他似乎还有偏执倾向。听他说着所有这些，我觉得他很有戒心，总是想象一些人正在密谋反对他（包括邀请我去他的公社的父母）。当然，这一假设背后，确实有一部分是真的。

尽管有这些不那么迷人的特点，肯依然很轻松就能吸引他的追随者——他们愿意忽视他的负面特质。然而，我仍然困惑，在对追随者们做出种种不入流的事的前提下，肯是如何做到让追随者们对他保持绝对忠诚的。我学生的父母说，为了让追随者服从他的意愿，他会采取任何手段伤害他们，包括情感、心理、身体、精神和经济的手段。我还被告知，他会性侵某些信徒以作为一种入会仪式。

在我看来，邪教组织的许多成员都诉诸“对入侵者认同”的过程，这是他们个人生存战略的重要部分。精神分析学家安娜·弗洛伊德（Anna Freud）在二战集中营幸存者中首次注意到类似情况。[1] 根据她的观点，“对入侵者认同”的心理机制会促使当事人与“入侵者”主动“合作”。在这个过程中，邪教

---

① Anna Freud (1946), *The Ego and the Mechanisms of Defense*. New York: International Universities Press.

领袖也会呈现出入侵者的人格特征，以便更好地持续他们的邪教事业。

肯似乎有兴趣让我加入他的事业，我也就设法多见了他几次。在这些访问中，我对他的识人能力印象深刻。特别是，他能很熟练地瞄准他们的深层困扰。此外，似乎越混乱，他就越显得生机勃勃。时机合适时，他极有可能会导演出一部伟大戏剧，制造出一个危机局面。通常来说，他的行为是不可预测的。当他走进人群时，我不认为他的追随者们清楚将会发生什么。下一刻，他是一个令人愉快的、心地善良的人，还是一个令人厌恶的卑鄙之徒？他会在公共场合给某人难堪，还是放过他们？

在我看来，我学生的状况很糟糕。当我告诉肯，某位年轻女性是我来的真正原因时，显然，肯并不认为他做错了什么。他才不会为她的抑郁状态背锅呢，更不用说承担任何责任和感到内疚了。他唯一的反应是贬低她，说她有点不合群，不适合加入这个团体。

看到肯的次数越多，我就越为他"反社会"的、"唯我独尊"的操控性行为感到恼火。于建立一个真正的社区而言，我没看到他有持续集中的努力。整个所谓的社区一团糟，也看不到任何形式的组织流程。鉴于他缺乏亲社会行为，在我访问后不久，他的邪教社区就崩塌了，这一点儿也不令人意外。

还有一个主要原因是，有一堆财务渎职的诉讼等着肯。至于我去肯的邪教社区的缘由——那位女性，经过多次治疗，她总算从邪教的惨痛经历中逐渐恢复过来了。

邪教心理动力学

作为“迷人的捕猎者”，思想控制大师如邪教领袖肯，深知如何解决人们的焦虑。他们就是能不费吹灰之力让他们的追随者相信各种稀奇古怪的东西。在吸引追随者的同时，他们通常会做出很多无法实现的承诺，例如完全的财务安全、全面的健康、持续的内心平静，甚至还有许多人暗中或无意中渴求的永生。

此外，他们的许多建议都模棱两可，以至于无论怎么说，他们都不会错。这些邪教领袖自称是真理的终极来源，但这些真理根本无法证实。他们说服门徒“购买”(有时是字面意思)他们推销的任何东西。他们的故事也特别令人信服，因为他们所宣称的都是意味深长的简单信息。这与我们在典型的、单调的日常生活里常见的情况恰恰相反。

正如肯的案例所呈现的，在邪教被创建的过程中，有几种心理动力在起作用。例如，邪教利用了人类沉迷于“魔力思维”的倾向，即相信一个人的思想或行为（包括他的言辞及象征动作）可以改变物质世界中的事件进程，而不必存在因果关系。

不幸的是，人们参与这种“魔力思维”的主动意愿无形中强化了赋予邪教领袖全能的魔法力量的倾向，这与孩子们想象父母能够读懂他们心思的方式非常相似。同样，由于回归的力量，邪教成员很容易相信其领导人拥有同样的权力。

我观察到了这些邪教领袖“诉诸建议”的威力。强大洗脑的结果是，他们的追随者很难区分现实和邪教内部被扭曲的生活方式。许多邪教领袖运用蕴藏在人的潜力、遭遇、敏感性训练和人本主义心理运动中的技术，并将它们与邪教的意识形态和说服性销售方法相结合。肯就是一个很好的例子。正如我们所看到的那样，许多政治领导人的做法如出一辙。

因很少有人遭到殴打或受到其他伤害，对局外人来说，被操纵的邪教皈依模式也许并未显得特别激进。但据我观察，像肯这样的邪教领袖很善于利用心理和行为控制技巧，去切断追随者与外部世界的联系。这些方法加深了邪教成员现有的不安全感，于是他们更加完全依赖邪教，来满足他们所有的身体和情感需求。

洗脑

许多此类邪教运动的主要目的，是推进其领导人的个人目标，即对成员进行彻底的控制。无论一个邪教的信条是什么，都是这个教派思想、感觉和行动的主要操作程序。他们采取操纵性的思维控制和巧妙的皈依设计，利用欲皈依者的潜在脆弱，设法使后者完全降伏于邪教的主程序，而无任何质疑（第 9 章描述能帮助“即时改变”的心理健康大师时，我提到过这一点）。

引用“洗脑专家”埃德加·沙因（Edgar H. Schein）的话，他们遵循一个“解冻”（将人的原有自我意识分解）、“改变”（灌输新的意识形态）和“重新冻结”（强化新身份）的过程。通过在易受暗示的人中造成心理失衡，他们成功地让后者发展出一种新的身份。邪教心理学的一个基本思路，是敦促新来者完全放弃他们已经有些动摇的过往身份。

之后，在任何情形下，邪教的主程序都会告诉这些新来者应该如何行动、思考或感受。邪教成员不仅被禁止使用批判性思维，而且总体而言，其他思考似乎也不被允许。任何形式的质疑、怀疑和发泄，都不被鼓励。个人情感被抑制，成员必须时刻表现出满足和热情。与邪教领袖发生意见分歧时，等着他们的将是极大的压力或社会性的惩罚。

恐惧和内疚，是任何思想改革或心理控制计划的焦点。在大多数情形中，一个恐惧的人无法进行批判性思考，做决策的能力也降低了。邪教策略还包括在团队成员中诱发恐慌和恐惧症（强烈、非理性的恐惧），以使领导层保持控制。成员们开始相信，如果他们不遵守规则或是离开团队，甚至只是想离开团队，就会发生各种可怕的事情。当恐惧和内疚被添加到这种有毒混合物中时，就会产生高度依赖的个体。最终，诸如成员们是谁、做得如何、过得怎么样等关键问题，全都有赖于领导者的一己评判。

偏执思维

正如肯的行为所呈现的那样，偏执是许多邪教的一个显著特征。邪教的领导层维持其权力的法宝是，不断强化“非此即彼”的心智模式。在他们的教义里，邪教之外的非教徒总是与他们过不去，试图夺走他们拥有的“好东西”。借由诸如此类的火上浇油，邪教领袖很容易就在成员中催生了“两极分化”的心态。这样做是应对外部世界的有力方式，因他们所希望的，正是他们的成员能与从前的生活彻底割裂。

邪教领袖试图使追随者相信，他们所来自的群体、家庭和政府是为了“威慑”住他们，只有教派才能保障他们的安全。这种“非此即彼”的心智模式，最终导致邪教成员在社会上将自己与朋友和家人完全“绝缘”了。邪教成员用邪教内部的新关系取代了这些关系。

针对被剥夺权利的人

邪教对较为自卑的人特别有吸引力，我的学生就是一个很好的例子。加入邪教的最常见的一类人是无社会归属感的人。他们感觉自己被不公平对待了，其他人不理解他们，或者他们自己深感无力。这些都是极强的情绪，会导致愤怒，因而想去猛烈攻击他人。

此时，能提供力量和机会、可以帮助复仇的邪教自然就很有吸引力了。恐怖组织也经常招募有这类需求的人。他们更容易相信，只要加入邪教，就会发生奇迹。他们更容易抛弃过去的信念，轻信邪教所宣称的，坚信邪教才是他们寻寻觅觅的支持性环境。邪教领袖及他们的施训者有意识地，并且人为操纵地，施加了系统的社会影响，由此引致了教徒们前后迥异的行为变化。

让这些人皈依的方法之一是“爱的轰炸”。低自尊的人会被吹捧、赞扬和诱惑，以训练他们的大脑将爱和接纳与邪教关联起来。随后，通过公开羞辱和自证其罪等机制，邪教领袖就能手握控制权。肯尤其擅长拉动这些绳子。在以上过程中的某个时刻，潜在的皈依者被操纵，呈现出惊慌失措、迷失方向的状态——招募者制造出了一场情绪危机。

他们攻击并试图压倒皈依者的感知，用特定技术诱发一种抽离的状态，使后者的意识变得恍惚。这个时候，精神和身体是彼此分离的。这些动作包括睡眠和食物剥夺、打鼓、吟唱、连续数小时的布道、闪灯、拉成圆圈旋转等。所有这些技术都会伤害人的感知，从而破坏人的思维能力。

另一种控制形式是“停止思维”技术。它包括多种形式：吟诵、冥想、唱歌、哼唱、专心祈祷等。这些技巧的使用会使人的大脑短路，不再继续思考现实。新招募者被激励，因而对团队只有积极正面的想法。它相当于一种“邪教皈依综合征”，表现为大脑处理信息能力的过载。

一个封闭的系统

在邪教系统内，借助再社会化过程、意识形态的使用和社会控制的机制，认知的边界被封闭也被加强了。正如我之前提及，这种世界观大反转的目标，是其中成员人格的重建。最终目的，是让信徒与邪教领袖这个自封的“社交代理人”产生认同。皈依者唯一的“朋友”，将只能是邪教中的其他人。这为未来邪教成员可能的离开设置了障碍，因为那将意味着失去所有朋友。

邪教领袖最喜欢的手段，是责令他的教徒“自证其罪”，即令他们提供书面声明，详细陈述个人的恐惧和错误。然后，肯之流将基于这些陈述公开羞辱他们的教徒。成功的教化和再社会化的结果是，邪教领袖和他的门徒之间的关系演变成了一个自我封闭（和生成）的系统。最终，这些绝对忠诚的信徒再也无法想象走出这个群体之外的生活。他们期待的结果是一个新的身份（即基于邪教而塑形的个性特质），他们未来的行事，只能基于邪教权威人物的想象。

换句话说，无论是充满魅力的邪教领袖，还是团队中的其他人，都不需要总是出现在现场告诉追随者该做什么；在内化了所有这些教训并相应调整了自己的观点之后，忠心耿耿真诚无二的信徒们将精准确知怎么做才能留在无所不知和全能的领导者的恩典中。这种社会心理困境及有限的选择，解释了为什么离开邪教或类似的邪教关系会如此困难。

因邪教成员相信自己正以“上帝”之名拯救地球和人类，或在做类似的工作，所以他们相信撒谎、欺骗、误导外人放弃金钱、加入邪教团体是正当的。鉴于很多邪教领袖的心理变态倾向，以及他们普遍的缺乏同情心、不会感到内疚或悔恨的特质，所有这些都是相对容易采取的步骤。

再加上他们日益膨胀的自我价值感、浮夸感和权利感，以及他们歪曲的信念，比如可以随心所欲地攫取任何想要的东西、欺凌任何他们喜欢的人而无须考虑其他任何人等，我们面对的是一个极其有毒的混合体。总体而言，对这些人来讲，最终总能证明他们的手段是正当的。

有趣的是，邪教成员常常不知道自己身在邪教中。尽管对周围的人来说这很明显，但他们往往未必能意识到自己已经成为其中的一部分。大多数人是自愿加入邪教的，因而忽略了邪教对他们的有害影响。他们似乎更愿意看到那些显而易见的好处，而不是暗藏的危险。

但邪教生活常常伴随着危险和持久的影响。我看到过邪教受害者是如何花费数年时间以克服他们曾遭受的情感伤害。

内疚、恐惧、偏执、说话迟缓、表情和姿势僵硬、不在乎外表、被动及记忆障碍，这些都是前邪教成员所呈现出的共同消极特征。严重的抑郁障碍、分裂性身份障碍等，亦可以归因于加入邪教而引致的痛苦过程。精神分析学家伦纳德·圣奥尔德（Leonard Shengold）甚至将邪教称为“灵魂杀手”，认为它的企图无非是蓄意践踏他人的独立身份。[1]

---

① Leonard Shengold (1991). *Soul Murder: The Effects of Childhood Abuse and Deprivation*. New York: Ballantine Books.

我们周围的邪教

与邪教类似的行为其实既不遥远，也绝非罕有，比如琼斯镇，或者类似基地组织的意识形态运动。它无所不在。这类组织都会要求严格遵守一套信仰。当然，反过来，也为其追随者提供了意义和目的感。正如我在前文提及的，这可能是对从“社区型格”转向“社会型格”运动的一种回应。

可悲的是，我们在美国看到了一个令人不安的邪教行为的例子，而且在他国领导人中也引起了共鸣。唐纳德·特朗普似乎制造了一场类似邪教的运动。该运动通过推特及鼓舞士气的集会，发挥了非同一般的精神控制作用。

对于许多特朗普主义者来说，除了特朗普定义过、验证过或确立过的东西之外，没有什么是真实存在的“现实”。我写这篇文章的时候，正逢他总统任期结束的悲惨结局，他的追随者似乎生活在一个平行世界里。根据特朗普的说法，新闻界是“人民真正的敌人”。

移民代表着“对国家的入侵”，这是使邪教成员保持防御和团结的一种方式。“欧盟是敌人”，这意味着与其了解其他社会，不如避开它们。尤其令人惶恐不安的是，特朗普主义者是如何与我们相互连接的世界日渐隔绝的：人类的、社会的、政治的，甚至是内在世界的。

从心理学的角度来看，特朗普主义者毫无批判性思维，他们实际上根本不被允许有任何思想自由。就像在任何邪教中一样，他们已经成为彼此的“思想警察”。邪教成员的主要工作似乎是自我监管，然后彼此监管。如果有人不愿意支持或传播领导者的想法，唯一的补救办法是迅速、明确和严厉的惩罚。邪教成员成为领袖的克隆或延伸，特朗普主义者的成员也是如此。看到类似极端邪教的行为有可能发生在我们所有人的生活里，这真的令人极端恐惧。

总的来说，我认为任何一种社会运动都不需要太久或过多动作就有可能变成邪教。事实上，只需要一个有相当魅力的领导人，用一些吸引人的口号来呼号“诱惑”。而且，在我们意识到之前，我们可能已经身处其中了。

最终，受邪教影响的人们会呈现出在吸毒者身上才能观察到的行为。常见的典型模式是清空银行账户，疏于照顾孩子，断绝与家人和老朋友的关系，只对毒品或邪教感兴趣。因此，当你某天忽然遇到一些颇有魅力的人却说着一些毫无意义的话时，你应该明智地选择只倾听自己，而不是他们。

永远欢迎常识的力量。我发现这是一种抵抗社会性回退的邪教势力的良药。仔细看，我们的周遭其实有一系列类似邪教的行为，从本章描述的真正邪教，到具有邪教特征的其他社会现象。由于依赖需要，我们一直在寻找某种“弥赛亚”(即具有拯救力量的耶稣基督)。鉴于这个普遍的人性弱点，我们应时刻警惕对某种个性特质的崇拜——这是我们这个通信发达时代的诅咒之一。

25

企业文化，还是企业邪教？

领导者唯一真正重要的事是创造和管理文化。如果你不管理文化，它就会管理你。你甚至可能察觉不到这种情况发生的程度。

——埃德加·沙因

伟大的公司文化并无神奇配方，关键是要善待员工，一如你愿意被如何对待。

——理查德·布兰森

每个公司都有自己的“文化”，我指的是公司运行所遵循的方式、定义公司本质的价值观和道德规范、在工作中什么是合适的及何为可接受的行为。基本上，组织文化决定了你在组织中的工作方式。健康的文化，来自于被深刻践行的核心价值观及具有统一目标、目的和事业的共同体。

另一个表明你的组织具备有吸引力的企业文化的迹象，是它吸引和留住高自我驱动员工的能力。若有这样的企业文化，其中的人们更有可能知道如何为可持续发展服务。这类公司有时也被描述为一种有益向善的力量。

毫无疑问，那些能够对未来提出清晰而引人入胜的愿景的公司对员工具有非凡的吸引力。这些组织为员工提供意义，创造意义本身会带来很大的不同。正如我在他处曾提及的，大多数人都在寻找大于其自身的某种信仰，这种信仰会给他们一种目的感。要创造极具吸引力的企业文化，另一个不可或缺的因素是，一个组织在提供归属感的同时，能迎合员工对秩序和结构的需求。

尽管如此，强大的企业文化和完全膨胀的类似邪教的组织实践之间，只有一步之遥。虽然我相信强大的组织文化对组织的成功至关重要，但真正成功的组织很可能也会呈现出类似邪教的“疯魔”特征。正如拼写 Culture（文化）时要先拼写 Cult（邪教）一样，一种组织形式很容易会滑向另一个极端，从而引发一个问题：什么会使一种伟大的企业文化蜕变成一个邪教？

在我的观念中，一个高绩效组织和一个邪教之间的主要区分，在于它们如何对待透明度、责任感和对话等要素。类似邪教的组织会以一种与传统组织截然不同的方式处理这些问题。

当在一家公司中精神控制开始被过分强调并试图影响大多数成员的思想和行为时，正常的组织文化和邪教之间原本的一线之隔也就被悄悄跨越了。当这一切发生时，由于持续的灌输、鼓励和招募行为，公司文化不知不觉就成了邪教的隐秘阵地。

然而，这种说法可能也有争议，即用“邪教”或“类邪教”等词只不过是描述一个状况的两个极端的方式。一端是对一个组织的共同工作的人的低水平内部控制，另一端则是高度的集体共同承诺。

我看到的几家非常成功的公司，如苹果、特斯拉、美捷步、西南航空、耐克、诺德斯特龙和哈雷戴维森，都成功地将员工和客户变成了狂热的追随者。坦率地说，“类邪教”行为是发生在许多公司的鲜活事实。

许多优秀公司喜欢它的员工恪守类似邪教成员般的承诺。然而，当对“企业文化”的执着极度狂热，致使这种文化被过度渗透到公司运营的各个角落，如运营流程、公司政策、人们的交流、决策、评估、雇佣和解雇中时，这就成了一个很大的问题。结果是，这些公司变得过于“向内收缩”。

尽管总有趋向于更严苛控制的“向下滑行”的风险，但看上去一些公司是有意采取“类邪教”的方式在与员工打交道的。他们试图将工作场所重新定位为家庭和社区的替代品。有意无意地（在这方面表现得非常像一个邪教），他们意图使员工从家庭、社区中孤立出来。最重要的是，他们不希望员工对工作持“过于开放”的观点。在这些组织中，领导者的目标似乎是使员工的生活完全围绕他们的工作。

他们希望员工与组织有情感上的完全联系。如果他们愿望成真，他们的希望是，对员工来说，工作比家庭或社区更重要。结果是，这些组织中相当数量的员工错误地将他们的情感和自尊寄托在了组织身上，并对组织许下深度承诺，但这个承诺并不一定是互利互惠的。

许多“类邪教”的组织在行为和思想控制方面表现卓著。他们常使用我在第 24 章描述的被邪教较多采用的操纵和控制技术。像邪教一样，他们瞄准脆弱群体的隔离感，意图提供给他们某种形式的结构感和归属感，以此来招募或吸引他们。许多“类邪教”的组织很过分，他们甚至试图控制员工的衣食住行，包括应该住哪里、应该穿什么，以及应该花多少时间在工作上。

遗憾的是，随着员工在公司投入越来越多的时间和精力，他们付出了惨痛的代价——牺牲了自己的家庭和社区活动。结果，他们几乎没有时间休闲、娱乐或度假。在这种情况下，公司开始堂而皇之地取代家庭。

这些“类邪教”组织中的员工被期待接受内部盛行的任何组织教义。此种教义通过教化的篇章和群体仪式得以加强。个人主义是不被鼓励的，群体迷思占了上风。这些组织往往严重依赖领导者的救世主魅力，员工通常会被迫承诺无条件服从。此外，组织的领导层会强调，从个性维度来看，未来员工的招聘中，需要强调潜在应聘者的文化适配度。通常，他们会采取各种类型的性格测试方法，以便把员工分类归置，并且根据每个员工的个性类型，做出不同决策。

一个组织进入“类邪教”领域的另一个特征，是它所使用的语言类型。像许多邪教一样，许多类似组织有自己独特的行话和奇怪的内部沟通术语。例如，迪士尼创造了一种内部语言来加强公司的意识形态。员工被称为“演员”，顾客被称为“客人”。作为一名员工，当你在园区内时，你是在“舞台上”。当一个景点发生故障时，代码“101”将被启用。

如今，在大多数西方公司中，以集体唱歌的方式鼓励工作中的社区意识的做法已不再流行。然而，相关记忆并不遥远。多年前，IBM 的一位高管给我看了一本歌曲集，里面都是献给它的“先知”托马斯·沃森（Thomas Watson）——公司魅力的建设者——的颂歌。美国沃尔玛公司的欢呼文化，被描述为“灵魂震撼器”。它仍保留着沃尔玛式的誓言：我庄重承诺，顾客若出现在我 3 米以内，我会微笑，看着他们的眼睛，与他们打招呼，问他们是否需要帮助。祝福我，山姆［山姆·沃尔顿（Sam Walton），沃尔玛创始人］。

通常而言，当你被太多鼓舞人心的演讲、口号、特殊行话、播客、YouTube 短视频、激励性团建、歌曲和富有魅力的 CEO 所围绕，这本身就是危险信号。当一个公司的文化对员工的思想和行为有精神控制的倾向，当一些人仅仅因为自己的想法或感受而感觉被排斥时，该组织离“类邪教”已经不远了。

有些人可能想知道，这些文化习俗是否真的有问题：为什么要反对公司的体育设施、洗衣服务、公司酒吧或餐厅？为什么不能有特别的行话？为什么反对包容性的公司社交活动？基于公司文化构建人生意义，有什么不对的？我们不是都很愿意在某个地方工作吗？它是如此吸引人，以至于大家都喜欢加班，甚至愿意放弃假期。难道这不是对双方都有好处吗？

一些怀疑论者认为，这些“福利”不仅仅是组织的利他行为。相反，它们是被故意设计出来的，旨在给员工洗脑，哪怕代价是牺牲了员工的私人生活、家庭和社区活动，以此让他们投入越来越多的时间、才华和对公司的忠心。这些公司的许多雇员都很脆弱，高层管理者在利用他们和他们的脆弱，这难道还有疑问吗？

在员工个体没有太多社会支持（比如亲情、友情）的情况下，一个包罗万象的公司环境也许恰是填补这个空白的一种方式。不管你喜不喜欢，“类邪教”这样的组织总是招募或者吸引着弱势群体。针对他们与人群的疏离感，这种组织总能提供某种归属感。同样，像真正的邪教一样，他们利用各种灌输方式，让员工在情感上无法脱离组织，这样一来，他们的工作就变得比家庭和社区更重要了。

经验告诉我，当组织文化控制着人们生活的方方面面时，它会阻碍创新，使公司濒于危险边缘。过度的文化灌输，不利于实现可持续发展。换句话说，“类邪教”不利于商业。

作为一名高级管理人员，你需要意识到这个真正的危险，并问问你自己：你们组织文化的某方面是否过于强制？你创造了怎样一个工作场景？在其中，员工是发自内心相信企业愿景，还是只是在被迫鹦鹉学舌？你的员工是被鼓励有自己的私人生活，还是被迫要出卖灵魂给公司？他们留下来，是因为他们喜欢，还是因为害怕离开会发生什么他们不愿意看到的？离开后，他们是否会觉得完全迷失？

邪教般的体验

让我分享一下最近在一家领先的美国科技公司的经历。在那里，我被CEO邀请参加了一次非比寻常的每周“聚会”。我必须承认，在见到这位CEO之后，我一下子就被他迷住了。在礼貌地聊了聊共同认识的人之后，他热情洋溢地回顾了公司的成功之处。结束时，因已到了周五下午晚些时候，他说公司员工每周都有一次聚会，建议我跟他一起去公司礼堂。

一进礼堂，我看到里面的人个个兴奋无比，这很令人惊讶。人们整齐划一逐个字母地大声喊出公司的名称。在这个导入性的“欢呼”重复了三次之后，CEO开始颁发每周服务奖。获奖者依次获得了震耳欲聋的掌声。每个候选人走上领奖台时，都受到了热烈的欢呼。颇具仪式感的元素，让我想起了基督教福音布道会的场景。

接着我发现，于我而言，现场关于获奖人的得奖理由让人有些难以理解。我感觉，该公司多方面的组织实践已经发展出了自己的“方言”。同时，我也惊讶于他们相当一致的着装风格——和CEO一样，大多数人都穿着颜色或黑或灰的衣服。会议结束后，所有员工齐聚公司餐厅加入烧烤聚会，品尝无限量供应的烤香肠、烤鸡和啤酒，这也让我觉得很有趣。总而言之，这就像是一场有些特别的、组织有序的趣味运动会。

不得不说，在场每个人的热情都给我留下了很深的印象。

同时，我也被公司 CEO 的魅力折服。然而，接下来的一周，与一些高管交谈时，我发觉自己不再感觉那么热切了。我了解到，公司的许多员工似乎没有太多的个人生活。公司似乎成了员工个体的目的感和社区感的“独家赞助人”。尽管从表面上看，公司为营造超级友好的工作场所做出了勇敢的尝试，但许多员工没时间在工作之外建立重要关系，这仍是事实。

即使这种重要关系曾经存在，也早就断绝了。家庭和社区似乎是可以牺牲的。与我打交道的很多人不是分居就是离婚了。在不成文的规定下，人们在公司的时间增加了，并被要求每周都要加几天班。一个人甚至和我开玩笑说，他回家只是为了换衣服。不回家，仅依靠公司健康中心的相关设施，丝毫不会影响他的工作。就公司以外的活动而言，偶尔会有公司出游，但也仅此而已。

据我所知，公司的大多数员工高度依赖 CEO 的灵感和突发奇想。从他们的非正式评论中，我发现很多人把他看作某种“神”一样的存在。他们的主要任务似乎是迎合他的期待。鉴于他在组织中扮演的主导角色，我几乎很难看到其他人有任何独立的想法。考虑到他们经营的高科技产业，我可以预料到这家公司在未来一定会有麻烦，因为他们的竞争对手一定会采取行动。

与我描述的这家有些特别的组织相比，企业文化优秀的公司拥有深思熟虑的领导者，他们鼓励批判性思维，珍视明智的判断，重视独特的个性，也鼓励真实。他们知道如何善加利用员工的优势、认知和知识。他们不会采用千篇一律的方法来规范员工的想法和行为。伟大的职场文化具有透明度，鼓励对话和相互尊重的平等关系。在这些组织中，人们有发言权，并深知他们能够做出不一样的贡献。相比之下，在“类邪教”组织中，有太多的发生仅仅是在“喂养”领导者高度膨胀的自我。

寻求长期卓越绩效的组织高管必须时刻小心“类邪教”陷阱。安然公司给了我们重要的教训，让我们认识到了这种做法的危险性。它绝不仅仅是关于可疑的会计报表和财务报告的问题。“安然事件”是一个悲伤的故事，它“书写”了一个组织如何陷入了类似邪教的行为模式，以及如何鼓励员工干违规的事。① 该案例是商业史上最引人注目的失败案例之一。

在《财富》(*Fortune*) 杂志的年度民意调查中，安然曾被同行评为“美国最具创新能力的公司”。它也曾被视为一个新经济，一个颠覆性的组织。但事实上，它变成了一个由数字技术、放松管理和由全球化驱动的极速致富的“邪教”。

安然的疯狂是由两位魅力领袖“制造”的，肯尼思·莱(Kenneth Lay，安然集团创始人兼董事长）和杰弗里·斯基林(Jefrey Skilling，安然集团前 CEO）共同提出了救世主般的未来愿景。他们逐渐发展出了一种“准宗教信仰”，这种信仰要求人们相信公司的使命和领导者的伟大（莱宣称他拥有神秘的商业

---

① Bethany McLean and Peter Elkind (2003). *The Smartest Guys in the Room: The Amazing Rise and Scandalous Fall of Enron*. New York: Penguin.

天分)。安然给员工传递的信息一贯是：他们是最聪明和最优秀的；他们因被选中在安然工作而尤显得被上帝青睐；现在他们肩负着一项福音使命，即去改变世界各地的商业运作方式。

莱和斯基林是自我推销的大师，鼓励对个人成就进行理想化撰述。管理大师加里·哈默尔（Gary Hamel）写的一本颇具影响力的书《领导革命》(*Leading the Revolution*）中可见一斑。[①] 哈佛商学院的教授们对该公司进行了 11 次以上的案例研究，对其创新性赞不绝口，并向其他人推荐该公司的商业模式。安然派被视为新的“革命者”。同时，任何敢于公然批评安然的记者，很可能会收到大量来自安然内部的愤怒抗议。

根据马基雅维利（Machiavelli）的著名研究，斯基林有时也被称为“君主”。事实上，新员工都会被鼓励从头到尾阅读《君主论》(*The Prince*)，这是安然“填鸭式”灌输方法的一部分，旨在让他们为即将到来的事情做好准备。[②] 在安然，员工可能创造并获得大量的个人财富，这让员工意识到，他们要比在其他无聊的公司工作的人幸运得多。

鉴于这种期望管理技术，超长工作时间被视为正常，每周工作 84 小时成为常态。显然，安然员工准备以牺牲今天为代价争取更美好的将来。许多员工都很年轻，更具可塑性，也更愿

---

① Gary Hamel (2000). *Leading the Revolution: How to Thrive in Turbulent Times by Making Innovation a Way of Life*. New York: Plume.

② Niccolò Machiavelli (2014). *The Prince*. Scotts Valley, Cal: CreateSpace.

意接受这些过分的要求。在安然绝不容忍异端行为，传播有关安然的坏消息会损害员工自己的职业生涯。

能够赚大钱的诱惑，使安然的高级管理层有机会建立一种苛刻的内部文化。那些实现约定目标的人有资格获得巨额奖金。但实际上却是另一番情形，任何奖励都有被高级管理层随意拿走的可能。安然的人力资源评估体系被称为“末位淘汰制”。基于 1 到 5 的等级对员工进行评分，然后分为三组。“A”组将被要求接受挑战，当然，挑战成功后将获得高额奖励；“B”组将受到鼓励和肯定；而“C”组，他们被告知要么振作起来，要么出局。当然，出局是更有可能的结果。谁未全身心投入工作，谁就会被解雇。

在贪婪的驱动下，安然公司类似邪教的做法带来了不道德犯罪行为的滑坡，最终导致了安然大厦的倾塌。具有讽刺意味的是，安然公司一直在向外界推崇它的道德准则，即 RICE，提取自每个单词的首个字母，分别代表尊重（Respect）、诚信（Integrity）、沟通（Communication）和卓越（Excellence）。

安然会举办精心策划的激励会议，颁发带有“诚信”“尊重”“安然”字样的激励性标牌。但现实却截然相反。安然领导层彻底抛弃了 RICE，反而支持虚假信息和欺骗行为。最终，安然成了使用双重标准的知名反例。

安然泡沫破裂，向社会展现了一个堪比“皇帝的新装”的故事。其最高管理层一直在从事犯罪会计活动。几名高管被控要弄阴谋、内幕交易和证券欺诈。斯基林在联邦监狱服刑 12

年，而莱在被判决前因心脏病离世。安然的股东在它破产前的四年里损失了740亿美元，员工则损失了数十亿美元的养老金。

抵制“类邪教”行为的警报

一些人仍然坚持，期待从员工身上得到“类邪教”的忠诚是一种不错的商业实践。但是，除了得到承诺和表面口号式的激动人心外，大多数公司一样也会收获“副产品”，即怀疑和异议。当人们被要求以“类邪教”的方式行事时，若人们既不反击，也不参与激烈的辩论，这样的组织文化迟早会产生严重的问题。员工应该永远也不必害怕“触礁”，他们应能大胆地说出自己的想法并感到安全。公司内部应该鼓励双向对话，否则公司将陷入困境，其增长将被扼杀。

因此，尽管公开宣传一种员工理解并认同公司目标和期望的文化是值得称赞的，但通过强制和恐吓来推行并不是一个好主意。意识形态总会扼杀创造力，不少商业领袖对这个说法深信不疑。

福特汽车公司前执行主席小威廉·克莱·福特（William Clay Ford Jr.）曾表示：“没有人是不可替代的，包括我自己。在福特和这个行业，我们对个体的崇拜已经太久。坦率地说，我希望看到这种现象日益减少。”这令人印象非常深刻。

健康的工作场所文化建立在团队成员真正相信的共同价值观的基础上，而且他们愿意在日常工作中以行动来持续遵从这种文化。这是一个员工愿意有更出色表现的地方，而不是承诺永远伟大的地方。这也是一个人们应奉献才华，而不是灵魂的地方。

与其推行“类邪教”的做法，公司应鼓励个性、不固守教条，这也是创新突破的关键要素。

我们需保持警惕，以抵制“类邪教”组织的魅惑呼唤。每个在组织中工作的人，都应能区分煽动言论和事实真相。对良好领导力的严峻考验，是能够释放团队成员的潜力并加以充分利用，而不是创造一种奴役他们的企业文化。一种伟大的组织文化，是善于从过去教训中学习，使团队与组织的核心价值观保持一致，找到既能互补又能挑战固有思维的人。它也鼓励开放的沟通，在那里，人们愿意一起努力开心并建设性地工作。

在这些以团队为导向的组织中，人们应能自由地分享想法、观点和批评。在这样的文化中，正如颇具戏剧性的安然案例所呈现的那样，使他人沉默绝不是一种好的选择。在必要时，每个人都应有勇气说出自己的想法。组织中的每个人都应该拥有发言权，而非仅仅是回音室中的声音之一。这样的组织，无疑会拥有终极的竞争优势。

26

创建最佳工作场所

不要放弃你的梦想。它消失时，你可能仍活着，但你的生命已经停止。

——马克·吐温

我一直关注组织健康。除了关注组织设计、组织战略、结构和流程的恰当与否，还尤其关注员工的健康和福祉。我的一个主要生命目标是，协助创建健康的组织生态。这样人们无论做什么都感觉良好，并且都能且愿意拿出最好的表现。[①]于我而言，这类组织的关键考验是员工很乐意向家人和朋友推荐在那里工作。这是一个明显的迹象，表明该组织对员工福祉的关切深入人心。遗憾的是，据我观察，很少有公司能通过这项健康测试。

---

① Manfred F. R. Kets de Vries (2001). "Creating Authentizotic Organizations: Well-Functioning Individuals in Vibrant Companies", *Human Relations*, 54 (1), pp. 101-111.

至诚组织

多年前，我创造了“authentizotic（至诚）”一词，用以描述这类更开明的组织。这种组织是高管们愿意“为之向前冲”的理想类型。它们是最佳的工作场所。当然，毋庸讳言，最终的那个点，几乎就是乌托邦式的。

这个词本身由两个希腊单词组成：authenteekos 和 zoteekos。authenteekos 代表真实组织。从最广泛的意义上来讲，“真实”一词既描述了符合事实的事物，也描述了它的值得信任和信赖。并且，对特定的人或自己来说，也完全是真实可信的。

作为一个工作场所的标签，真实性意味着组织在其愿景、使命、文化和结构方面具有吸引人的、能与员工个人深度连接的特质。这种组织的领导层明确且令人信服地讲明白了如何做和为什么做，从而帮助每个员工理解和建构了自己工作的意义。它的领导层言行一致，一切都是真实的；他们是真诚的，其所言所行都遵循他们的信条。

“zoteekos”一词的意思是“对生命至关重要”。在组织情境中，它描述了人们如何通过工作被赋能以及更有活力，并且同时体验到了平衡感和完整感。这样的组织满足了人类对探索的需求，意味着持续学习是其企业文化中的一个重要元素。最重要的是，至诚组织的 zoteekos 元素还满足了工作场所中个体的自我主张需求，这有助于提高效率、能力、自主性、主动性、创造力、企业家精神以及行业归属感。

多年前，我去哥本哈根拜访一家知名制药公司，这家公司正在寻求我的咨询辅导。在机场，我上了一辆出租车，请司机送我去这家公司。司机听到我确认是去这家公司后，立刻开始自发地赞美它，忍不住对公司表示欣赏。他说，他的父亲以前在那里工作，他的叔叔现在还在那里工作。而且，就在最近，他的妹妹也开始在那里上班了。很明显，出租车司机最大的愿望是也在这家公司得到一份工作。公司还需要何种更好的公关？显然，这家公司没有必要聘请公关公司。有这样的粉丝俱乐部真是太棒了！

这种热情令人振奋，但更务实的是，这样的声誉对公司的持续运营至关重要。毕竟，如果你的员工很快乐，他们不太可能离开，这意味着你的招聘成本会更低。此外，我们有理由假设，快乐的员工会更加努力工作，除非他们是受虐狂。他们也可能对客户更友好，客户满意度方面，会有很多意想不到的好处。所有这些因素的总和，构成了一个健康的底线。[①]

有人告诉我，我对至诚组织的概念和我对其必要性的看法，是理想主义的和不切实际的。与乌托邦情形相比，反乌托邦更容易发生。也许他们是对的，也许我太理想化了，也许真正吸引我的只存在于我的脑海里。然而，我确信，总有一些东西需要去努力争取，这并没什么坏处。实现乌托邦可能不现实，但

---

① James L. Heskett and John P. Kotter (2008). *Corporate Culture and Performance*. New York: The Free Press.

靠近它的过程本身不会带来任何伤害，即使实际上一个组织可能没有达到目标。

我能给出的唯一建议是，去一个具有良好企业文化的组织中工作。周围都是有责任心的人，他们喜欢自己正在做的事情，并且有主人翁意识，这种场景想想都开心。当然，在公司网站上列出一套伟大的价值观很容易，一如安然的例子，但平庸与伟大公司的区别在于组织中的人是否践行这些价值观。如果他们不那样做，就只能后果自负。

如何到达那里?

正如我所建议的，创建至诚组织的一种路径是进行高管团队教练，这是一种理想的促进信任的做法，也能促进和改善高管之间以及高管与组织之间的关系。团队教练使用“生命”案例研究方法，能将人们从隐秘的内在力量中解放出来。这些内在力量阻止了他们的改变，也阻挡了他们在组织内过更有意义、更真实的生活。

在第 2 章中，我描述过这种干预技术如何成了应对组织内的部门墙和相应局限思维的一剂良药。这也是助力领导者的有效方法，以支持他们更善于感知会影响团队行为的时刻在涌动的心理暗流[①]。

① 心理暗流，即未被直面和解读的心理动力。(译者注)

尝试创建类似至诚组织时，高管团队教练不仅帮助所有领导者更好地理解自己的行为及他人如何看待自己，还帮助他们理解团队中发生的事情，即组织生活中无时不在的人际动力。例如，它鼓励组织成员体认、检验和理解组织内部流行的群体动力。它也使他们对其他高管在此时此地的有意无意的背后假设有更多的关注。

在看不见的但相对直接的元信息沟通的层面上，团队教练使人们有能力破译他人的无意识，即人与人之间真正发生了什么，以及在日常沟通中通常会去避免的“地毯下的蛇”。团队教练鼓励参与者多做自我检视，琢磨自己的惯有表达，审视与他人的关系，克服内在对改变的抵触，并将所学融入具体的行为改变中。同时，这也会使他们更善于指导他人。

为了创造最佳工作场所，组织团队成员必须首先熟悉他们自己的谜团。事实上，这是贯穿本书的主题。只有通过团队教练干预技术，弄明白了人们的内在动机，才能真正了解发生在他们身上的事情。在谈得上帮助他人之前，首先要知道自己的优缺点。如果能达成这种理解，组织成员更有可能在个人目标和组织目标之间达成一致，从而更有力地承诺，更有责任感，也会更有建设性地解决冲突。

借助同侪间的相互“照镜”过程，对高管团队的有效的教练干预，不仅有助于发展每个成员的教练技能，还可以经由更了解组织的优劣势加速组织的进步，从而更好地进行决策。这样做，就能基于信任，使高管团队的合作得到进一步的巩固。

反之，随着领导层更善于创建能让人们感觉良好并富有成效的团队，组织文化也得到了进一步的培育。当这一切运行良好时，以团队协同为导向的教练文化就像组织内部的网络，将同一部门、跨部门、团队之间以及上下层级间的人员横向联结了起来。

综上所述，在创建至诚组织所不可或缺的高绩效团队时，不仅需要考虑能促进团队协同的结构和流程，还需要考虑与团队动力有关的那些潜藏因素。你需要超越事物的表面，意识到冰山以下发生的事情，其中当然也包括你自己在无意识世界里穿行的能力。

为了让组织中的每一位成员都能发挥更大的作用，你需要适应每个人的幻梦之境和人人都有的内在幻想。永远也不要忘记，如果没有幻想，人类世界就不会是它现在的样子。幻想才会改变现实。

几年前，为了帮助我识别至诚组织的特征，我进行了一项公司的价值观调查。我希望创建一个工具，以帮助高管识别对他们至关重要的价值观。为营造紧迫感，某种差距分析可能会很有用。我想让组织成员清楚他们所期望的价值观与实际价值观之间的差距。缩小这个差距，将是达成至诚组织的重要路径。

我将我的调查方法转化为文化审计（OCA™）①。这个文化审计显示，最重要的价值观包括信任、乐趣、赋能、尊重个体、

---

① https://www.kdvi.com/tools/20.

社会责任、团队精神、企业家精神、创新能力、竞争力、结果导向、客户至上、责任和问责制、持续学习重点以及乐于改变。我相信，若这些价值观根植于组织成员的 DNA，那么它们将有助于最终创建出一个至诚组织。

当然，若你想让员工拿出最佳表现，若你想营造一种人们在其中能感到被鼓舞也愿意尽其所能的氛围，比起仅仅简单地参考组织价值观，你得更进一步。你还需要畅想组织的愿景。什么能为组织中的工作人员提供意义？生动地描述你的组织希望达成什么，对组织的生存能力至关重要。如果你的组织充满了意义，它将起到有效的连接作用，也将有助于创建一个特别的群体身份。

关注愿景和价值观至关重要，但这还不够。在本书的第 5 章中，我讨论了“自我实现”并界定了“自我实现”组合的基本特征，如意义、归属感、控制和能力。我坚信，最适合工作的公司都有一套元价值观，它们与自我实现的要素紧密呼应。我把这些简化为“爱”“乐趣”和“意义”。

换言之，这些公司创造了一种归属感和社区感——成为组织的一部分，从而满足了基本的依恋和从属关系的需求；一种愉悦感——打造能增强创造力的游戏感；以及意义感——为组织中的人提供一个必须做某事的充分理由。

遗憾的是，大多数组织并非如此。它们大多像集中营，人们在其中会感到空虚、缺乏动力和精疲力竭。这些消极情绪是个人幸福感的重要晴雨表。看看盖洛普（Gallup）提供的数据，我们会明白，对工作缺乏投入是一个极其严重的问题。

例如，在近二十年的时间里，美国员工敬业率从 2000 年和 2005 年的 26%上升到了 2018 年的 34%。[①] 在过去 18 年里，美国员工敬业率平均只有 30%；而在世界范围内，这一数字仅为 13%。[②] 太多的组织弥漫着恐惧和偏执；组织的恐惧和安全坐标轴完全不同步。当这种情况发生时，创造力会消逝，健康和幸福感也会消失。

---

① https://news.gallup.com/poll/241649/employee-engagement-rise.aspx?utm_source=link_wwwv9&utm_campaign=item_245786&utm_medium=copy.

② https://www.gallup.com/workplace/236495/worldwide-employee-engagement-crisis.aspx.

27

组织能确保全然健康吗？

在不“打破、重建”心灵健康的情况下，将很难做到持续保持身体健康。

——G. K. 切斯特顿（1930 年）《经典论》

如果你不照顾好自己，殡仪员会替你承担责任。

——凯莉·拉特

我在第 26 章中引用的盖洛普关于工作敬业率的惨淡数据，提供了充足理由来提醒人们关注组织生活中的健康状况。毫不奇怪，我们会被员工的低敬业率所困扰。拥有毫无积极性的员工，于组织而言代价是极其昂贵的。当员工状态不佳时，他们不可能尽力。因此作为提高士气的对策和尝试，很多大公司都推出了健康计划。

高盛的瑜伽和摩根大通公司的公共睡眠日志被广泛效仿。

苹果公司推出了医疗诊所，以更好地满足员工的需求；[①] 微软、Intuit 和 SAP 都有专门的健康计划，谷歌园区则提供包罗万象的健康计划，包括现场医疗保健服务（医疗、脊椎按摩、理疗、按摩）、健身中心、课程和园区自行车。这些组织的领导者已经意识到，他们需要做些什么来让员工参与进来。他们花了很大的努力来证明盖洛普是错的。我认为，从动机的角度看，人们在海滩上愉快地冥想显然比蜷缩在隔间里吃快餐更有益。

我们都被健康时尚所吸引

当被问及人性中最令人吃惊的是什么时，有人曾回答说："是人。为了赚钱，他牺牲了健康。为了恢复健康，他又不得不耗费金钱。他对未来如此焦虑，以至于他无法好好享受现在；结果是，他既未活在当下，也可能无法好好活在未来。他活得好像永远都不会离去。某天他离去了，又好像从来就没有好好活过。"这一观点从侧面解释了为何健康产业会如此蓬勃发展。所有这些瑜伽课程、冥想静修、正念计划、水疗、香薰疗法、水晶疗法、果汁清肠和其他以健康为关键词的实践，都使得健康产业成为世界各地不容忽视的强大力量。

有趣的是，近年来，在美国，健康产业增长了 12.8%，已

---

① https://www.cnbc.com/2018/02/27/apple-launching-medical-clinics-for-employees.html.

经成为一个4.2万亿美元的市场。[1] 健康产业已然成为遍及全球的主流产业，涉及健康旅游、替代医疗、抗衰老干预措施、高档健康工作室、水疗中心、瑜伽和众多正念项目。我某些项目中的一些高管跟我描述过这类高端项目，比如到亚马孙丛林的疗愈和灵性之旅。

在那里，人们在土著的指导下，借食用一种当地的传统草药ayahuasca[2]，试图在迷幻情境下浮现洞见。一些专家（或更准确地说是伪专家）认为，这些健康计划不仅可以帮助个人管理压力、抑郁和焦虑，还可以帮助提高生产力、创造力和专注力。总之，你想得到的，它都能管到。

不必费力，你就能发现许多名人都已加入了“健康运动”阵营。奥斯卡获奖女演员格温妮斯·帕特洛（Gwyneth Paltrow）就是一个极好的例子，她是极其成功的Goop帝国的创始人。这个帝国有时会推广基于伪科学的可疑产品。[3] 然而，这家有些特别的健康公司已经成为一个成熟的组织，拥有播客、杂志和商店。商店里摆满了Goop的美容产品和周边产品，专门针对女性市场。从这个例子可以看到，整个行业都围绕着我们对洁净、排毒、冥想、正念、吃得清爽的需要。

---

① https://globalwellnessinstitute.org/press-room/statistics-and-facts/

② https://www.businessinsider.nl/how-ayahuasca-went-from-healing-ritual-to-global-wellness-trend-2020-8/.

③ https://www.inquirer.com/health/goop-gwyneth-paltrow-pseudoscience-netflix-jade-egg-20200204.html.

显然，这类“爱乐之城”比那些承诺“治愈奇迹”的助人大师们有更多的“生存”空间。

健康潮流主义

商业界一直是各种潮流的自愿受害者。许多高管担心因错失机会而在竞争中败下阵来，这种焦虑令他们相当容易上当受骗。与多如牛毛的鼓吹心理自助的书籍一样，类似的商业出版物也会公开宣称，它们能为棘手的企业问题提供一如“天上掉馅饼”的解决方案。然而，在现实中，这多半成了口头上的胡吹乱侃，而无任何现实依据。咨询顾问的所谓良方，只是徒增混乱。

对于你是否做得正确抑或错过了机会的焦虑，咨询顾问们所做的仅仅是“火上浇油”。总而言之，管理层的胡言乱语只会徒增高管的焦虑水平，最终导致他们有这样一个倾向，即在没有任何科学证据摆明会有效果的情况下，他们仍会购买“处方药”，这一点儿也不奇怪。结果是，许多看似很有洞察力的 C+ 高管在面对一些“健康管理的潮流”时秒变白痴。

在没有任何真凭实据证明其治疗方法有效的情况下，不少健康创业者居然成功创建了以健康为导向的帝国。尤其是，当中很多人并无任何经得起推敲的医学教育经历或营养资质。更常见的是，他们的健康哲学纯粹是“印象派”的，由充满谬误的假设虚弱地支撑着。比如，天然产品更优于合成产品，东方哲学更优于腐朽的西方哲学这类“印象派”。尽管有大量的实证或科学证据在谴责这些健康“教父”们的主张，但大量人群还是天真到了无条件接受的地步。

因缺乏生物科学上的合理性且未经检验，许多东方替代医学都属于这种江湖骗子的范畴。宣称能带来健康的神秘药剂，不过是基于道听途说。尤其令人担忧的是，在许多国家的“湿地”或野生动物市场上常常出现利用动物或其某个身体部位来获取上述传统药物的情景。不幸的是，包括艾滋病和埃博拉在内的许多疾病，都源自人类与野生动物的密切接触。

我从许多医学界人士那里了解到，因为其中摇摆不定和过于肤浅的所谓科学，众多医学界人士对替代医学和健康潮流的从业者所鼓吹的感到非常沮丧。医学科学界一再发表声明，无论在哪个层面上，健康异教中的很多宣称都是非常荒谬的。许多医生和其他卫生专业人士都认为，健康潮流不过是另一种毫无根据的时尚，对身心健康都有害。

许多人开始担心，该领域的真正专家群体将不得不浪费越来越多的资源来反驳那些“江湖郎中”们的明显骗人的健康计划，而无法专注于发现和测试真正可行的干预措施。

比较积极的结论是，很多时候，这些健康项目和产品多少都呈现了安慰剂的效应。① 鉴于这一切炒作以及组织在为员工创造健康体验上花费的所有成本，我认为后退一步先问清楚自己

---

① https://www.wrvo.org/post/health-and-wellness-myths-spread-trust-reliable-science-wanes.

才是明智的：这些健康疗法会带来实质性的改变吗？还是仅仅是短暂的市场潮流？当然，我们也可以扪心自问：新冠疫情大流行将如何影响那些神秘兮兮的健康疗愈？尤其是，使用动物器官的未来前景会如何？

超越健康幻想

回到组织生活，想一想，忍受日常工作压力的同时，每天晚上进行正念训练真的能帮到你吗？工作狂如你，已经花了很多钱在似是而非的“排毒”治疗、故弄玄虚的水晶阅读、昂贵的冥想静修和正念项目上，有没有可能你只是踏上了巨大的冒险之旅？

别误会我的意思。我完全认同，无论是在家里还是在工作中，努力追求幸福和更健康的生活方式都是有意义的。在生命中寻求某种平衡意义非凡。然而，真正的健康是一种心理状态。人不应仅仅孜孜以求外在的通常是毫无根据的神奇疗法，也绝不应该是被迫的。积极健康的生活方式应该是一种天然适合你而非“打包”后硬要塞给你的，需要你购买、体验和消费的产品。

当高歌猛进、拥有达尔文式文化、人人都只为自己的组织开始制订所谓的“健康计划”时，你将不得不质疑它的真正目的。它是想认真采取措施，真正积极改变员工的健康状态，还是仅仅为了防止过劳员工“从此歇菜”？在人们能感受到真正健康的公司中，健康本应是企业 DNA 的一部分，而非又一个意欲将员工榨干的装模作样的潮流和趋势。

回到我在第 26 章中描述的“至诚组织”的概念。在真正的健康实践占上风之前，大量事情都需要先落实到位。正如我此前提及的，真正健康的组织拥有扁平的有机结构，以保障各级人员之间能轻松地分享信息、想法和感受。在这些工作场所，高管和下属之间的沟通非常通畅，下属也极易感到被倾听、被尊重，也被赋能了。

通常，这种情况下工作安排很灵活，人们也能对自己的个人和职业生活有更好的掌控感。为了让“健康”生根发芽、蓬勃发展，信任是企业文化的一个关键维度。这意味着在公平的环境和流程里，人们彼此尊重、真诚行事。根据我的经验，信任和教练文化是相辅相成的。当教练文化导向成为公司 DNA 的一部分时，健康就会随之而来。正如我此前提及的，引入团队教练是打造至诚组织的有效路径。

我并不是说我们应该把所有的健康计划都扔到窗外。然而，作为一个独立的项目，若缺乏信任和教练文化等最基本的元素，“健康”理念只会变成另一种稍纵即逝、无根之木式的“管理潮流”。可悲的是，世界不需要更多仅依赖幻想的快速解决方案。高管们最好早些认识到，若组织的“基础软件工程”（即信任和教练文化等）不到位，他们昂贵的健康项目将只会是时间和金钱的极度浪费。

健康的全部意义应是它无处不在，以至于你并不需要刻意去追寻它。积极健康的生活方式理应是一种顺乎自然的既有事实，而不是被单独挑出来的现象。

28

人类的老年，不适合“胆小鬼”

自相矛盾的是，人人都被长寿的想法吸引，但没人喜欢变老。

——安迪·鲁尼

变老就像是为并未犯过的罪行受到越来越多的惩罚。

——皮埃尔·泰尔哈德·德·夏尔丁

不知怎的，许多人都有这样的幻想，以为健康会保证我们长寿。这可能是当代所有关于健康“噪声”的始作俑者。但是，我们也不是第一天才知道“人终有一死”。我们真的能接受我们在这个星球上的存在其实很有限这个事实吗？想想伍迪·艾伦（Woody Allen）的说法：“我并不害怕死亡，我只是不愿意想象那一刻的来临。”

对许多人来说，死亡是对人的自恋的终极伤害。无论我们以何种方式面对它，它都是触动我们每个人的现实。一切都会结束。而且，在现实生活中，并不是每个个体的终局都一定是整齐而清爽的。

政治家本杰明·迪斯雷利（Benjamin Disraeli）曾精辟地描绘过人这一生的轮廓：“青年是涉世未深的鲁莽，成年是拼死拼活的挣扎，老年是无所不在的遗憾。”尽管倾向于装作看不见死亡，但其实我们中的大多数对人的自然规律了然于胸。我们经历了父母的逝去，下一个，会轮到我们。但我们真的认识到变老意味着什么吗？我们认真考虑过吗？我们知道老年生活将会是什么样子吗？还有什么值得特别期待的吗？老年生活会带来幸福吗？

遗憾的是，若简单总结为，幸福就是“有事做，有人爱，有希望”，随着年龄的增长，这些说法都不再重要。也许我们已经到了退休年龄，对我们中的一些人来说，这意味着我们能做的事愈来愈少。我们爱的人可能已不在身边，尽管这很难令人接受。就像许多其他看得见的终局，伴随职业生涯的结束，我们的希望也越来越少。

有时我会问自己，我们的祖先是否过得更不好？他们年纪轻轻时就要面对死亡了。但是，在人生最壮年时离开这个世界，这个说法多少有那么些道理在其中。仔细想想，你真的想活过80岁吗？你真的喜欢日复一日只是不停重复吗？年轻时，每一天都很新鲜。但当我们年老后，时间会变成什么样子呢？

当我们年事已高时，我们该怎么办？身体健康状况的江河日下，难道是唯一值得期待的新体验吗？诸如“身体哪里又不对劲儿了”的交流，真是你喜欢的对话吗？对许多人来说，老年可能是乏味、单调和痛苦的。尽管总是有人认为，只要你仍有梦想和目标，你就永远不会变老。

最近，我和我的一位老客户有过一次谈话。我问他过得怎么样。以下是他说给我听的：

我觉得自己就像一辆快要报废的旧车。我没以前那么强壮了，也开始忘记事情了。对我来说，忘记别人的名字很尴尬。展望未来，我几乎完全可以想象我的生活会变成什么样。能力不断下降，期望值不断降低，能做的事情越来越有限——即使这些变化只会在终场时发生。我的健康每况愈下。我不喜欢自己现在的样子，尤其当我看到自己年轻时的照片。

我当然不喜欢我能看到的前路。当我看到自己的旧照片时，我止不住想，照片中的那个人去了哪里？我很希望事情会有所不同，但我不会骗自己。我知道没有回头路了。当我年轻时，我担心我的孩子还小我就离开这个世界了。但现在他们长大了，没有我，他们一样可以过得很好。他们可以照顾好自己。在我现在的生命阶段，我能看到自己已逐渐变成了所有人的负担。上帝保佑，但愿我不需要他们过多的照顾。

当然，当人们说起“变老”，肯定不如另一种替代说法动听，即“每一天，都是你余生中最好的一天”。但是总体而言，这听上去多少有些滑稽。

这只是糟糕的和更糟糕的区别。这是我不再喜欢过生日的原因。每次过生日，我都离死亡更近一步。离开这个世界时，65 岁与 75 岁或 85 岁有什么区别？这些额外的岁月对我有什么益处？真的会有什么新鲜事情发生吗？当我再也不能走路或思考的时候，我还想继续在家人面前晃来晃去吗？我想看到我同时代的人都不在了吗？我喜欢每隔几周参加一次葬礼吗？我想将余生花在电视机前或做填字游戏中，同时自欺欺人地说“我的大脑功能仍然正常”吗？

要能直面这一切，你得进入妄想状态。同样令人沮丧的是，我认识的所有人都在逐渐死去。很快，这一刻就会到来：除了家人，近旁再也没有一个活着的人认得我了。到那时，没人记得住我，我也就真正离开了。电影明星贝特·戴维斯曾经说：“人类的老年，不适合‘胆小鬼’。”

我们活得太久了吗？

这个问题可能不是能让礼貌的晚餐对话活跃起来的那一类。然而，这值得我们关注。表面上看，我们都很关心生命后期的生活质量，但我们常常会无意中绕过这些令人痛苦的想法。然而，尽管我们能够假装，我们依旧忍不住担心身体独立性的丧失，以及未来可能出现的经济困境。事实上，比起死亡，我们也许更担心衰老带给生命的潜在负面影响。

应该很少有人期待老年吧。它一点也不符合我们都喜欢的

“自力更生、独立自主”的自我形象。我有时会想，作为一个整体，人类是否真地从未主动参与这场“沉寂的阴谋”，以抑制或压制我们年老时那无可躲避的令人沮丧的未来。

这些令人压抑的念头，令我想起了古希腊神话中的女神厄斯。她当然永远也不会死去，可是爱上了凡夫俗子后，她没少经历心碎的感觉。神话里说，厄斯恳求宙斯赐给她的爱人提突诺斯以不朽。但是，她却忘了为他请求也拥有永恒的青春。提突诺斯如约不会离世，但却不幸变成了一个无助的老人。厄斯最终对他心生厌恶，把他关进了房间里。在那里，人们听到了他对死亡的乞求。这个故事的寓意非常明显：我们应该小心发愿。衰老是长寿的唯一途径。然而，老年似乎不过是一场终极悲喜剧。

身体机能的衰退

虽然不朽是神话的核心逻辑，但如果没有永恒的青春和健康，它也就失去了吸引力。否认现实的所有努力中，我们会暗暗祈祷尽可能长寿而无须衰老。这也可能是当前出现健康热潮的主要原因。正如我在上一章提及，人们疯狂地追逐声称可以减缓衰老的治疗方法，比如节食、运动和整形手术。与此同时，我们非常清楚，它们起到的作用顶多是“缝缝补补”。最终，它们可能只会延长我们的痛苦。

让我们看看关于衰老的一些确凿证据。到了 75 岁，绝大多数人的创造力、原创性和生产力都下降了。我们的身体状况亦是如此。虽然我们可能比父母长寿，但我们很可能会更“无能为力”。80 岁及以上的人中有一半可能会有几种功能限制。[①] 随着年纪渐长，我们的肌肉力量、反应时间、持久力、听觉、距离感和嗅觉都会越来越弱。我们的免疫系统衰弱了，这意味着我们更容易患癌症、肺炎等致命疾病，当然还有冠状病毒。[②]

86 岁及以上的人中有三分之一患有阿尔茨海默病。即使我们有幸未患病，我们大脑的处理速度、长期记忆和解决问题的能力也会下降。[③] 诺贝尔奖获奖物理学家取得成就的平均年龄（与获奖年龄相对比）是 48 岁，常常提醒我们自己这一点是有益的。[④]

以往的 2000 年里，人类的平均寿命为 30 岁，婴儿死亡率居

---

① Guralnik, J. M., A. Z. LaCroix, L. G. Branch, S. V. Kasl, and R. B. Wallace (1991). "Morbidity and Disability in Older Persons in the Years Prior to Death". *American Journal of Public Health*, 81, 443-447; Wilcox, V. L., Kasl, S. V. and Idler, E. L. (1996). "Self-Rated Health and Physical Disability in Elderly Survivors of a Major Medical Event", *Journal of Gerontology: Social Sciences*, 5IB, (2), S96-S104.

② Morrison, S. & Newell K. M. (2012). "Aging, Neuromuscular Decline and the Change in Physiological and Behavioral Complexity of Upper-limb Movement Dynamics", *Journal of Aging Research*, 2012: 891218 10.1155/2012/891218.

③ Alzheimer's Association (2012). *Alzheimer Association Report, Facts and Figures*, New York.

④ Guterl, F. (2012). *The Fate of the Species*. New York: Bloomsbury; http://www.nobelprize.org/nobel_ prizes/lists/age.html.

高不下。但在过去 200 年里，人类寿命几近翻倍，这主要得益于个人卫生的改善、儿童疾病的有效治疗以及更安全的工作环境。

现在我们活得比以前久得多，主要是因为我们不再死于过去的常见疾病，比如感染。但我们的身体仍会衰竭而亡。当然，在陷入进一步虚弱和痴呆的深渊的过程中，现代医学能延缓死亡的进程，使我们得以继续活着。但这种活着，其实没有任何生命质量。没了现代医学，也许我们去得更快、更有尊严。

一些科学家们认为，人类的预期寿命可能已达上限，因为衰老的最基本决定因素是体细胞分裂的自然极限。理论上，驱动人类生命的细胞分裂终会结束。换言之，人体机能本身有一个基本的极限。① 即使科学的发展最终能根除癌症、心脏病和中风，我们预期寿命的增加仍然相当有限。

科学发展的结果是，随着预期寿命的提高，完全可以预见到我们身体失能的绝对年数也会增加。我们也许可以假定对死亡的生物弧有更大的控制，但健康状况的改善并不能减缓我们的衰老进程，它仅仅能推迟死亡的到来。

由于我们活得太久，除了癌症导致的死亡，我们死于阿尔茨海默病、帕金森病等神经退行性疾病的可能性更大。这可不是什么令人开心的、有吸引力的话题。我们都很清楚，大脑的

---

① Kenyon, C. (2010). “The Genetics of Aging”, *Nature*, 464 (7288), pp. 504-512.

疾病有很多其他附带问题，比如巨大的耻辱感。实践中，脑部疾病患者常被认为是精神有问题，这令人类的老年阶段更加可怕。

总而言之，如果真的存在优雅的衰老，那需要极其乐观的心态和有效的应对方式。比起健康因素，老年人的幸福可能更与他们选择的心态有关。有些人的观点是，尽管我们不能不变老，但我们不必表现得老态龙钟。这并不是一个新的发现。几个世纪前，柏拉图就曾写道："天性平和、快乐的人，不大会感受到年纪的压力。"同时，否认老去可能是一种特别的心理防御。

例如，马克·吐温（Mark twain）曾说："年龄关乎精神，超乎物质，如果你不在意，年龄也就不重要了。"不要担心变老，要担心思维的老化。良好的药方，不就是过好自己的生活，忘记自己的年纪吗？

就我个人而言，我认为知道如何变老并且不惧怕衰老，应该被视为头脑健康的良好标志。

在我主持的一个研讨会上，我向其中的一位参与者发问：如果她能对世界上的任何事物许个愿，那会是什么？她毫不犹豫地回答道："死得快些。"她当然知道自己在说什么。多年来她一直在照顾母亲抗癌。难怪有那么多人认为有医生协助的自杀应该合法化，也难怪很大比例的人群会表示，若身体健康状况严重恶化，他们也会认真考虑这一选择。

在我们的内心深处，我们可能会觉得自己活得太短，离开得太慢。这就引出了一个问题：过着充实的生活，期待着及时的死亡，这不是更好吗？无限地延长生命，不断地重复做同样的事情，有什么好处？或者更糟的是，发现自己完全无助，只能依赖他人照顾，这是否更残忍？

尽管没人希望英年早逝——我想一样没人愿意在生命的最后几年里身体残弱、不能思考——但当涉及明显的替代方案时，人们所说的和他们实际所做的之间，还是会有很大的差异。

然而，活得太久可能会让人极度沮丧，因为变老是一个衰退的过程，它对我们生存体验的质量以及我们在生命最后阶段与周围世界的互动，都有了诸多严苛的限制。生活可能被痛苦、煎熬及尊严的丧失所主导。

我们还可能面临年龄歧视。可以想见，在以年轻人为导向的文化中，年轻一代可能会开始贬低我们屈尊府就，把我们当作曾经的孩子一样对待。

圣雄甘地（Mahatma Gandhi）曾说：“一个国家的伟大，取决于它如何对待它最弱小的成员。”遗憾的是，我们的世纪不是亚伯拉罕、雅各布或马图塞拉的时代，他们因智慧而受到尊敬。相反，我们生活在这样一个时代，人们会不惜一切代价来避免外部衰老的迹象。这个时代的人们崇尚青春，试图通过整形手术来永葆活力。

另一种自恋伤害

对处于领导角色的人来说，年老的过程可能会更加困难。

他们一直喜欢职位所带来的权力和地位。因而，他们不可能放弃挣扎。毕竟，停止工作后，他们还能去追寻什么呢？他们面临的境况将大不相同。当然，短期之内，他们可以担任非执行董事，或做一些志愿者工作。但对这些人而言，这些选择并不能保证同样程度的满足感。

鉴于他们自恋的倾向，让他们当中的许多人颇为恼火的其实是失去了公众曝光率和公众联系，尤其是失去了影响力、注意力和来自他人的钦佩和爱慕。得长期与一个可能业已成为陌生人的伴侣一起待在家里，这一挑战也许进一步增加了他们的不愉快。

因此，一旦意识到即将发生什么，某些高管就会不顾一切地执着于他们已有的权力，而不是直面痛苦的现实。他们会不择手段延迟清算日来临的那一天。被年轻一代视为“过去式”，于他们而言是很难接受的。

超越有生产力的自我

至少在西方世界，在完成了主要的“进化”任务、养育了几个孩子之后，我们中的大多数人都会活得远远超出自己具有“生产力”的时代。当提醒下一代需要做些什么准备时，我们是否知道生命还有什么其他目的或意义？我们当中某些人也许会开始书写一份遗愿清单以进行回应。当然，这份清单上通常是一些令人愉快的事情，或是若不立即采取行动，身体的不便将会令我们无法去完成的事情。

如果条件允许，我们中的一些人会尽量多陪陪自己的孙辈。其他人可能会在大学里学习课程，甚至在大学里兼职教学，从事半艺术活动（如陶艺或绘画），或者提升自己的高尔夫技能。更有甚者，可能会雄心勃勃，就像我曾建议的那样，尝试为社区做点什么或辅导下一代。

在组织环境中扮演导师的角色，也会带来令人满意的效果。遗憾的是，辅导的效用常被低估。简而言之，它极可能被视为高管执着于原有岗位、抵制退休的一个方便法门。年轻一代的高管可能并不希望无时无刻见到关于年老的提醒。因为下一个轮到的，将会是他们。

我怀疑，这个事实也影响了上述认知。就像生活中的许多事情一样，眼不见，心不烦。

尽管有很多适合老年人的活动，其中一些可能还挺令人满意，我还是想回到许多人问起的存在主义角度：我们为什么要坚持下去？我们是为了自己，还是为了别人？这是一个有内在关联的问题。在我们近旁，爱我们的人担心我们的离去会带来无可避免的心碎和悲伤。尽管我们一直“晃悠在旁”，他们会有很大的压力。总的来说，他们不想让我们死，不想面对我们终有一别的事实。

但若以另一种方式来处理这些问题，我们又会如何呢？悲观一点、略显讽刺的是，在不知不觉和日复一日中，我们近旁的人真的想与我们继续待在一起吗？如果我们的身体真的失能，他们会不会很头疼和焦虑？事实上，若我们的身体很不好，他们也仍希望我们继续活着，我倒很想问问他们："你们到底是怎么想的？"

难道他们不想继续他们的生活吗？虽然孩子们永远无法完全逃脱父母（即便在他们去世后），但一旦我们离开，他们要遵从父母期望的压力一定会小得多。孩子们远离父母的阴影，才能真正过好自己的日子。当我们活得太久时，孩子们的负担可能会变得过重：想想他们必须同时照顾自己、孩子以及我们的重重重压和挑战。

听了一些客户的故事后，我开始相信，活得太久会带来另一个严重的损失。它改变了我们的经历，也改变了人们对我们的印象。我们中的大多数人都希望别人记住我们富有创造力、有能力和充满活力的样子。我希望我的孩子、孙子和我生命的重要他人都能记得我活力四射、敬业、生机勃勃、机敏、能干、热情、有趣、温暖、有爱心的一面。我可不想在生命的最后，只被人记住自己失能、失禁、流口水的难堪模样。

社会与经济的关切

除了这些个人考虑之外，从社会政策的角度来看，活得过久也会产生负面的社会影响。日本这个世界上人口老龄化最迅速的国家，就是一个很好的例子。以其健康饮食、良好的医疗保健和先进的医学，日本人拥有世界上最高的预期寿命。目前，日本超过四分之一的人口超过 65 岁。到 2030 年，三分之一的日本人将成为老年人。①

但在这个老龄化的社会中，大量日本公民患有抑郁症。这一社会现象的标志是，老年人的自杀率急剧增加。日本正在发生的事情，对其他社会或许也是一种警示。

无论身体状况如何，太多人活得太久很有可能导致大面积的社会性孤独和倦怠。我们甚至可以从经济角度辩一辩人为延长寿命的坏处。无论科学会带来何种保障，无论个人意愿如何，人口老龄化都是一个具有严重社会后果的公共政策议题。

目前，西方社会普遍将大部分卫生资源倾斜给老龄人口。这一人群常因年老体衰，需要在医生的手术室接受昂贵的治疗。总而言之，因体弱多病、精神错乱的婴儿潮一代需要越来越昂贵的医疗护理，情况可能会变得更糟。

从社会经济角度来看，我们知道年轻人口和老年人口之间的数量差距越来越大。年轻人的比例太低，无法为发达社会的社会保障体系提供充足资源，这给世界业已紧张的政治和经济资源增加了新的压力。努力工作并为社会保障系统做出贡献的中坚力量，还能确保当下年长者的安全和福祉。但若情况一成不变，当前系统显然无法保证在他们晚年时也一样能支持他们。

一个显而易见的解决方案，可能是让老年人工作更长时间。

---

① http://www.u-tokyo.ac.jp/en/utokyo-research/feature-stories/toward-active-living-by-a-centenarian-generation/.

退休，通常定义为人们在最终离开世界前的短暂休息。法定退休年龄原本是在人们寿命并不很长时引入的。但以现在的情形来看，退休后持续的时间太长了。然而，改变现有退休政策的阻力很大。

考虑到政治影响，政客们宁愿否认事实和现实，也不愿意直面这个问题，因为这多半会带来社会动荡。此外，过多老年人的存在导致了上升相对缓滞的社会和经济形态。从社会和经济的角度看，这会阻碍劳动力的流动。年长者较少主动考虑到为他们的继任者做些准备，而年轻人看到的是年长者或多或少挡住了他们的职业道路。

终局

人类的终局并不吸引人，这是不言而喻的。在《随心所欲》（*As You Like It*）中，莎士比亚将人类七个年龄阶段中的第七个形象描述为“没有牙齿，没有眼睛，没有味觉，没有一切”。弗洛伊德将人类心理发展阶段分为口欲、肛欲、阴茎和完全生殖器阶段①，但未对最后阶段进行描述。

荣格则设计了一个栩栩如生的人生形象，包含两个伟大的阶段：人生早年如朝阳初升，30 多岁时慢慢达到顶峰，在后来

① Sigmund Freud (1991). *On Sexuality: Three Essays on the Theory of Sexuality and Other Works*. New York: Penguin Books.

的岁月里逐渐日落。[①] 我在哈佛大学的老师埃里克森教授提到了人生的八个阶段。这八个阶段以一系列的两极来描画。[②] 比如，最后一个阶段是“完整与绝望”的两极。

埃里克森教授说，我们最后的发展任务应该是回顾。我们应能满意地回顾自己的生活和曾经的成就。若我们认为自己过着幸福、充实的生活，我们就会产生满足感和完整感。相反，若回忆里只有失望和未实现目标的生活，可能会产生绝望情绪。

有人告诉我，在印度教传统中，人生的第四个也是最后一个阶段是“Sannyasa（托钵僧）”，这要等到人 72 岁之后。Sannyasa 的基调是禁欲主义，脱离生活，放弃物质财富，把剩下的时间都花在冥想和沉思中。

眼下，关于这些观点，我还在自我挣扎中。这些说法与生命的最后阶段有多相关？假设一个人的老年伴随着知识和智慧的大量积累，上述说法的现实性是如何的？若你一辈子都是个傻瓜，你不就是变成一个老傻瓜而已？为何要假设老年人在双眼视力下降时一定能获得精神洞察力？我更倾向于认为，要想老有所成，就必须从年轻开始。

也许我们应该把生命的最后阶段分为两个阶段：老年早期和极度老年期。在老年早期，我们仍可以为社会做出贡献。但在极度老年期，我们将如叔本华所说：“就像一场狂欢派对结束

---

① Car Jung (1989). *Memories, Dreams, Reflections*. New York: Vintage.

② Erik H. Erikson (1950). *Childhood and Society*. New York: Norton.

时，面具被摘下的那一刻。”

“最年长的老年人”——85 岁以上的老年人——的生活被老年学家称为“可怕的 Ds”。这里的 D，是以下四个词的首字母：衰退（Decline）、恶化（Deterioration）、依赖（Dependency）和死亡（Death）。

我们是否该帮老年人无限期地“活得更长”，这仍是一个有争议的话题。我们更该做的也许恰恰相反：勇敢迎接死亡的到来，尊重生命的本然。

我想分享我的个人经历。我父母在世前的最后几年，在我看来，并非什么好日子。当他们再也笑不出来、再也无法与我聊天时，我意识到他们的时间已经不多了。看到曾经生机勃勃的亲爱的家人慢慢枯萎凋零，着实令人悲伤。

死亡是悲惨的，但它能带来平静与解脱。圣诞节的晚上，在他自己的家里、在我的怀里，我的父亲去世了。当时他所有的孩子都在身边。我认为这就是一个很好的告别，我将来也打算这么做。我父母人生最后的生活谈不上有什么品质，我父亲其实非常清楚这一点。

这也是我触及相关话题的原因。到了 101 岁，父亲说他已经再也不想继续吃喝了。虽然现代医疗技术可以让他活得更长，作为他的孩子，我们还是决定尊重他的意愿。

那些在我们生活中很重要的人，以及那些已经离开了这个世界的人，教会了我们应该珍视生活的价值。我们都需要牢记这一点。我总在提醒客户不要把我们的生活视为理所当然，而要把每一刻都过得最充实。我也跟他们分享了创造快乐时刻的重要性。与此同时，我想起了作家库尔特·冯内古特（Kurt Vonnegut）曾说：“你有孩子。你写了书。现在，不要贪婪，我们无须更多了。”或者就像佛陀所说的那样：“凡事有始必有终。接受现实，一切都会好起来的。”

后　记

若说美酒不需要灌木装饰的话，那么一部好话剧也不需要收场白。

——威廉·莎士比亚

在现实生活中，结局并不总是干脆利落，无论是快乐的还是悲伤的。

——斯蒂芬·金

最近，我和一位音乐学家共进午餐。不知何故，我们的讨论转向了莫扎特和贝多芬作曲风格的差异。她告诉我，不需要提前写下来，莫扎特就能在他脑子里谱出一首完整的曲子。这意味着他必须赶紧回家，以便在忘记之前能把灵感妥善记录下来。贝多芬的作曲风格似乎大不相同，他的灵感往往是一边散步一边浮现的。

我并不是想把自己与音乐界的这两位巨人相比，但她的评论令我反思起了自己的写作风格。写作时，我常常是对一个主题先有个大致的想法，但永远也不清楚它会在哪里结束。通常我是一边漫步，一边自由联想。当然，因担心会忘记想说的话，我也常会随手写一个简短便条，以作日后提醒。

我承认，当我开始写本书的时候，我压根儿不知道它的结构会怎样。所有章节在我脑子里并非排列得齐齐整整，每一章都是逐渐清晰起来的。在某种程度上，我遵循了精神分析的传统。这意味着绝大部分时候，我是通过“自由联想”来发散思考的。在写作时，我唯一的主旨是，我想花时间探索各种通常在与 CEO 耳语时会提及的话题。

我想让我的读者了解我与高管们合作的方式，以及踏上变革之旅意味着什么。我逐渐意识到，在回答高管们向我提出的棘手问题时，我当然也可以自由联想，但我必须先处理微观、中观和宏观问题，恰如在本书各个章节中所体现的那样。此外，我不想再写一本关于领导力、教练辅导或组织变革的通用教科书，我想写一本简单而个性化的书。

我还想加入我对生活的一些个人思考，就像多年前我写《性、金钱、幸福与死亡》(*Sex*, *Money*, *Happiness*, *and Death*)时所做的那样。带着这些想法，我开始动笔，但并不知道它会在哪里结束。这是一个有趣的练习。因为在过去几年里，我都在尝试为《哈佛商业评论》(*Harvard Business Review*) 和《欧洲工商管理学院智库》(*INSEAD Knowledge*) 撰写短篇文章。与写一本完整的书相比，在写这类文章时，你会受到字数的限制。

我还想指出，做耳语者并不容易。尽管有时这项工作看起来充满魔力，但要做好需要大量的练习。让它真正发挥作用，还需要付出特定的代价。扮演一个“聪明”的傻瓜，换言之，扮演一个“笨蛋”可能很难。当高管们脱轨时，我要对他们说实话，这可能会让他们感受到压力。与 CEO 或高管一起玩心理柔道，以促使他们采取行动来改变，也并不总是容易的。

有时，当我面对许多阻力时，保持理智是一项挑战。同时，我总是提醒自己，客户们也在承受他们自己的压力。我总是问自己：如果我们的角色对换一下，我会有什么感觉？

在这本书中，我努力想给你一个关于“扮演耳语者意味着什么”的快照。此外，我对领导人面临的挑战提出了一些看法，也就过一种充实的生活意味着什么分享了一些个人思考。为了帮助读者理解我为什么做我在做的事情，以及我会如何做，我加入了各种可能比较复杂的概念术语。但正如我一开始所提及的那样，我不想显得很“意识形态”。我更喜欢实事求是。正如我常说的，我会做任何有效的事情。

尽管如此，我确实意识到，在本书中，从临床范式中提取的概念会显得很突出。但在我看来，也还算是合情合理。我经常看到，(临床范式中的) 无意识行为是如何令高管们偏离轨道的。若认识不到生活中“不合理”的合理性，会滋生严重的后果。我们需要有足够的勇气从已知走向未知，需要准备好探索我们的内心剧场，也需要有意愿去识别驱动我们自己的各种“脚本”，它们是决定“我们是谁”的最根本动力。

请记得这一点，在这本书中，我强调了“自我觉察”的重要性。我一直在强调，我们不应对自己感到陌生，即我们应该了解自己到底是怎样的人。我们需要了解我们会“站在这个人生十字路口”的原因。

我们也应该尊重彼此的不同。尽管都是智人，但在性格和文化上总会存在差异，而这些差异会带来不同的需求和愿望。这就是于每个个体而言，对于什么是充实的生活，定义会有所不同，在生活中也总有不同的梦想和目标的根本原因。

没有梦想和目标，我们只是活着，那不是真正的生活。因此，正如我在这本书中反复提及的，你不应仅仅等待生活的发生，也不应指望机会自己来敲门。你得创造你自己的生活。采取行动，来满足你自己内心的需求。

正如人们多次说过的那样，生活的目标是有目标的生活。目标使你不至于“偏离航道”，也有助于你去超越生命中的各种不合理和非理性。丢了目标，你将无法应对你的生命带给你的种种挑战。没有目的，虽然你还活着，其实你已“离开”这个世界了。

过充实的生活，意味着发现你的真正潜力，从而追寻新的体验。这意味着你得走出你的舒适区。俄国小说家费奥多尔·陀思妥耶夫斯基曾说：“人类生存的秘密不仅在于活着，还在于找到活下去的理由。”如果你真的想接受挑战，你不应仅仅为了成为更好的自己而去寻求突破；你得准备好面对更大的议题。

为了超越偏狭的一己之利，你最好想想这样一个问题：你如何才能推动世界的改变，哪怕以一种很微小的方式？这个想法让我想起了一则有关海星的寓言。

一天清晨，一个老人带着他的狗在几乎荒芜的海滩上散步。前一天刚下过一场可怕的暴风雨。由于涨潮，成千上万的海星被冲上岸。老人遇到一位年轻女子，她正捡起一个个的海星，将它们扔回大海。

老人困惑地看着她，问道："你在干什么？"

她回答："我要把这些海星扔回水里。我想尽量救它们。它们没办法自己回到水里。除非我帮它们，否则当太阳升起时，它们都会死去。"

老人笑了："这些海星少说也有数千只，你却只有一个人。你这么做，能有什么用？"

年轻的女人转身面对老人，把手里的一只海星扔进海里，答道："对这只海星，就有用！"

我们常常能以小见大，"不积跬步，无以至千里"。

我非常幸运，有机会帮他人解决至关重要的问题，令他们有可能过上更充实的生活。能够这样做，我非常感激和欣赏教育的力量。作为一名教育工作者，我深深感受到了何以教育可以成为我们改变世界的强有力的手段。

因此，用哲学家约翰·杜威（John Dewey）的话来结束这本书再合适不过："教育，不是为生活而准备；教育，就是生活本身。"

作者简介

很多人都在研究领导力、个体转变与组织变革动力学，曼弗雷德·F. R. 凯茨·德·弗里斯（Manfred F. R. Kets de Vries）的视角则颇为独特。曼弗雷德有着经济学背景（阿姆斯特丹大学经济学博士）、管理学背景（哈佛商学院，国际教师项目参与者、工商管理硕士、工商管理博士）和心理分析背景（加拿大心理分析协会及国际心理分析协会的会员），所以他能够审视国际管理、心理分析、心理治疗以及动力精神病学的交叉之处。他特别感兴趣的领域是领导力开发与培训、生涯动力学、执行官的压力、企业家精神、家族企业、接班人计划、跨文化管理、创建高绩效团队以及个体转变与组织变革动力学。

作为领导力发展临床教授，曼弗雷德在欧洲工商管理学院（法国、新加坡及阿布扎比）任劳尔·德·维特里·德沃克特（Raoul de Vitry d'Avaucourt）领导培训机构主席职位。他还是欧洲工商管理学院全球领导力中心的主任。另外，他是欧洲工商管理学院高管研讨班“领导的挑战：培养反思型领导者”的项目主任（并6次获得欧洲工商管理学院杰出教师奖）。他曾在麦吉尔大学、蒙特利尔高级商业研究学院以及哈佛商学院执教过，而且在世界多个管理机构讲过课。他也是坐落于柏林的欧洲管理和科技学院领导力发展与研究方面的杰出教授。他是国际组织心理分析研究学会的创始人之一。《金融时报》、法国《资本》杂志、德国《经济周刊》和《经济学人》评价他为“管理思想家世界五十强之一”、“人力资源管理界最有影响力的人物之一”。

曼弗雷德是50多本书的作者、共同作者或者编辑，其中有《权力与企业理念》、《不理性的执行官》、《神经质组织》、《领导、傻瓜与骗子》、《性格研究手册》、《领导的奥秘》（东方出版社，2009年1月）、《幸福等式》、《与恶魔作斗争》、《沙发上的组织》、《俄罗斯新商业精英》、《亚历山大大帝的领导艺术》、《恐吓式领导的艺术》、《全球执行官领导力调查》、《沙发上的领导》、《教练与沙发》、《沙发上的家族企业·有关性格与领导力的思考》。此外还有4本新书正待出版。

另外，曼弗雷德发表了400多篇科学论文，其中有的是单独的文章，有的是书中的某些章节。迄今为止，他还写了近100多个案例研究，其中有7个获得“ECCH年度最佳案例奖”。他的文章发表在《纽约时报》、《华尔街日报》、《洛杉矶时报》、《财富》、《商业周刊》、《经济学人》、《金融时报》以及《国际先驱论坛报》等刊物上。他还定期给很多杂志供稿。他的书和文章被翻译成30多种文字。他是《管理学会》编委会17个成员之一，也是少数几个被选为管理学会资深会员的欧洲人之一。他还是首位因“对领导力培训和董事会治理做出杰出贡献”而获得

“国际领导力奖” 的非美籍获奖者。

曼弗雷德是美国、加拿大、欧洲、非洲、澳大利亚以及亚洲很多一流公司组织设计/变革，以及战略性人力资源管理方面的顾问。作为执行官领导力发展方面的全球顾问，他的客户包括 ABB 公司、荷兰银行、埃森哲、荷兰全球保险集团、法液空集团、加拿大铝业公司、阿尔卡特公司、贝恩管理咨询公司、邦·奥陆芬（Bang&Olufsen）、邦尼、英国石油公司、德意志银行、爱立信、通用电气资融公司、高盛、喜力、抵押联合银行、英国大宗商品基金公司 Investec、毕马威国际会计公司、乐高、自由生活（Liberty Life）、德国汉莎航空公司、伦贝克公司 、麦肯锡、澳大利亚国家银行、诺基亚、诺华、诺和诺德 、俄罗斯标准、米勒啤酒公司、壳牌、SHV 公司、斯宾塞-斯图亚特咨询公司、南非标准银行、联合利华公司和沃尔沃汽车公司。他在 40 多个国家做过讲师和顾问。

2008 年 11 月，在洛杉矶举办的国际领导力协会第十届大会上，有 6 个人获得“国际领导力终身成就奖”，曼弗雷德·F. R. 凯茨·德·弗里斯是其中之一。荷兰政府授予曼弗雷德“奥兰治·拿骚命令官”的殊荣。他是第一个在外蒙古飞钓的人，而且是纽约探险俱乐部的会员。在闲暇时间里，你能够在中非的热带雨林或者稀树大草原上、西伯利亚针叶林、阿纳姆地、帕米尔高山上、阿尔泰高地或者北极圈里面找到他。